国家出版基金项目
NATIONAL PUBLICATION FOUNDATION

"一带一路"法律保障研究丛书

丛书主编：许传玺

"21世纪海上丝绸之路"

沿线国家或地区
投资与建设法律制度问题研究

韦华腾 / 主编

江德平　邓为为　方 剑 / 副主编

中国法制出版社

CHINA LEGAL PUBLISHING HOUSE

丛书序

许传玺

2013 年 9-10 月，习近平总书记在出访中亚和东南亚期间，先后提出共建"丝绸之路经济带"和"21 世纪海上丝绸之路"的倡议。2015 年 3 月，中国政府专门发布了《推动共建丝绸之路经济带和 21 世纪海上丝绸之路的愿景与行动》。作为我国最为重要的全球化发展愿景，"一带一路"倡议旨在秉持共商共建共享原则，完善双边和多边合作机制，推进同有关国家和地区在多领域互利共赢的务实合作，打造陆海内外联动、东西双向开放的全面开放新格局。

2017 年 5 月、2019 年 4 月和 2023 年 10 月，首届、第二届和第三届"一带一路"国际合作高峰论坛相继在北京举办，推动"一带一路"倡议全面实施落地。截至 2023 年 8 月，已有 152 个国家和 32 个国际组织与我国签署了"一带一路"合作文件，开展了 3000 多个务实项目，拉动了近 1 万亿美元投资，为全球共同发展开辟了广阔的空间，成为广受欢迎的国际公共产品。

为推动共建"一带一路"高质量发展，进一步加强各国政策沟通、设施联通、贸易畅通、资金融通和民心相通，法治保障是基础性的、必不可少的关键要素。在 2019 年 11 月和 2020 年 11 月两篇重要文稿中，习近平总书记明确指出，"推动共建'一带一路'，需要法治进行保障"。只有通过营造良好的法治环境、构建公正合理透明的国际经贸规则体系，我们才能有效协调、规范各方行为，促进双边和多边合作，充分实现"一带一路"所倡导的全球化发展愿景。

为此，我们必须对相关国家和地区的法治状况进行深入、细致的研究，并在此基础上，健全完善法治营商环境，推动、保障双边和多边合作。目前，关于"一带一路"倡议的研究和讨论主要集中于国际政治、经济、文化等领域，对法律问题的研究仍然相对较少。实际上，法律的差异甚或冲突已经成为影响共建"一带一路"的重要因素。例如，有些非世界贸易组织（WTO）成员和 / 或尚未加入《承认及执行外国仲裁裁决公约》（《纽约公约》）的国家，因其法律制度与实践不受国际通行规则约束，更易形成不同程度的不确定性，给双边或多边合作带来不利影响。在此背景下，我们迫切需要加强对"一带一路"法治保障的研究和优化。

加强"一带一路"法治保障研究的实践意义主要包括：

一、发现、协调和解决相关国家和地区之间的法律差异或冲突，消除国际投资及经贸合作等方面的法律障碍。如在贸易投资便利化、自由化方面，根据相关国家和地区的实际情况，通过协商，以条约或协议的形式，设定贸易投资便利化、自由化的目标，并具体确定消减贸易投资壁垒的时间表，明确相关权利义务，推动各方共商共建共享。

二、通过特定法律规则有效地克制和排除"一带一路"倡议中的政治、文化等干扰因素。作为一个如此庞大复杂的系统工程，"一带一路"倡议势必面临国内外众多因素的影响甚至干扰。只有通过明确、不易被随意更改或稀释的法律手段，对有关事项予以明确规定，并设置合理的实施机制，保障相关义务的严格、充分履行，才能最大限度地推动"一带一路"倡议。

三、通过议定具有法律效力的特定标准或协议，推动相关国家和地区完善各自的软硬件建设，使之符合"一带一路"倡议的要求。以交通基础设施为例，可根据各方经济发展、人口分布、资源条件、实际需求等，通过议定相关协议，确定其路线及站点分布、建设标准（如是否建设高速铁路，铁路轨距应采用宽轨还是窄轨）及建设进程等。

四、尽快设立涉及"一带一路"倡议的争端解决机制。通过"一带一路"倡议，相关国家和地区在基础设施的互联互通、贸易投资和金融的便利化与自由化等方面可以获得相当的利益，但同时也会对其相关权益作出一定限制，因而不排除由此产生各种分歧甚至争端的可能性。相关企业在市场化运作中也难以避免法律纠纷的发生。为此，必须尽快研究设立合理有效的机制，将参加"一带一路"倡议的众多主体纳入考量，通过合理有效的司法或仲裁等手段，及时调整、解决相关纠纷。

"一带一路"法治保障研究的理论价值主要包括：

一、着力构建"部门比较法"，推动比较法学向建设性和实践理性发展。"一带一路"倡议涉及众多国家和地区，在不同国家和地区甚至不同法系之间，法律制度和法律文化差异巨大。为有效协调、处理这种法律差异甚或法律冲突，必须将比较法的研究理念和方法运用到具体部门法之中，采用一种"部门比较法"的研究进路，开展更具建设性和实践理性的比较法研究，由此推动比较法学的深化与发展（参见拙著：《从实践理性到理性实践：构建部门比较法》，中国法制出版社 2013 年版）。

二、运用交叉学科的研究视角和方法，推动法学与其他学科——包括但不限于人类学 / 社会学、政治学、经济学、管理学、国际事务、系统科学、交通运输等——的相互启发、有益交流和良性互动，形成富有创新价值的理论成果和研究方法等。例如，借助法律人类学 / 社会学等相关理念与方法，我们可以在尊重现有差异的基础上，探索、寻求可以支持"一带一路"各方共商共建、保障各方互利共赢的法律基点，为全球治理体系的健全与完善作出理论和方法上的创新性、开拓性探索。

本丛书共组织了八个作者团队，从不同方面对"一带一路"法治保障问题进行研究与探讨。具体如下：

一、许传玺教授等的《"一带一路"法律供给机制研究》。本书是国家社会科学基金重大项目《"一带一路"战略下法律供给机制研究》（批准号 16ZDA063，立项时间 2016 年 11 月，首席专家许传玺教授）的研究成果之一，在考察法律供给原理、深入分析"一带一路"倡议实施所产生的法律需求的基础上，针对其中的法律供给重点问题，提出构建以"一带一路"新型法律共同体为基本框架的法律供给机制，以期为"一带一路"倡议实施提供有力有效的法治保障。

二、谢鸿飞教授等的《"一带一路"国家与地区的法律环境及风险防范》。本书积作者多年的授课与研究心得，重点考察、分析了"一带一路"相关国家与地区的法律环境和法律风险，并就如何防范、化解相关风险提出了意见、建议。本书分三个部分，导论为"一带一路"倡议的内核与成就，上编为"一带一路"国家与地区的法律环境和法律风险，下编为"一带一路"国家与地区的具体法治状况。

三、孙健教授的《"一带一路"背景下 WTO 能源贸易规则研究》。本书是中国法学会部级法学研究重点委托课题《"一带一路"法律问题研究》（编号 CLS(2015)ZDWT52，立项时间 2015 年 12 月，主持人许传玺教授）的研究成果之一，认为我国应利用共建"一带一路"契机，积极参与 WTO 框架下国际能源贸易法制的构建，加强与现行国际能源治理机制的合作。同时，我国应继续完善国内能源法制体系，出台《能源法》，并尽快修订与能源贸易相关的法律规范。

四、韦华腾、江德平教授等的《"21 世纪海上丝绸之路"沿线国家或地区投资与建设法律制度问题研究》。本书是中国法学会重点委托课题《"一带一路"法律问题研究》（见上述）的研究成果之一，对"21 世纪海上丝绸之路"的投资、贸易、交通与基础设施建设、法律冲突、争端解决机制、法律保障机制构建及海上安全秩序、海上执法与司法保障等进行了集中研究，涵盖"海上丝绸之路"沿线多个国家与地区的法律法规、法律文化等相关内容。

五、车虎教授的《"一带一路"倡议下的东南亚数据保护》。本书重点梳理、分析了东南亚各国的数据保护情况，并结合东南亚与中国的经贸关系等，集中讨论了数据保护相关法律法规的作用与影响，为中国投资者赴东南亚投资提出了数据合规建议，涵盖新加坡、马来西亚、菲律宾、泰国等国家的数据保护法律概况、法律保护特点及相关重点案例等。

六、齐天励教授的《吉尔吉斯共和国海关法解析》。本书是中国法学会重点委托课题《"一带一路"法律问题研究》（见上述）的研究成果之一。我国与吉尔吉斯共和国在"一带一路"框架下携手推动了在经贸、基础设施、能源资源、加工业、数字化、旅游等领域的多项合作。本书对其《海关法》予以逐条解读，既阐释条文自身的涵义，也对条文在实际运用中需注意的事项予以讲解和提示，具有较强的实用价值。

七、陈波律师的《"一带一路"投资与贸易案例及风险防范》。本书对"一带一路"投资与贸易相关案例做了较为全面、系统的梳理，并在此基础上对如何防范和解决相关风险进行了研究和讨论，其案例主要包括 ICSID 国际投资案件、WTO 等国际组织类案件、国际仲裁类案件、境外法院类案件、中国法院"一带一路"经典案例等。

八、孙佳佳、李静律师的《"一带一路"投资争端解决机制及案例研究》。本书主要关注和研究中国投资者在"一带一路"相关国家和地区投资，如发生涉及征收补偿、投资待遇、税收等争议，如何依据双边投资保护协定、多边投资保护协定、区域性自由贸易协定等，寻求法律路径、有效解决争议，涵盖投资主体、权利保护、争端解决的程序、裁决的执行等全流程要素，力求为中国投资者提供争议解决的合理化建议。

在上述国家社会科学基金重大项目、中国法学会重点委托课题外，本丛书还获得了国家出版基金项目支持。在此特向上述相关机构和负责本丛书出版的中国法制出版社致以诚挚的谢意！

目　录

第十六章 我国澳门特区投资与公司企业法律制度 / 247

绪 论

　　2022 年 10 月 16 日，习近平总书记在党的二十大报告中指出："我们实行更加积极主动的开放战略，构建面向全球的高标准自由贸易区网络，加快推进自由贸易试验区、海南自由贸易港建设，共建'一带一路'成为深受欢迎的国际公共产品和国际合作平台。我国成为一百四十多个国家和地区的主要贸易伙伴，货物贸易总额居世界第一，吸引外资和对外投资居世界前列，形成更大范围、更宽领域、更深层次对外开放格局。"并为我国今后对外经济的发展和"一带一路"倡议指明前进方向："推进高水平对外开放""推动共建'一带一路'高质量发展"[1]。据中国国家发展和改革委员会介绍，截至 2023 年 8 月 24 日，我国已与 152 个国家、32 个国际组织签署了 200 多份共建"一带一路"合作文件，覆盖我国 83% 的建交国。[2] 此外，"一带一路"的倡议内容也被纳入联合国大会和安理会的重要决议中。[3]

---

[1] 习近平：《高举中国特色社会主义伟大旗帜，为全面建设社会主义现代化国家而团结奋斗——在中国共产党第二十次全国代表大会上的报告（2022 年 10 月 16 日）》，人民出版社 2022 年版，第 9 页、第 32-33 页。

[2] 《我国已与 152 个国家、32 个国际组织签署共建"一带一路"合作文件》，来源：新华网，载 http://www.news.cn/silkroad/2023-08/24/c_1129822163.htm，最后访问时间：2023 年 8 月 24 日。

[3] 《十八大以来，习近平这样谋划"一带一路"建设》，来源：新华网，载 http://www.xinhuanet.com/politics/2017-10/03/c_1121759322.htm，最后访问时间：2023 年 8 月 24 日。

一、共建"一带一路"倡议的提出

(一)时代背景

当前,世界百年未有之大变局加速演进,世界进入新的动荡变革期。2006 年开始的美国次贷危机,到 2008 年便演化成一场全球性金融危机。金融危机爆发后,不但全球金融体系飞速陷入困境,实体经济也随之步入深度衰退。我国也深受影响,从 2008 年第三季度起,出口大幅下滑,经济增速放缓,就业压力加大。[1]

(二)良好愿景

2013 年 9 月 7 日,国家主席习近平在哈萨克斯坦纳扎尔巴耶夫大学发表演讲时提出:"为了使我们欧亚各国经济联系更加紧密、相互合作更加深入、发展空间更加广阔,我们可以用创新的合作模式,共同建设'丝绸之路经济带'。"[2]

2013 年 10 月 3 日 11 时,习近平主席在印尼国会发表演讲时提出:"东南亚地区自古以来就是'海上丝绸之路'的重要枢纽,中国愿同东盟国家加强海上合作,使用好中国政府设立的中国—东盟海上合作基金,发展好海洋合作伙伴关系,共同建设 21 世纪'海上丝绸之路'。"[3]"海上丝绸之路"形成于秦汉时期,发展于三国至隋朝时期,繁荣于唐、宋、元、明时期,是已知的最为古老的海上航线。

"新丝绸之路经济带"和"21 世纪海上丝绸之路",合称"一带一路"。这一国际经济合作的主张和倡议的提出,为的是在"古丝绸之路"和"海上丝绸之路"的基础上形成的一个新经济发展区域,加强共建各国或地区交流

---

1 《新中国峥嵘岁月》,来源:中国共产党新闻网,载 http://cpc.people.com.cn/n1/2020/0121/c429559-31558065.html,最后访问时间:2023 年 8 月 24 日。

2 习近平:《创新合作模式共同建设"丝绸之路经济带"》,来源中国共产党新闻网,载 http://cpc.people.com.cn/n/2013/0907/c164113-22840646.html?ivk_sa=1024320u,最后访问时间:2023 年 8 月 24 日。

3 习近平:《中国愿同东盟国家共建 21 世纪"海上丝绸之路"》,来源:共产党员网,载 https://news.12371.cn/2013/10/03/ARTI1380775753976614.shtml,最后访问时间:2023 年 8 月 24 日。

合作，带动区域经济的共同发展。

习近平主席首次提出了要与"一带一路"共建国家或地区加强"五通"：第一，加强政策沟通。第二，加强道路联通。第三，加强贸易畅通。第四，加强货币流通。第五，加强民心相通。[1] 习近平主席提出的共建"一带一路"倡议，希望"一带一路"共建国家或地区共同遵循"共商、共建、共享"原则，以高标准、可持续、惠民生为目标，顺应时代大势，在高质量发展中使"一带一路"成为推动共建人类命运共同体的重要实践平台。

全面加强务实合作，推动双边或多边合作迈上历史新台阶。此举得到了国际社会高度关注，得到了"一带一路"共建国家或地区的响应和广泛支持。

2015 年 3 月 28 日，我国政府发布了《推动共建丝绸之路经济带和 21 世纪海上丝绸之路的愿景与行动》[2]。近 9000 字的文件系统勾勒出"一带一路"路线图，标志着"一带一路"步入全面推进阶段。以互联互通为抓手，以金融合作为前导，激发国际市场活力，共享发展新成果。在共建"一带一路"过程中，中国坚持"和平共处"五项原则和坚持正确义利观，道义为先、义利并举，向共建国家或地区提供力所能及的帮助，真心实意帮助发展中国家加快发展。

如何共建"21 世纪海上丝绸之路"？我国提出要遵循如下原则：第一，平等互利，合作共赢；第二，开放文明，和谐包容；第三，不事掠夺，不谋霸权；第四，互相尊重主权，互不干涉内政；第五，遵循市场规律，遵守国际规则。

我国构建"一带一路"的愿景为：第一，国际贸易上，一方面，将我国的工业；农业产品尤其是"特产"卖出去；另一方面，将各国或地区的"特产"或者我国紧缺的商品买进来；与"一带一路"沿线相关国家或地区开展经济贸易领域合作，共同建立跨境经济合作区，在区内实行更加自由便利的贸易、投资及物流政策，利用双方的互补优势开展各项经济合作，促进地区繁荣；加快自由贸易区建设，加深沿线区域经贸合作。第二，国际投资上，

1　习近平：《创新合作模式共同建设"丝绸之路经济带"》，来源：中国共产党新闻网，载 http://cpc. people.com.cn/n/2013/0907/c164113-22840646.html?ivk_sa=1024320u，最后访问时间：2023 年 8 月 24 日。

2　国家发展和改革委员会、外交部、商务部（经国务院授权）联合发布：《推动共建丝绸之路经济带和 21 世纪海上丝绸之路的愿景与行动》，来源：中央政府门户网站，载 https://www.gov.cn/xinwen/ 2015-03/28/content_2839723.htm，最后访问时间：2023 年 8 月 24 日。

成立亚洲基础设施投资银行，帮助"一带一路"沿线相关国家或地区建立完善基础设施。第三，国际安全合作上，建立国际安全合作机制，保证海路资源运输的安全，加强海上战略通道的保障能力。第四，国际产业分工上，通过技术创新，提高相关产业的技术含量，促进产业结构调整升级，提升经济地位，实现共赢，全局得利。[1]

"21世纪海上丝绸之路"在国内的路线圈定上海、福建、广东、浙江、海南5省市。国家发展和改革委员会、外交部、商务部联合发布的《推动共建丝绸之路经济带和21世纪海上丝绸之路的愿景与行动》中提出：利用长三角、珠三角、海峡西岸、环渤海等经济区开放程度高、经济实力强、辐射带动作用大的优势，加快推进中国（上海）自由贸易试验区建设，支持福建建设21世纪海上丝绸之路核心区。充分发挥深圳前海、广州南沙、珠海横琴、福建平潭等开放合作区作用，深化与港澳台合作，打造粤港澳大湾区。推进浙江海洋经济发展示范区、福建海峡蓝色经济试验区和舟山群岛新区建设，加大海南国际旅游岛开发开放力度。加强上海、天津、宁波—舟山、广州、深圳、湛江、汕头、青岛、烟台、大连、福州、厦门、泉州、海口、三亚等沿海城市港口建设，强化上海、广州等国际枢纽机场功能。广西的定位是：21世纪海上丝绸之路与"丝绸之路经济带"有机衔接的重要门户。云南的定位是：面向南亚、东南亚的辐射中心。

从地理上看，"一带一路"沿线涉及60多个国家或地区。"一带"横贯东西、连接欧亚，主要着眼从陆上向西开放，经由中亚、俄罗斯、蒙古、西亚至欧洲，将我国与中亚、中东欧、西亚和欧洲国家紧密联结起来，形成新亚欧大陆经济走廊和区域合作带。"一路"濒临两洋、连接陆海，主要着眼于从海上由东向西开放，经由南海、印度洋进入地中海延伸至欧洲，串起东盟、南亚、西亚、东非、北非及欧洲等各大区域经济板块，形成面向南海、太平洋和印度洋的亚非欧合作带。"一带一路"为中国企业"走出去"提供了前所未有的巨大机遇。

"21世纪海上丝绸之路"的构想，旨在依托现代运输工具和高科技通讯技术，从我国沿海港口出发与共建各国或地区建立海上贸易通道并带动各

---

1 国家发展和改革委员会、外交部、商务部（经国务院授权）联合发布：《推动共建丝绸之路经济带和21世纪海上丝绸之路的愿景与行动》，来源：中央政府门户网站，载 https://www.gov.cn/xinwen/2015-03/28/content_2839723.htm，最后访问时间：2023年8月24日。

项经济建设。它可以分为三大航线：一是从我国沿海港出发到朝鲜半岛和日本的航线，称东洋航线；二是从我国沿海港到东南亚各国的航线，称南洋航线；三是从我国沿海港到南亚、西亚和东非沿海及至欧洲诸国的航线，称西洋航线。"21世纪海上丝绸之路"三条航线涉及几十个国家和近百个港口城市。

二、共建"一带一路"倡议的经济考量

当前，"一带一路"沿线国家或地区大多为发展中国家和新兴经济体，总人口约44亿，经济总量约达21万亿美元，分别占全球的63%和29%。沿线国家能源矿产资源富集，基础设施建设需求强劲，且各经济体的比较优势明显，经济结构互补性、互利性较强，显示出巨大的合作潜力和广阔的发展前景。共建"一带一路"，为不断增大对周边国家和地区的投入，积极推进周边国家和地区互联互通和搭建地区基础设施投融资平台，帮助他国共同发展，我国采取了一系列经济措施。

（一）互联互通，联通"一带一路"上的六大经济走廊

这是从共建"一带一路"倡议总体格局来讲的。根据习近平主席2014年11月8日在"东道主伙伴"加强互联互通伙伴关系"东道主伙伴"对话会上提出的"一带一路"国家和地区互联互通倡导，我们以互联互通为抓手，将"一带一路"比喻为亚洲腾飞的两只翅膀，互联互通则是两只翅膀的血脉经络。共建"一带一路"倡议，从长远来说就是要联通"六大经济走廊"：中蒙俄经济走廊、新亚欧大陆桥经济走廊、中国—中亚—西亚经济走廊、中国—中南半岛经济走廊、中巴经济走廊、孟中印缅经济走廊。

六大经济走廊，是"一带一路"的主要走向、区域经济合作网络的重要框架，是共建"一带一路"倡议尽快落地的重要依托。联通"六大经济走廊"，也就是横贯了亚欧非大陆，一端是东亚经济圈，另一端是欧洲经济圈，中间是"一带一路"沿线国家或地区，发展潜力巨大。我国倡议：与"一带一路"沿线国家或地区一道，依托交通运输干线，以沿线中心城市为支撑，以经贸产业园区为合作平台，以这六大经济走廊为"一带一路"的物流载体，作为重点落地建设的地方；在"六大经济走廊"里，合作建立有特色的国际经贸产业园，进行重点项目建设，推动自由贸易区升级。

建立国际产业园区。共建"一带一路"倡议开启了中国与沿线国家或地区合作新篇章，也让产业园区建设走到前沿。例如我国在巴基斯坦兴建的海尔工业园、如意纺织工业园和阳光中国工业园区；在非洲建立的加蓬（恩科）经济特区、贝宁格鲁吉贝产业园、多哥阿迪科贝产业园、埃塞俄比亚东方工业园和德雷达瓦中土工业园等，都获得了迅速的发展。

进行重点项目建设。首先是交通项目开路，下面还要专述。其次是光伏发电项目做铺垫。我国光伏企业积极参与共建光伏发电项目，比如埃及的本班光伏电站项目、马来西亚的马江光伏电站项目、越南的龙山光伏电站项目，都取得重大成功，成为当地标志性民生工程。自从2013年我国正式提出共建"一带一路"倡议以来，我国与非洲的互联互通加速发展，对非洲的基础设施投资力度不断加大，承建了公路、铁路、水电站、机场、码头等大量项目。

兴建自由贸易区。我国把合作兴建自由贸易区重点放在"21世纪海上丝绸之路"沿线国家或地区。2014年11月11日，在2014年亚太经合组织（APEC）领导人非正式会议上，习近平主席提出亚太自由贸易区（FTAAP）发展设想，会议就《亚太经合组织推动实现亚太自贸区北京路线图》达成共识。东盟十国都是"21世纪海上丝绸之路"沿线国家，我国与东盟经贸合作走过了"黄金十年"，目前双方正致力于打造中国—东盟自贸区升级版，共同迈向未来的"钻石十年"。由于东盟是位于"21世纪海上丝绸之路"这条大通道上的重要战略支点，也是我国的第三大贸易伙伴，在发达经济体增长总体放缓、全球市场需求持续疲弱的大背景下，东盟对我国的战略重要性日益凸显。打造自由贸易区升级版（包括中国—东盟自由贸易区、中韩自由贸易区），也就是打造中国对外开放升级版，不断拓展同"一带一路"沿线国家或地区的互利合作。2021年11月12日，我国与新加坡签署了《自由贸易协定升级议定书》。2022年1月1日，多国签署的《区域全面经济伙伴关系协定》（RCEP），正式生效。泰国、越南、老挝、柬埔寨、新加坡和文莱等6个东盟成员与中国、日本、新西兰和澳大利亚等4个非东盟成员正式开始实施协定。该协定的生效实施，标志着全球人口最多、经贸规模最大、最具发展潜力的自由贸易区正式落地。我国还在非洲合作建立中国—埃及苏伊士经贸合作区、尼日利亚莱基自贸区、赞比亚中国经济贸易合作区、吉布提国际自贸区等。

"一带一路"上的"六大经济走廊"要联通，亟须建立和完善合作机制，包括建立各走廊沿线国家之间的协商机制；沿线区域或次区域之间的合作机制；走廊建设参与方与所在地地方政府以及相关部门之间的沟通机制。目前比较紧迫需要建立和完善的机制有：基础设施建设联通协调机制、投融资合作机制、风险联合防控机制以及利益协调与争端解决机制等。

"一带一路"沿线国家或地区通过互通互联发挥"六大经济走廊"的经济集聚和辐射带动作用，对内带动了我国大部分区域的经济发展，对外连接了欧亚大陆的绝大部分地区以及非洲的一些区域，是我国对外经济发展的主要着力点。

（二）金融合作，成立亚洲基础设施投资银行

国际金融合作，也是从共建"一带一路"倡议总体需求来讲的。共建"一带一路"倡议是以金融合作为前导。2014 年 5 月 21 日，习近平主席在亚信峰会上做主旨发言时指出：中国将同各国一道，加快推进丝绸之路经济带和 21 世纪海上丝绸之路建设，尽早启动亚洲基础设施投资银行，更加深入参与区域合作进程，推动亚洲发展和安全相互促进、相得益彰。

金融的载体必须有银行。2015 年 12 月，亚洲基础设施投资银行（以下简称亚投行）正式成立。它是中国倡仪并主导的世界性银行，总部设在北京。根据《亚洲基础设施投资银行协定》第 1 条，亚投行的宗旨是：通过在基础设施及其他生产性领域的投资，促进亚洲经济可持续发展、创造财富并改善基础设施互联互通，与其他多边和双边开发机构紧密合作，推进区域合作和伙伴关系。

"一带一路"沿线国家基础设施建设需求强劲，而资金需求缺口巨大。世界银行 2012 年发布的一份研究报告显示：全球发展中国家基础设施投资资金需求每年在 1 万亿美元左右。面对如此庞大的建设资金需求，如何解决面临的资金缺口难题显然是一个严峻挑战。这个时候，亚投行的有效投入和中国的援助便成为关键。

成立亚投行是一个伟大的决策，它是共建"一带一路"倡议中的一个里程碑事件。对于中国来说，具有深远意义。如果没有亚投行，"一带一路"倡议将很难推进。亚投行与丝路基金和金砖国家开发银行一起，在资金融通方面汇集资源、提供便利，实现融资领域的"互联互通"，为"一带一路"倡议提供资金支持和保驾护航。

（三）盘活资源

共建"一带一路"能做到一箭双雕：既能盘活我国国内资源，又能够帮助他国补充不足、发展经济。我国与沿线国家或地区经济结构互补优势明显，为不断深化双边或多边投资及产业合作提供了广阔的空间。

现阶段，"一带一路"沿线国家或地区，拥有丰富的人力资源和自然资源，但经济发展水平较低，在资本、技术和基础设施建设方面存在较大瓶颈。沿线各国政府高度重视利用外资，可以抓住中国提出共建"一带一路"倡议这个机会，与中国等相关国家联合起来，积极发展自身经济，扬长避短，达到共赢。

（四）脱贫攻坚，为国际减贫治理贡献中国方案

脱贫攻坚是中国在全面建成小康社会、实现中华民族伟大复兴中国梦历史进程中的民生大事。习近平主席 2021 年 2 月 25 日在北京举行的全国脱贫攻坚总结表彰大会上宣布：我国脱贫攻坚战取得了全面胜利，完成了消除绝对贫困的艰巨任务，创造了又一个彪炳史册的人间奇迹。党的十八大以来，我国组织实施了人类历史上规模最大、力度最强、惠及人口最多的脱贫攻坚战。2013-2020 年，为了一举消除绝对贫困，中国创造性地实行精准扶贫，大规模增加投入，派遣人员下乡扶贫，如期实现了所有贫困县、贫困村和近 1 亿贫困人口脱贫目标。改革开放以来，中国使 7.7 亿多农民摆脱贫困，实现了世界上最大规模的减贫，对全球减贫贡献率超过 70%，提前 10 年实现联合国 2030 年可持续发展议程减贫目标。[1] 我国创造了减贫奇迹，得益于中国共产党的坚强领导、决心和执行力、坚持以人民为中心的发展思想、集中力量办大事的制度优势和精准扶贫等一系列独创性重大理念和举措。我国为全球减贫和提高人类发展指数做出了中国贡献，为全球减贫提供了中国方案，创造了世界减贫治理的范例；通过国际合作为全球减贫提供了中国力量。我国减贫经验中的很多要素对"一带一路"沿线发展中国家或地区具有普遍借鉴意义。

自从 2013 年习近平主席提出共建"一带一路"倡议以来，我国借鉴

1　王进业、李来房、娄琛：《中国宣告消除千年绝对贫困》，来源：新华社新媒体，载 https://baijiahao.baidu.com/s?id=1692652684004800276&wfr=spider&for=pc，最后访问时间：2023 年 8 月 24 日。

"精准扶贫、脱贫攻坚"的国内经验，运用于"一带一路"沿线发展中国家的减贫事业，助力于经济发展的"造血式"脱贫和保障民生福利的"输血式"扶贫，并进行双向结合，确定了"一带一路"促进国际减贫治理，解决相对贫困，走向共同富裕的战略转型以及加强减贫国际合作的基本走向。中国古语道："授人以鱼，不如授人以渔"。目前，中国在共建"一带一路"倡议下实施"授人以渔"的减贫治理方式，主要有：与"一带一路"沿线国家或地区合作建设基础设施项目，建造物流交通网络；在沿线国家或地区进行直接投资，开设企业，进行项目建设；为当地居民提供就业岗位；与沿线国家或地区开展经贸合作与交流；与沿线国家或地区深化金融合作，帮助畅通融资渠道，为当地经济发展提供资金配置保障；与沿线国家或地区开展人文交流，建立教育、科技等领域人才合作培养机制；帮助发展中国家提升能力建设，可持续地推进国际减贫进程。

《消除绝对贫困 中国的实践》报告记载了中国深入参与国际发展合作、帮助发展中国家破解发展瓶颈的多个真实案例。[1]在亚洲地区，中国与东盟国家共同开展乡村减贫推进计划；在老挝、柬埔寨、缅甸三国乡村基层社区实施"东亚减贫示范合作技术援助项目"。在非洲地区，援建水利基础设施，打造农业合作示范区，实施中非菌草技术合作等项目。在南太平洋地区，开展基础设施建设和推动农业、医疗等技术合作援助项目。在拉美地区，援建农业技术示范中心，帮助受援国当地民众摆脱贫困。"精准扶贫"等中国特色的扶贫理念正越来越多地受到国际社会关注。中国还将继续通过多双边渠道帮助发展中国家提升能力建设，并配合缓债、发展援助等方式支持发展中国家尤其是困难特别大的脆弱国家的发展及解决其贫困问题。

（五）交通鸣锣，为撬动"一带一路"沿线国家或地区的经贸往来与生产力发展提供牢固支点

马克思和恩格斯有着丰富的国际交往思想[2]，在大量著作中论述了国际经贸交流与生产力发展以及交通运输革命的辩证关系。生产规模的扩大必然要求经贸交往范围的扩充，经贸交换范围的扩展又会促进生产力的发展。在共建"一带一路"中，我国以交通建设鸣锣开道，作为撬动"一带一路"沿线

---

1 王宁：《坚持开放合作 中国助力全球减贫》，载《国际商报》2021年10月12日。
2 张峰：《马克思恩格斯的国际交往理论与"一带一路"建设》，载《马克思主义研究》2016年5期。

国家或地区的经贸往来与生产力发展的支点。我国大力推进的铁路建设尤其是高铁建设举世瞩目，将推进交通等基础设施建设作为互联互通的优先环节。

2013 年我国提出共建"一带一路"倡议并提出"泛亚铁路规划"设想后，老挝率先积极主动响应，2015 年 12 月 2 日奠基，2016 年 12 月动工，2021 年 12 月 3 日投入使用。在"泛亚铁路规划"中，"中老铁路"最先建成。紧接"中老铁路"之后，2015 年 12 月 19 日"中泰高铁"奠基，连接曼谷和呵叻的"中泰高铁"一期工程，预计将于 2026 年正式投入运营，二期工程正在筹建中。2016 年 1 月"雅万高铁"奠基，2018 年 6 月全面开工。东起中国北京，西至德国柏林，中间穿越俄罗斯莫斯科等地的"中欧高铁"已提上议事日程。

我国通过"水路"与"陆路"并进来谋求"一带一路"沿线各国的共同发展，近年来，以高铁开道、贯通"陆路"作为工作的重点。沿线国家的高铁等基础设施建设一旦联通，就会在物流、贸易、信息、投资、人文交流等其他经济领域产生很大的"溢出效应"，带来其他经济领域收益的迅速增加。但是，在"一带一路"沿线国家进行高铁建设，存在路长地质复杂、施工难度大、征地不易，建造成本高、维护费用高，投资周期长、收益回报率低，交通沿线基层治理情况不一等问题；一些"一带一路"沿线国家政局不稳定，这加大了基础设施项目投资运营的风险。为降低投资风险和交通物流成本，提高运输安全与效益，鉴于我国制造无人机技术已成熟，我们建议用无人驾驶运输机来开新路，打造"无人机物流运输网络"。

2021 年，我国国务院有关部门和地方政府出台一系列政策规划和标准，支持和规范无人机产业发展。国家标准委等 6 部委联合印发《无人驾驶航空器系统标准体系建设指南（2021 年版）》，全面统筹规划全国无人驾驶航空器系统领域标准化工作，规范了行业发展、市场秩序和行业行为，为行业监管提供支撑。交通运输部与科技部联合印发《关于科技创新驱动加快建设交通强国的意见》，提出推动无人机（车）物流递送发展，鼓励各类金融资本、社会资本支持交通运输新基建重大产业项目。交通运输部印发《无人机物流配送运行规范》《邮政快递无人机监管信息交互规范》两项标准，进一步提升综合交通运输服务水平；还发布《民用无人机驾驶航空器操控员管理规定》咨询通告征求意见，明确操控员执照类别等级、级别等级划分等，为无人机操控员提出新的规范要求。近年来，我国无人机自主研发能力持续增强，无人机研发制造企业正逐步从"中国制造"向"中国创造"转变；无人机产业的快速发展，领跑中国通用航空业。2021 年，全国无人机运营企业已达 1.27 万家，实名登记无人机 83 万架，飞行时间达到千万小时量级。国家支持管理政策逐步完善，无人机研发能力、技术水平不断提高，无人机新产品不断问世，无人机应用范围持续扩大，社会资本加大投入，为我国通用航空发展增添了新活力，注入了新动能。[1]

在路途遥远尤其是要翻山越岭的地方使用无人机及无人机机场，其造价相比"高铁"要低廉得多，而且建造时间短，更可避开征地不易、恶劣的地形地质条件造成的施工难、路途长远安全保障难等诸多困难。在政策法律、技术、需求和资本的驱动下，我国无人机产业将继续保持高速发展，产生更多突破；无人机在"一带一路"交通运输领域的应用，将会使我国与沿线国家或地区的经济合作产生新的飞跃。

（六）战略契合，全面深化与俄罗斯、越南的战略协作或合作伙伴关系

战略合作伙伴关系一般是指经济上的密切关系，没有政治和军事上的同盟关系。战略协作伙伴关系比战略合作伙伴关系高一个层次，两国之间的关系不仅仅是经济合作，还涉及军事等核心领域的合作。

1. 我国北边邻邦俄罗斯，是我国与外国建立"全面战略协作伙伴关系"的第一个国家

俄罗斯拥有丰富的能源，而且是石油、天然气和粮食生产大国，在世界上有很大的影响力。中国拥有庞大的经济体量，而且是工业大国，与俄罗斯可互通有无，能够取长补短达到双赢，两国关系的拓展与发展有广阔的空间。

共建"一带一路"倡议的提出，为中俄双方建立"全面战略协作伙伴关系"提供了难得的历史机遇。倡议提出之初，俄罗斯就给予大力支持。随着"一带一路"倡议的推进，我国与俄罗斯的战略契合点和利益尤其是经济利

---

[1] 孙卫国：《2021 年中国无人机产业发展情况概述》，来源：空天界，载 https://mp.weixin.qq.com/s?__biz=MzIyMzA2ODMyNw==&mid=2647953280&idx=1&sn=62f5fa2979f88157538eea339955b592&chksm=f003c648c7744f5ea16e7d4655fbce4ec21b5e7526afb9d2e7cde4aceb6b7fdc7cb9eb14f4d8&scene=27，最后访问时间：2023 年 8 月 24 日。

益交汇点明显增多。2019年6月5日至7日，应俄罗斯联邦总统普京邀请，我国国家主席习近平对俄罗斯进行国事访问并出席第23届圣彼得堡国际经济论坛。两国元首在莫斯科举行会谈，习近平主席会见俄罗斯联邦政府总理德·阿·梅德韦杰夫，中俄双方发表了《中华人民共和国和俄罗斯联邦关于发展新时代全面战略协作伙伴关系的联合声明》，从此我国与俄罗斯建立起"全面战略协作伙伴关系"。[1]中俄友好关系的建立与发展，始终以"不结盟、不对抗、不针对第三方"为原则。

以"中蒙俄经济走廊"合作建设为例，俄罗斯对加强同中国合作充满期待。俄罗斯远东地带是欠发达的地方，地广人稀，占其国土面积的77%，而居住的人口仅占20.7%，且远离首都，交通不便，对外资缺乏吸引力，成为俄罗斯发展的难题。俄罗斯希望通过借助中蒙俄经济走廊建设，深度对接中国大市场，同时打开从中国的融资渠道，加快该地区的发展。合作修建"中欧高铁"蓝图的提出，也是出于对中俄建立"全面战略协作伙伴关系"的考虑。

2. 我国南边邻邦越南，也与我国建立了"全面战略合作伙伴关系"

1950年1月18日，中越建立外交关系，中国也成为世界上第一个承认并与越南建立外交关系的国家，这为两国人民传统友谊与全面合作关系打开了新篇章。2013年我国提出共建"一带一路"倡议，越南表示支持；2016年中越双方在《联合声明》中宣布，加强两国间发展战略对接，推动"一带一路"倡议和"两廊一圈"构想对接。[2]

2022年11月1日，中越发表了《关于进一步加强和深化中越全面战略合作伙伴关系的联合声明》。该联合声明的主要内容是：要就加强中越发展战略对接和进一步推进双边经贸合作制定新规划，包括推进两国发展战略对接，两国政府共同努力推进共建"一带一路"倡议与"两廊一圈"框架对接

---

1 《中华人民共和国和俄罗斯联邦关于发展新时代全面战略协作伙伴关系的联合声明（全文）》，来源：新华社，载 https://www.gov.cn/xinwen/2019-06/06/content_5397865.htm，最后访问时间：2023年8月24日。

2 注：2004年5月20日，越南总理潘文凯在对中国进行国事访问时，向时任中国总理温家宝提出了共建"两廊一圈"的提议。"两廊一圈"是指："昆明—老街—河内—海防—广宁"、"南宁—谅山—河内—海防—广宁"两个经济走廊和"环北部湾经济圈"，涉及中国广西、广东、云南、海南、香港和澳门及越南的10个沿海地方。

合作规划，开展基础设施建设与互联互通合作。

三、比较法研究方法的引入

为从法律上引导我国企业参与"一带一路"倡议，我们应加强对"一带一路"沿线国家或地区的法律研究，并通过比较，提高企业法律认识，指导企业防范法律风险。

我们认为，比较法（comparative law）就其概念的本意而言，是指对不同国家或地区的法律及其制度的比较研究，也可以说是对不同国家或地区的法律秩序的比较。[1]

对于不同国家的法律制度的比较，可以对两个国家法律制度之间、三个或三个以上国家法律制度之间进行比较，即双边或多边比较。在此，是指本国法律及其制度与外国法律及其制度，或不同的外国法律及其制度之间的比较。[2]在中国，内地与香港特区和澳门特区之间的法律，或港澳法律之间的比较研究，以及大陆与中国台湾地区的相关规定之间的比较研究，均属于比较法研究的范畴。[3]

法律保障是由一定数量的法律、法规、命令和制度等构成的多层次的法制系统。"一带一路"工作的推进，不能忽视法律的保障作用。只有在合理有效的法律框架下，才能协调和规范各方行为，促进双边和多边合作，实现我国和相关国家或地区的互利共赢。法律的差异或冲突已经成为影响"一带一路"倡议的重要因素。对"一带一路"沿线国家或地区的法律制度进行比较研究，具有非常紧迫、非常重要的意义。

目前，我国企业或其他经济组织沿着"一带一路"走出去，有的一踏入人家的国门便碰到了纠纷无法解决，很多是因为不懂投资所在地法律和不了解当地法律文化传统和风俗习惯。一些经济纠纷，本来可以通过法律途径去解决，如果不懂当地法律还可能上升为政治事件或外交事件。那么，我国经济组织沿着"一带一路"到境外开展经济活动，应如何做才能得到所在地法律的保障呢？

---

1 刘兆兴主编：《比较法学》，中国政法大学出版社 2013 年版，第 2 页。
2 刘兆兴主编：《比较法学》，中国政法大学出版社 2013 年版，第 3 页。
3 刘兆兴主编：《比较法学》，中国政法大学出版社 2013 年版，第 3 页。

（一）"入国问禁"

俗话说，"入国问禁，入乡随俗"。"入国问禁"就是说要知道和熟悉当地的法律规范和相关规定；"入乡随俗"就是要了解和尊重当地的法律文化传统和风俗习惯。"一带一路"沿线国家众多，这些国家几乎涉及所有的法系，其中，影响最大的是英美法系、大陆法系和伊斯兰法系。这几大法系各有不同的特点。印度、巴基斯坦、孟加拉国、文莱、马来西亚、新加坡、斯里兰卡、菲律宾等东南亚和南亚国家与英国法更为接近。伊朗、伊拉克、土耳其、叙利亚、约旦、黎巴嫩、巴勒斯坦、沙特阿拉伯、也门、阿曼、阿联酋、卡塔尔、科威特、巴林和埃及等西亚和北非国家，其法律大都受伊斯兰教传统的影响较大。"一带一路"沿线国家的民事法律则存在一定的共同之处，不像行政法差异那么大。这些问题都是我们在"入他国"前要"问"清楚的。

我国企业或其他经济组织"走出去"，首先要熟知投资所在国的法律法规，包括：（1）投资所在国参加的国际条约、双边及多边条约。如：2012 年5 月 13 日签署的《中华人民共和国政府、日本国政府及大韩民国政府关于促进、便利和保护投资的协定》，2015 年 12 月 20 日开始实施的《中华人民共和国政府和大韩民国政府自由贸易协定》（以下简称《中韩自贸协定》，韩国参加的《保护工业产权的巴黎公约》。（2）投资所在国外商投资方面的立法。如韩国的《外资引进法》、《外商投资环境改善综合对策》和《外国人投资促进法》。（3）投资所在国的公司企业法。如韩国的《公司法》和《资本市场与金融投资业法》。（4）投资所在国的贸易法。如韩国的《对外贸易法》《不公平国际贸易业务调查及产业损害救济法》及其《执行法案》。（5）投资所在国的交通与基础设施建设法。如韩国 1967 年制定的《港湾法》，2002 年修订的《国土规划及利用法》。（6）投资所在国的税收法。如韩国的《租税特例限制法》和《海关法》。（7）投资所在国的劳动法。如韩国的《劳动基准法》和《工会及劳动关系调整法》。（8）投资所在国的知识产权法。如韩国的《专利法》《使用新型法》《外国设计法》和《商标法》。（9）投资所在国的反垄断法。如韩国的《垄断规制法》与《消费者保护法》。

（二）依法维权

我国的企业或其他经济组织到"一带一路"沿线国家或地区开展包括投

资兴办企业，承接修路、造桥、建高铁等基建工程，搞贸易和教育培训等各种经济活动，遭遇经济纠纷时，一定要沉着，不要慌张，要善于运用法律武器包括国际公约、双边或多边条约以及当地的法律规定进行应对，依法开展经济贸易活动，依法维护自身的正当合法权益，也可以聘请国内或当地律师提供咨询、代理等法律帮助。我国当事方要做到能依法维权，前提是自己要懂得相关法律，分得清国际经济贸易争端的类型，熟知解决国际经济贸易纠纷的方法。

（三）法律比较

1. 部门法比较研究。

在"一带一路"倡议中，我们必须集中开展的是对相关国家或地区具体部门法的研究。例如，对投资对象国针对外国投资设定的准入法律限制与条件，以及涉及公司设立、出资、内部治理、工商登记、劳工保护、社会责任等问题的具体法律制度进行研究。为充分协调、有效处理此类法律问题甚至法律差异或冲突，我们必须针对企业等主体在"一带一路"中的具体需求，将通常意义上的比较法运用到具体部门法之中，采用我们此前提出的"部门法比较"的研究思路，开展更具建设性的比较法研究，为"一带一路"的顺利推进提供真正有效的法律保障，并由此推动比较法学的丰富与发展。

部门法主要包括宪法、行政法、民法、商法、劳动与社会保障法、自然资源与环境保护法、刑法、诉讼法等，集合构成一个国家或地区法律的主体内容。基于"一带一路"的目标定位，部门法比较无疑应该成为"一带一路"法律制度研究的主板。

2. "一带一路"法律研究的关键领域。

"一带一路"法律问题研究，应当按照"一带一路"的总体布局，聚焦对外投资、对外贸易、交通与基础设施建设、争议解决等具体部门法领域，结合共建"一带一路"的实际需要，针对上述领域的具体法律问题展开深入、系统的研究。

第一，"一带一路"投资法律问题研究。"一带一路"工作的重点之一是推动中国企业走出去，开展多种对外投资。

第二，"一带一路"贸易法律问题研究。一是结合我国对外出口的实践和主要产品领域,有针对性地研究"一带一路"国家或地区的进出口管制和关税法律制度。二是注意研究我国重要产品出口国的反倾销与反补贴法律及司法政策,有效地避免和解决相关法律纠纷。三是重点研究相关国家或地区的交易法律制度,特别是在合同法上的具体差异,包括关于国际支付等问题的法律规定。四是充分关注在商品交易和技术贸易中对相关知识产权的保护。五是对相关自由贸易区的独特规则和优惠政策,予以特别关注。

第三,"一带一路"交通与基础设施建设法律问题研究。交通与基础设施联通是"一带一路"的优先领域,主要涉及交通基础设施、石油天然气基础设施以及电信基础设施等的互联互通。对与此相关的具体法律问题,必须进行专门研究,具体包括:(1)国际及外国货物运输规则,包括但不限于联合国《国际货物多式联运公约》。(2)国际及外国航空运输规则。除将《华沙公约》作为首要研究对象,也要关注相关国家和地区对国内航空运输进行规制的法律法规,以及关于航空保险及索赔的法律法规。(3)基础设施建设与工程承包法律规则,特别是涉及大额和长期性工程承包合同的有关规定。

第四,"一带一路"争端解决机制研究。与投资、贸易以及基础设施建设有关的法律争议通常包括投资股权纠纷、反倾销与反补贴诉讼、产品责任侵权、承包合同违约等,对各方经济合作有不容忽视的影响,因此必须对涉及"一带一路"的争端解决机制进行预先研究,以有效防止和解决有关争议。具体研究应当包括:(1)涉及跨国争端解决的国际公约及协定,如《解决国家与他国国民之间投资争议公约》以及据此设立的国际投资争端解决中心的实质性与程序性规定,WTO 与其他国际组织的争端解决机制等。(2)涉及纠纷解决的国内司法与仲裁机制,包括研究设立若干中立、公正的仲裁机构,将"一带一路"的争端解决机制落到实处。(3)涉及承认与执行他国判决和裁定的国际公约,以及具体国家和地区的相关法律规定。

3. 国际经济贸易争端的类型与解决方式。

我国与"一带一路"沿线国家或地区发生的经济贸易纠纷都属于国际经济贸易争端问题。国际经济贸易争端的类型主要有以下两种:一是缔约国之间的争端,指的是资本输出国和资本输入国在履行和适用双边或多边投资协定上或在保护外国私人投资上引起的争端;严格上来讲,该类争端本质上是国际公法性质的争端,法律因其是在国际投资上引起的争议,其解决方式一般都采用国际公法争端解决机制。二是外国的公司企业或私人投资者与东道国的经济主体之间的经济贸易争端,该类争端可分为契约性争端和非契约性争端,前者主要是指投资者与东道国经济主体间因投资契约的履行出现问题和法律解释不同等原因引起的法律争端;后者主要是指东道国在立新法或修订旧法、政府在行使行政管理职能中因行为不适当而与外国投资者产生的法律争端。不同的国际经济贸易争端的类型,要采用不同的方式去解决。

国际经济贸易争端通常采用如下方式去解决:

一是政治方式。即"非司法解决途径"。在解决国家间投资争端时,这种解决方式常被采用。其优势在于是以争端双方的相互谅解为基础,主要通过协商或谈判解决问题,有助于维护双方的合作关系。在中国对外签订的条约中,采用这种解决方式的,多数要求磋商为必备的前置程序;只有在磋商无果的情况下,才可寻求当地法律解决或调解解决等其他途径。实践证明,政治方式是一种简单快捷的解决方法,这种方法适用范围广、程序灵活。通过友好协商达成一致,可有效避免争端双方冲突升级。但是,这种方式有一定的缺陷:如该方式缺乏透明度、确定性和程序上的保障,缺乏有效的监督和制约,会出现执行不力的情况。更重要的是若争端双方政治和经济实力差距较大时,可能会不利于弱者,造成结果的不稳定和不可预见。所以这种方式只能是适当运用。

二是法律方式。主要包括"司法"和"国际商事仲裁"两种法律途径。寻求司法解决,一般是在当地法院进行,当事人双方也可以选择司法管辖。一方不能单独提起仲裁,必须以双方当事人的同意为基础。仲裁规则的依据是《联合国国际贸易法委员会仲裁规则》或争端当事双方共同同意的其他仲裁规则。我国应加强与"一带一路"沿线各国的司法合作与司法协调,在条件成熟时加快制定双边和区域性的司法合作协议,借此与各国司法机制实现良性有效的对接,从而为"一带一路"营造良好的法治环境。

我们建议:建立"一带一路"沿线国家司法合作与司法协助网络信息平台;通过这个平台,实现对各国、各行业法律保护动态的实时披露和追踪。构建"一带一路"沿线国家的司法合作机制,强化司法的权利救济功能,通过这个功能的实现来增强司法保障国际经济贸易的国际公信力。

我国自改革开放以来实行积极的对外开放政策,制定了系列法律法规。在外商投资方面的立法,可分为三个阶段:

第一阶段(1979-1983年):立法尝试。1979年7月8日出台《中外合资经营企业法》。该法为境外直接投资主体提供了法律依据,拉开了中国依法接受外商投资的序幕。1981 年和 1981 年，我国连续出台了两部配套法律，即《中外合资经营企业所得税法》和《外国企业所得税法》，针对不同的外国直接投资者，制定不同的税法征收规则。1983 年《中外合资经营企业法实施条例》也出台了，该法对中外合资企业的设立方式、组织方式、注册方式、出资方式、组织机构等多方面都作出了比较明确的规定。

第二阶段（1983-1992 年）：形成系列。"三资企业法"的另外两部法律出台。1986 年 4 月 12 日出台了《外资企业法》；1988 年 4 月 13 日公布了《中外合作经营企业法》；1986 年 4 月 12 日通过《民法通则》，进一步确认了外国直接投资者的主体法律地位。

第三阶段（1993 年至今）：立法完善。1993 年 12 月 29 日《公司法》出台后，中国的对外经济进入了新的发展阶段。这一时期，例如《外商投资企业会计制度》等规章和关于外商金融机构的法律规定陆续出台，进一步增强了外国直接投资的引进。2019 年 3 月 15 日，第十三届全国人民代表大会第二次会议通过了《外商投资法》，自 2020 年 1 月 1 日起施行，外商投资立法走向完善。

四、本书主要研究的范畴

到目前为止，对此类课题的研究文章颇多，但大都是从宏观上进行论述，极少具体研究"21 世纪海上丝绸之路"沿线各个国家或地区的有关法律法规和法律文化、风土人情以及如何与我国的法律法规相衔接。我们认为：只有运用比较法的研究方法以及案例分析法等辅助方法，对沿线各个国家和地区的有关法律法规和法律文化以及风土人情进行深入的研究，才能做到知己知彼和有效接地气，实现真正的国际合作或区域合作与互利共赢。我们的研究和论述的一个重要目的就是阐明我国提出共建"一带一路"包括"21 世纪海上丝绸之路"倡议究竟是想干些什么？既做到"以法交法"，也做到"以心交心"。需要特别说明的是，共建"一带一路"跨越不同地域、不同文明、不同发展阶段，无论什么样的政治体制、历史文化、宗教信仰、意识形态、发展阶段，只要有共同发展的意愿都可以参与其中，并不限于沿线国家或地区的范围。本书限于篇幅以及作者关注角度等方面，仅具体研究"21 世纪海上丝绸之路"沿线主要国家或地区有关法律制度。

（一）主要研究的国家或地区

"21世纪海上丝绸之路"的新路线：它发端于中国沿海，向东连接东亚，向南通过印度洋连接到北非，辐射范围涵盖东南亚、南亚、西亚、中亚和欧非地区，除了东盟的印度尼西亚、菲律宾、新加坡、马来西亚、泰国、文莱、越南、老挝、缅甸和柬埔寨十国外，日本、朝鲜、韩国、印度、巴基斯坦、孟加拉国、斯里兰卡、土耳其、埃及、突尼斯、肯尼亚、希腊、意大利等国也被纳入到丝路区域。南海沿线国家是中国建设"21世纪海上丝绸之路"的首要对象。过去20多年来，东盟是中国实践多边外交、奉行新安全观的实验区，并且成功建立起中国—东盟自由贸易区。[1]

（二）主要研究的法律法规

"21世纪海上丝绸之路"沿线国家或地区的法律制度中，我们主要研究如下：

1. 国际法和国际条约。我们研究的是与"21世纪海上丝绸之路"沿线国家或地区相关的国际公约和国际条约，包括 TRIMS（全称：Trade Related Investment Measures，中文译名：与贸易有关的投资措施）、GATS（全称：General Agreement on Trade in Services，中文译名：服务贸易总协定）等多项国际投资公约或协定、国际贸易惯例以及双边或多边投资协议。

2. 所在地投资法与公司企业法。包括鼓励、允许、限制或禁止外商投资产业目录。

3. 所在地贸易法、合同法与知识产权法、海关法、反倾销与反补贴法。

4. 所在地海港、交通与基础设施建设法。

5. 所在地金融法、税收法。

6. 所在地劳工法。

7. 所在地刑法。

8. 所在地诉讼法与仲裁法。

1　参见林华东：《海上丝绸之路新探索》，中国社会科学出版社2016年第1版。

（三）主要研究的法律问题

我们主要研究如下法律问题：

1. "21世纪海上丝绸之路"投资法律问题。对沿线国家或地区的外商投资法律制度进行重点研究。

2. "21世纪海上丝绸之路"贸易法律问题。贸易畅通是我国政府发布的《推动共建丝绸之路经济带和21世纪海上丝绸之路的愿景与行动》确定的合作重点，是与投资并重的法律问题研究领域。我们着力研究的"21世纪海上丝绸之路"贸易法律问题包括：自由贸易区法律问题。

3. "21世纪海上丝绸之路"交通与基础设施建设法律问题。交通与基础设施联通是"21世纪海上丝绸之路"建设的优先领域，主要涉及航海、航空等交通基础设施、石油天然气基础设施以及电信基础设施等的互联互通。对与此相关的具体法律问题，必须进行专门研究。

4. "21世纪海上丝绸之路"的法律冲突问题。《海牙规则》《海牙—维斯比规则》《汉堡规则》和《鹿特丹规则》中有关承运人责任期间、归责原则、免责事由、单位责任限制的规定并不统一，各个公约的参加国也不尽相同，直接造成了缔约国与非缔约国之间的法律冲突。法律文化与法系的不同也是造成法律冲突的主要原因。"21世纪海上丝绸之路"所经过东南亚地区主要有越南、柬埔寨、菲律宾、老挝和缅甸等国家。其中，柬埔寨受荷兰影响，属于大陆法系。菲律宾受美国影响，主要属于英美法系。缅甸受印度影响，是印度法系与英美法系的混合。越南属于社会主义法系，但同时因为历史原因，其自身的政治和法律制度受到法国大陆法系的影响。可见，"海上丝绸之路"沿线各国的法律体系各异，种类较多，并且受到历史等因素影响，极其复杂，法律冲突不可避免。

5. "21世纪海上丝绸之路"争端解决机制问题。与投资、贸易以及基础设施建设有关的法律争议通常包括投资股权纠纷、反倾销与反补贴诉讼、产品责任侵权、承包合同违约等，对各方经济合作有不容忽视的影响。因此必须对涉及"21世纪海上丝绸之路"的争端解决机制进行预先研究，以有效防止和解决有关争议。此项研究主要包括：（1）涉及跨国争端解决的国际公约及协定；（2）涉及纠纷解决的国内司法与仲裁机制；（3）对他国判决和裁定的承认与执行。

6. "21世纪海上丝绸之路"的法律保障机制的构建问题。这一法律保障机制的构建既需要处理好与现行多边、双边法律机制之间的关系，也需要国内法的支撑。因此，"21世纪海上丝绸之路"的法律保障机制应是一个多层级的、多主体参与的、国际法与国内法衔接、正式机制与非正式机制相结合的网络化体系。

7. "21世纪海上丝绸之路"的海上安全秩序与海上执法与司法保障问题。主要研究如下问题：（1）建立国家或地区之间的海上执法协作，完善海上行政执法与刑事司法衔接机制；（2）在联合反恐、惩治海盗、走私和贩毒等犯罪问题上建立全方位的司法合作机制；（3）对于关系到民生的海上环境污染、交通肇事等重大犯罪制定统一的入罪标准，避免因制度差异而规避刑事责任等。

第一章

韩国投资与贸易法律制度

一、韩国在"21世纪海上丝绸之路"中的地位与参与情况

(一)韩国在"21世纪海上丝绸之路"中的地位

韩国,全称大韩民国。1948年8月15日建国,位于东亚朝鲜半岛南部,三面环海,东濒日本海,西临黄海,东南向着朝鲜海峡,北边以"三八线"(非军事区)为界与朝鲜相邻。国土总面积约10.329万平方公里(占朝鲜半岛面积的45%),是一个战略要地。截至2022年6月,总人口约5200万。首尔(曾名汉城)是其首都。

古时候,由于陆路交通尚不发达,海外经济贸易与文化交流主要靠海路。自秦朝起,有一条途经朝鲜半岛的"东洋航线"开始通航。到了盛唐,这条航线热闹了起来,大量丝绸、陶瓷、香料等货物由宁波或蓬莱出发,经黑山岛、灵岩、朝鲜半岛南部海岸运往新罗首都庆州。宋元两个朝代,与高丽王朝的使臣、商人往来更是频繁,"海上丝绸之路"贸易进入鼎盛时期。到了明朝,情势发生变迁;由于朝廷实行"海禁"政策,致使海路被阻,经济贸易与文化交流主要通过陆路进行;海洋成为倭寇横行的地带。晚清时期,中华沉沦,日本崛起;1910年日本吞并朝鲜,朝鲜半岛完全沦为日本帝国主义的殖民地,中国和朝鲜半岛的"海上丝绸之路"往来即告中断。

到现代,朝鲜半岛作为"一带一路"的地缘连接点和结合点的地位依然

无可争议。

从区域上看,"一带"与"一路"的起点与依托都是朝鲜半岛。西向、北向出发的"一带"与西南指向的"一路"交汇于朝鲜半岛,形成了一个完整且闭合的环。作为"一带一路"的中转与集散枢纽,地缘上的有利位置决定了朝鲜半岛不仅仅是"一带"的跳板,而且也是"一路"的前哨。如此一来,地理上将朝鲜半岛纳入"一带一路"的重要节点便使货运的陆路与水路相连。

从内容上看,"欧亚倡议"与"一带一路"的主要内容高度重合。"欧亚倡议"的主要合作对象国是中国、俄罗斯、中亚、蒙古、土耳其等,与"一带一路"六大经济走廊中的中蒙俄经济走廊、新亚欧大陆桥、中西亚经济走廊三个经济走廊覆盖的区域基本一样。"欧亚倡议"旨在通过欧亚地区国家的经济合作,实现欧亚地区的可持续繁荣与和平;"一带一路"也强调联通活跃东亚经济圈和发达的欧洲经济圈,实现"两圈结合"。

从中韩的关系发展变化看,总趋势是关系越来越紧密。中国已连续多年成为韩国最大的贸易伙伴、最大出口市场和第一大海外投资国,而韩国也已成为中国的第三大贸易伙伴。

(二)韩国在"21 世纪海上丝绸之路"中的参与情况

在共建"一带一路"倡议推出不久后,韩国政府就提出要将韩国的"欧亚倡议"与中国的"丝绸之路经济带"结合起来,并与中国达成对接共识。2014 年 9 月,中韩双方就推动中国"一带一路"与韩国"欧亚倡议"实现对接达成重要共识。2015 年 10 月 31 日,中韩两国签署了《关于在丝绸之路经济带和 21 世纪海上丝绸之路建设以及欧亚倡议方面开展合作的谅解备忘录》及相关一系列文件。至此,中韩共建"一带一路"由构想迈向现实。这一过程之所以进展迅速,是因为"欧亚倡议"与"一带一路"在区域、理念和内容等方面相当吻合,具有良好的对接基础。

2015 年 3 月 26 日,韩国决定加入亚投行。7 月 14 日,韩国"欧亚丝绸之路亲善特级列车"项目启动。韩国 SK 建设、现代建设、大宇建设等大企业也加快了参与共建"一带一路"的步伐。

《区域全面经济伙伴关系协定》(RCEP)2012 年 11 月启动,涉及中小企业、投资、经济技术合作、货物和服务贸易等十多个领域,由东盟 10 国(印度尼西亚、马来西亚、菲律宾、泰国、新加坡、文莱、柬埔寨、老挝、缅甸、越南）发起，邀请中国、日本、韩国、印度、澳大利亚和新西兰16方共同制定的协定，通过削减关税和非关税壁垒，建立16国之间相互开放市场、实施区域经济一体化、统一市场的自由贸易协定。印度因"有重要问题尚未得到解决"而暂时没有加入协定。2020年11月15日，第四次《区域全面经济伙伴关系协定》（RCEP）领导人会议以视频方式举行，会后15个RCEP成员正式签署该协定，也为中韩两国进一步深化经贸合作提供了更为广阔的空间。

二、韩国的法律传统与法治环境

（一）韩国的法律传统

朝鲜文化和法律传统起源于中国。朝鲜法律从古至今都深受中国儒家文化影响。上溯到我国周朝，朝鲜就有以带有儒家文化色彩的箕子"犯禁八条"为治的历史记载。自从箕子把中国儒家文化传入朝鲜后，不仅使儒家的思想观念根植于朝鲜民众心中，而且使儒家的法律文化深刻影响了朝鲜的法制建设和社会发展。

在20世纪50到60年代，韩国加快立法步伐，制定了《韩国民法》、《韩国商法》、《韩国刑法》以及《韩国刑事诉讼法》等系列法典，取代了过去的日本法典。韩国的宪法和刑法主要受到西方有关法律思想的影响，民法则保留了东方礼制和伦理色彩，诉讼法既有大陆法系的特征，又有英美法系的影响。韩国是较为注重保留儒家文化传统的国家，在现代的法治建设上，韩国没有放弃与儒家传统文化的相融合。

（二）韩国的法治环境

法治环境是外国投资者进行投资时最为重视的因素之一。韩国"二战"后在发展经济的同时，也逐渐步入现代法治之轨道。

韩国在经历20世纪七八十年代经济飞速发展后，曾因偏重创造经济效益，而相对忽视了环境保护问题，一些工业用地污染严重，经媒体报道后，才引起了韩国政府和民众对生态环境治理的重视。韩国通过逐步健全法律制度，依法治理土地污染问题，还给了民众一个健康安全的生态环境。[1]

韩国的工会非常强盛，从法治环境的角度看，褒贬不一。外国投资者往往会认为韩国工会要求参与经营是吸引外资最大的阻碍；劳动者的高工资以及劳资之间通常很少协商和对话形成的对立关系也使一些外国投资者望而却步。韩国工会则认为劳动者的利益能得到法律切实保障。

（三）韩国参加的国际条约、双边或多边条约

韩国宪法规定，本国签订的国际条约和国际法规，具有与国内法同等的效力；因而，与投资有关的国际条约和国际法规也就成为韩国外国投资法的一部分。为了防止国际条约与国内法产生冲突，韩国宪法还规定，缔结对国家有巨大影响的条约时，必须经国会同意。

韩国与我国缔结的双边或多边投资条约或共同参加的国际条约，主要有如下几项：

1. 《关于鼓励和相互保护投资协定》(CKBIT)。1992 年，中韩签署了《中华人民共和国政府和大韩民国政府关于鼓励和相互保护投资协定》。2007 年 9 月 7 日，中韩重新修订了该条约。

2. 《中韩自贸协定》(CHINA-KOREA FTA)。2004 年 11 月，时任韩国总统卢武铉和时任中国国家主席胡锦涛共同宣布启动"中韩自贸区"民间研究。从 2005 年起，中国国务院发展研究中心（DRC）和韩国对外经济政策研究院（KIEP）两家研究机构即开始就《中韩自贸协定》(CHINA-KOREA FTA)进行共同研究。经过 7 年的深入研究，双方均认为可行，便于 2012 月 5 月启动谈判程序；两国进行了 14 轮谈判，实现了"利益大体平衡、全面、高水平"的目标。2014 年 11 月 10 日，中韩两国发表"中韩自贸区"实质性缔约宣言；2015 年 2 月 25 日签订草案，同年 6 月 1 日两国正式签署了《中韩自贸协定》。该协定涵盖货物贸易、服务贸易、投资和规则共 17 个领域。它是中韩两国迄今为止对外商谈的最广领域、涉及国家贸易额最大的自贸区，过去中韩两国存在的贸易壁垒全部被消除。该协定的签订，是中韩关系发展史上一个重要的里程碑。作为东亚地区经济体之间达成的首个FTA，中韩 FTA 具有很强的示范意义，为中国签署双边或多边自贸区谈判

---

1 《韩国依法治理初见成效》，载《法制日报》环球法治专栏，2016 年 4 月 30 日。

提供了宝贵经验。[1]

3.《中日韩投资协定》。中日韩三国自 2007 年开始谈判，经过 13 次会议反复讨论，于 2012 年 3 月 21 日结束谈判，达成了中日韩经济领域内的第一个促进和保护三国间投资行为的多边条约——《中日韩投资协定》。2012 年 5 月 13 日，第五次中日韩领导人会议上正式签署了该协定。该协定内容涉及面广，涵盖国民待遇与公平公正待遇原则、知识产权保护制度、投资争端解决机制、透明度要求以及投资转移等多个方面。与上述中韩《关于鼓励和相互保护投资协定》相比较，该协定在知识产权的保护、技术转让不合理要求的禁止、争端解决机制的适用范围上，增强了对投资者的保护力度。

4.《亚洲基础设施投资银行协定》。亚洲基础设施投资银行（Asian Infrastructure Investment Bank，缩写：AIIB）简称"亚投行"，是基于支持"一带一路"沿线亚洲各个国家和地区基础设施建设的需要，首个由中国倡议设立的多边金融机构，总部设在中国北京。2015 年 6 月 29 日，《亚洲基础设施投资银行协定》签署仪式在北京举行，"亚投行" 57 个意向创始成员财长或授权代表出席了签署仪式，其中已通过国内审批程序的 50 个国家正式签署该《协定》。2015 年 12 月 25 日，《亚洲基础设施投资银行协定》正式生效，"亚投行"宣告成立。截至 2023 年 9 月，亚投行成员数量增至 109 个。《亚洲基础设施投资银行协定》第一条规定其宗旨是："（一）通过在基础设施及其他生产性领域的投资，促进亚洲经济可持续发展、创造财富并改善基础设施互联互通；（二）与其他多边和双边开发机构紧密合作，推进区域合作和伙伴关系，应对发展挑战。""亚投行"的成立在国际经济治理体系改革进程中具有里程碑意义。韩国因加入"亚投行"而使其国际地位提高并与中国成为利益共同体。

此外，韩国与我国签订的双边条约还有：《中韩关于建立外交关系的联合公报》、《中韩政府贸易协定》、《中韩政府文化合作协定》、《中韩关于简化签证手续和颁发多次签证的协定》、《中韩渔业协定》、《中华人民共和国和大韩民国引渡条约》、《中韩民商事司法协助条约》、《中韩面向未来联合声明》、《中韩领事协定》等。

---

1 李冬新：《中韩自贸区运行基础与产业发展影响研究》，社会科学文献出版社 2015 年版，第 46 页。

三、韩国外商投资法律制度

韩国对外商投资有完善的法律制度。在推进"海上丝绸之路"中，中国企业要想成功进入韩国市场，对韩国的外资准入、公司设立等投资制度的了解尤为重要。

（一）《大韩民国外国人投资促进法》与《大韩民国外国人投资促进法施行令》的制定与修改

为了发展经济，1961 年韩国制定了《外资引进促进法》，允许和鼓励外商来韩国投资，并给于税收减免等特惠待遇。1966 年韩国为了实现从国外银行长期贷款以进行国内经济开发的目的，制定了《外资引进法》。1973 年韩国对《外资引进法》进行修改，增加了对外国直接投资的比例、出口义务、最低投资额等方面的规定。20 世纪 80 年代，韩国实行了两个方面的改革：一是审批制度改革，简化外国直接投资的程序，实行自动批准制度；改变了外国直接投资一直采用的审批制度，转换为以申报为原则，以批准为例外的制度。二是税费改革，通过给予税费减免优惠，大大提高外国直接投资者的投资热情。1992 年中韩建交后，韩国为了提高国家的综合实力，采取了更加积极的外资引进政策。1992 年再次修改了《外资引进法》，优化了外国直接投资法律环境。

韩国于 1998 年 9 月 16 日新制定了《大韩民国外国人投资促进法》，对外开放市场和对外国人投资实行全面自由化。[1]为了鼓励和更加方便外国人投资，引进从事研发和高附加值服务业的相关外资企业，改善、补充现行制度在运营中表露出的缺陷，2010 年 4 月 5 日韩国公布了新修改（第一次修改）的《大韩民国外国人投资促进法》（2010 年 10 月 6 日实施）。2010 年 10 月 5 日，韩国相应修改了《大韩民国外国人投资促进法施行令》（2010 年 10 月 6 日实施），主要是将服务业外国人投资区指定制度具体化；并将外国人投资最低金额由原来规定的 5000 万韩元上调至 1 亿韩元。[2]2012 年 1 月 26 日，因其他相关法律有修改，韩国又一次部分修订（第二次修改）了《大韩民国外国人投资促进法》（2012 年 7 月 27 日施行）；2012 年 7 月 26 日

---

1 梁孝玲：《韩国 1998 年〈外国人投资促进法〉》，载《环球法律评论》2002 年第 2 期。

2 《大韩民国外国人投资促进法施行令》第 2 条第 2 款。

相应部分修订了《大韩民国外国人投资促进法施行令》(2012 年 7 月 27 日施行)。

韩国前后共 12 次修改《大韩民国外国人投资促进法》[1],主要修改内容有:

1. 调动地方招商引资积极性和主观能动性。该法第四条之二(制定外国人投资促进政策等)规定:"截止到每年的 12 月 31 日,相关中央行政机关的首长以及市、道知事应向知识经济部部长提交下一年度的外国人投资促进计划。""依据该计划草拟外国人投资促进政策并经外国人投资委员会的审议后予以确定。"[2]

2. 解除对国有或公有的土地、工厂或者其他财产出售或租赁给外国人投资企业诸多限制。该法第十三条(出售或租赁国有或公有财产等)规定,可以"与外国人投资企业或外国人投资环境改善设施运营者签订自由合同,向其出售或租赁国家、地方自治团体、公共机关或地方公企业所有的土地、工厂或者其他财产,或者使其使用、收益上述财产",还规定向外国人投资企业出租国有或公有的土地等财产,"其租赁期间最长为 50 年";向外国人投资企业出售国有或公有的土地等财产,"可依总统令的规定延长交付期限或进行分期缴纳。"[3]

3. 加大对外国人投资建造工厂设施等提供必要的资金支持力度。该法第十四条之二(对外国人投资的现金支援)规定,外国人进行建造工厂设施等投资的,可获得必要的资金支援,包括:"为经营相关事业而开设或者增设工厂设施(如非制造业,则指工作场所)的""……且为生产总统令规定的零部件、原材料而开设或者增设工厂的",[4] 该法取消了原来规定的关于外国人投资金额在 1 千万美元以上才能获得现金支持的前提条件;还将外企因开展研究开发活动需新设或增设研究设备而获得现金支持的,需拥有研究专门职员的人数从 10 人以上减少为 5 人以上。这使外企获得现金支持的范围进一步扩大。

---

1 《大韩民国外国人投资促进法》,来源:中华人民共和国商务部、驻大韩民国大使馆经济商务处网站,载 http://kr.mofcom.gov.cn/article/ddfg/200309/20030900130830.shtml,最后访问时间:2023 年 8 月 24 日。

2 《大韩民国外国人投资促进法》第四条。

3 《大韩民国外国人投资促进法》第十三条。

4 《大韩民国外国人投资促进法》第十四条。

4. 实行外国人投资行政监察官制度。该法第十五条之二（有关外国人投资的行政监察官等）规定："为处理外国投资人及外国人投资企业遇到的相关难题，在对于外国人投资业务方面有着丰富的知识和经验的人中选拔及委任外国人投资的行政监察官。"监察官认为确有必要时，可向相关行政机关及有关机关的首长发出提供有关资料或现场询问等的协助请求；可以向有关行政机关及公共机关的首长提出改善相关事项的意见。还规定："为支援外国人投资行政监察官的业务，在大韩贸易投资振兴公社内部设置苦衷处理机构（信访处理机构）。"[1]

5. 实行指定外国人投资区域并给予优惠待遇制度。该法第十八条之一（外国人投资区域的指定、开发）规定了指定为"外国人投资区域"的情形。如投资金融等高附加值服务业行业，可指定服务业"外国人投资区"。[2] 该法第十九条（对外国人投资区的支援）接着规定了要对外国人投资给予各项优惠待遇。

（二）韩国外国人直接投资准入法律制度

外国人直接投资（Foreign Direct Investment）是指依据《大韩民国外国人投资促进法》及其相关法律，外国人以与大韩民国的法人或者由大韩民国国民经营的企业建立持久性经济关系为目的而进行投资的行为。[3] 外国人直接投资就意味着要经营韩国的企业。在韩国，绝大部分的公司都是以股份有限公司的形式出现，合伙公司和合资公司数量相当少。因此，外国人直接投资的企业一般都以股份有限公司为主。设立股份有限公司的方式有两种，即发起设立与募集设立，由外国人根据不同的情况以及韩国相关的法律规定作出选择。《大韩民国外国人投资促进法》中所指的"外国人"是指拥有外国国籍的自然人、依据外国法律而设立的法人以及由（韩国）总统令所规定的国际经济合作机构。[4]

外国人直接投资准入法律制度，是指韩国对于外国人进行直接投资开放，允许外国人进入或者一定程度上限制进入本国国内投资领域的法律制

---

1 《大韩民国外国人投资促进法》第十五条。

2 《大韩民国外国人投资促进法》第十六条。

3 ［韩］禹昌禄、吴日焕主编：《中国企业赴韩国投资法律指南》，中国政法大学出版社 2014 年版，第 27 页。

4 《大韩民国外国人投资促进法》第二条。

度。外国人直接投资的准入领域，主要是指韩国为了维护其本国利益，对于外国人直接投资准入的范围进行一定程度上的限定。纵观世界各个资本输入国，一般都会在一定程度上限制或者鼓励外国直接投资在该国的业务范围。就韩国而言，限制或者鼓励进入的外国人直接投资业务领域，是基于是否损害国家安全与公共秩序；是否损害国民保健卫生或者环境保护以及明显违反社会公序良俗；是否违反大韩民国的法律。[1]

1. 实行外国人投资开放政策。

对于外国人直接投资准入领域的限制与规范是外国人直接投资准入法律制度的重要部分。韩国对于外国人直接投资的政策基本上是开放与自由的。为进一步开放，2010 年 4 月 5 日韩国第一次修改《大韩民国外国人投资促进法》后，韩国对外国直接投资从起初的"规制、管理"转变为"促进、支持"，限制外国人投资的行业范围大幅缩小。截至 2010 年 5 月 31 日，共有 1056 种行业投资向外国人全面开放。[2]

2. 实行负面清单制度。

负面清单制度，是指国家以清单方式明确列出在国境内禁止和限制外国人投资经营的行业、领域、业务等，各级政府依法采取相应管理措施的一系列制度安排。《大韩民国外国人投资促进法》第四条之一（外国人投资的自由化等）第三款以及《大韩民国外国人投资促进法施行令》第四条之一（限制外国人投资的行业等），以负面清单的方式对外国人投资的行业进行限制；并通过每年的《外国投资者综合通知》予以公布。

依据《大韩民国外国人投资促进法施行令》第四条之一（限制外国人投资的行业等）规定，对外国人投资的禁止或限制的行业主要有：从事国防工业物资生产的行业（如军工），很可能用于军事目的的物品或者技术（如原子能发电业），涉及国家机密的行业（如电信、无线广播业、地面电视广播业），涉及国计民生的行业（如国民保健卫生、医疗、教育、运输或者环境保护）等。

---

1 《大韩民国外国人投资促进法》第四条之一。
2 ［韩］禹昌禄、吴日焕主编：《中国企业赴韩国投资法律指南》，中国政法大学出版社 2014 年版，第 33 页。

由于韩国与中国国情不同，相比较之下，韩国对于外国人直接投资的准入领域相对较宽，准入条件相对较简单，对于外国人直接投资的限制相对较少。中国作为全球最大的发展中国家，在引进外资的同时，还要着力保护和促进民族企业的发展与壮大，因而对外资准入的条件要求相对较严。韩国的国情决定着其只有采取较为宽松的引进外国人投资的政策才能更好地促进本国经济的发展。

（三）韩国外国人直接投资的形式与程序

《大韩民国外国人投资促进法》第二章专章规定了"外国人投资程序"。该法规定了外国人投资 5 种形式：第一，购买新股的形式；第二，购买旧股的形式；第三，经合并取得股份的形式；第四，用长期贷款投资的形式；第五，捐助的形式。按投资形式不同，其投资程序和申报机关也不一样。《大韩民国外国人投资促进法施行令》第二章则对"外国人投资程序"的内容作出解释。

1. 购买新股的程序。

外国人拟以购买韩国法人（包括设立中的法人）或韩国国民经营的企业发行的新股的方式进行投资设立外国人投资企业，应按以下程序办理：

（1）申报。外国人可以直接申报，也可以委托代理人申报。申报时需提交如下材料：用购买新股方式投资的《外国人投资申报书》一式 2 份；代理人办理时的《授权委托书》；外国人国籍证明 1 份；其他相关材料。投资申报的同时可以向韩国企划财政部对外经济综合科申请税收减免。

（2）接受购买新股申报。大韩贸易振兴公社（KOTRA）的 35 个海外外国人服务中心（KBC）等申报接受机构，在确认是否遗漏记载事项、是否符合外国人投资要件、经营范围是否涉及禁止行业或限制行业后，立即出具购买新股申报凭证。

（3）注入外国资本。以现金方式出资的，向韩国的外汇银行汇入外汇，或通过海关携带入境。以实物方式出资的，须由大韩贸易振兴公社社长或韩国的外汇银行行长确认进口物品清单，并由韩国关税厅派遣官员确认实物出资完毕情况。

（4）申报注册设立企业法人。出资标的物缴纳完毕之日起 30 日内，外国投资者（或其代理人）须向韩国知识经济部部长进行注册设立外国人投资企业法人申报。申报时需提交如下材料：《外国人投资企业注册申请书》；出资凭证（以实物方式出资的，需提供实物出资完毕确认书）；出资检查人的调查报告或鉴定人的鉴定结果；经公证的新设立企业的章程；证明认购新股的文件；创立大会会议纪要或发起人大会会议纪要；理事会会议纪要；其他相关材料。

（5）接受注册设立企业法人申报。申报接受机构韩国知识经济部部长收到新设立外国人投资企业法人申报后，应当及时发放股权证明。

（6）外国人投资企业设立完毕，即可以生产和销售产品。

2. 购买旧股的程序。

外国人通过购买韩国国民或者韩国法人经营的企业已发行的股份或股权（以下简称旧股）进行投资设立外国人投资企业，应按以下程序办理：

（1）提交申报书（或许可申请书）。外国人可以直接申报，也可以委托代理人申报。申报时需提交如下材料：用购买"旧股"方式进行投资的《外国人投资申报书》一式2份；代理人办理时的《授权委托书》；外国人国籍证明1份；有2个以上受让人时足以确认受让人之间是否有特殊关系的资料；出让人与受让人签订的《股份转让合同》；其他相关材料。

（2）接受购买"旧股"申报。须分类（非军工企业类和军工企业类）进行申报。购买非军工企业"旧股"的，大韩贸易振兴公社（KOTRA）的35个海外外国人服务中心（KBC）等申报接受机构，在确认是否遗漏记载事项、经营范围是否涉及禁止行业或限制行业等事项后，应立即出具购买"旧股"申报凭证。购买军工企业"旧股"的，属于外国人投资限制行业，应事先取得韩国知识经济部部长的批准；在取得相关批准后，对有关外国人投资金额、外国人投资比例等事项进行变更的，也必须事先向韩国知识经济部部长申请批准。[1]知识经济部部长收到关于许可购买"旧股"的申请之日起15天之内决定是否予以批准；如果出现不得已的事由的，可延长处理期限但不得超出15天。[2]

（3）汇入外国资本。外国投资者向韩国的外汇银行汇入外汇，兑换成韩元。兑换韩元时，须从外汇银行领取购汇证明。

---

1 《大韩民国外国人投资促进法》第六条第三款。
2 《大韩民国外国人投资促进法施行令》第七条第三款。

（4）变更登记注册为外国人投资企业。在结算取得"旧股"的款项或支付 1 亿韩元以上购股款之日起 30 日内，外国投资者（或其代理人）须向韩国知识经济部部长申报变更注册为外国人投资企业法人。申报时需提交如下材料：《外国人投资企业注册申请书》；出资凭证（以实物方式出资的，需提供实物出资完毕确认书）；出资检查人的调查报告或鉴定人的鉴定结果；经公证的新设立企业的章程；证明认购新股的文件；创立大会会议纪要或发起人大会会议纪要；理事会会议纪要；其他相关材料。

（5）接受购买"旧股"变更企业登记注册为申报。申报接受机构韩国知识经济部部长收到购买"旧股"的申报后，应当及时发放股权证明。

（6）外国人投资企业登记注册完毕。

3. 经合并取得股份的程序。

外国人通过合并等方式进行投资而持有股份，有如下情形：（1）外国投资人取得该外国投资企业的准备金、重估公积金及其他法令规定的公积金转为资本而发行的股份等的；（2）外国人投资企业与其他企业合并、股权置换移转及分立时，外国投资人因其所持股份而取得合并、股权置换移转及公司分立后存续或新设法人的股份的；（3）外国人通过买入、继承、遗赠或赠予的方式，自外国投资人处取得已完成注册的外国人投资企业股份的；（4）外国投资人以其依法取得的股份所产生的收益进行出资而取得股份的；（5）外国人将可转换（公司）债券、可交换（公司）债券、股权预托书以及其他类似可转换、包销或交换的公司债券或证书转换、包销或交换为股权的。[1]

外国人通过合并等方式进行投资，从而取得韩国企业的股份或股权，应按以下程序办理：

申报。外国人应当向韩国知识经济部部长进行申报；可以直接申报，也可以委托代理人申报。申报时需提交如下材料：用合并方式进行投资取得股份或股权的《外国人投资申报书》一式 2 份；证明取得股份或股权的材料复印件 1 份；与外国人持有股份的法人、企业签订的合同；取得股份等外国人国籍证明 1 份（原有外国人追加取得该外国人投资企业股份等情形除外）；其他相关材料。[2]

---

1 《大韩民国外国人投资促进法》第七条第一款。
2 《大韩民国外国人投资促进法实施规则》第四条。

（2）受理。申报接受机构韩国知识经济部部长收到《外国人投资申报书》后，应当受理，并立即处理，向申报人发放股权证明。[1]

（3）申报人申请外国人投资企业变更注册登记，取得变更注册证。

4. 用长期贷款方式投资的程序。

外国人用向外国人投资企业提供 5 年以上长期贷款的方式进行投资而持有股份，有如下情形：第一，外国人投资企业的境外母公司；第二，与第一种情形中的企业存在总统令中所规定的资本投资关系的企业；第三，外国投资人；第四，与第三种情形中的投资人存在总统令中所规定的资本投资关系的企业。[2]

外国人用长期贷款的方式进行投资，从而取得韩国外国人投资企业的股份或股权，应按以下程序办理：

（1）申报。外国人应当事先向韩国知识经济部部长进行申报；已申报的内容涉及贷款引进金额、贷款条件等总统令规定的事项发生变更，也应当事先进行申报。外国人可以直接申报，也可以委托代理人申报。申报时需提交如下材料：用长期贷款方式进行投资取得股份或股权的《外国人投资申报书》一式 2 份；证明海外母公司或与该母公司存在资本出资关系的资料复印件 1 份；证明与外国人（个人）或与该外国人存在资本出资关系的资料复印件 1 份；《贷款合同》复印件 1 份；提供贷款人国籍证明 1 份（已做外国人投资申报的海外母公司提供贷款时除外）；其他相关材料。[3]

（2）接受申报。韩国外汇银行总行、分行外国银行的国内分行、大韩贸易振兴公社（KOTRA）的 35 个海外外国人服务中心（KBC）等申报接受机构接受申请人的申报，给申请人出具申报凭证。

（3）发放股权证明。韩国知识经济部部长收到《外国人投资申报书》后，应当及时向申报人发放股权证明。

5. 用捐助方式投资的程序。

外国投资人用捐助方式进行投资而持有非营利性法人股份，韩国外国人

---

1 《大韩民国外国人投资促进法》第七条第二款。
2 《大韩民国外国人投资促进法》第二条第四款第二项。
3 《大韩民国外国人投资促进法实施规则》第五条第二款。

投资委员会认定为外国人投资的情形。[1]

外国投资人用捐助方式进行投资应按以下程序办理：

（1）事先申报。外国人应当事先向韩国知识经济部部长进行申报；如果已申报的内容涉及贷款引进金额、贷款条件等总统令规定的事项发生变更，也应当事先进行申报。[2] 外国人可以直接申报，也可以委托代理人申报。

（2）接受申报。韩国外汇银行总行、分行、外国银行的国内分行、大韩贸易振兴公社（KOTRA）的 35 个海外外国人服务中心（KBC）等申报接受机构接受申请人的申报，给申请人出具申报凭证。

（3）发放股权证明。韩国知识经济部部长收到《外国人投资申报书》后，应当及时向申报人发放股权证明。[3]

四、韩国对外贸易法律制度

（一）韩国对外贸易的立法

韩国在对外贸易方面的立法也较为完备。韩国 2001 年 2 月 3 日发布的《韩国对外贸易法》和 2013 年 8 月 13 日修改发布、2014 年 2 月 14 日施行的《垄断规制和公平交易法》以及国际法与国际惯例是在韩国开展外贸业务的重要法律依据。《垄断规制和公平交易法》的立法目的是防止事业者滥用市场支配地位、经济力量的过度集中，限制不正当的共同行为与不公正交易行为，促进公正自由的竞争，帮助富有创意的企业活动、帮助消费者、实现国民经济均衡发展。[4] 还有相关的法律与配套的制度，如促进自由化贸易服务的相关法律，例如《不公平国际贸易业务调查及产业损害救济法》及其《执行法案》、《对外贸易法》的《执行法案》以及《海关法》、《食品卫生法》、《进出口农产品检验特别法》、《移民控制法》等系列涉及外贸的法律制度，都是外贸交易者必须了解的内容。

---

1 《大韩民国外国人投资促进法》第二条第一款第四项（四）。
2 《大韩民国外国人投资促进法》第八条之二第一款。
3 《大韩民国外国人投资促进法》第八条之二第二款。
4 韩国《垄断规制和公平交易法》总则第一条。

（二）《中韩自贸协定》建立起中韩双方明确和互利的贸易规则

无规矩不成方圆。2015年6月1日中韩两国正式签署的《中韩自贸协定》（CHINA-KOREA FTA），在序言中强调要"建立双方间明确和互利的贸易规则"。这些贸易规则主要有：

1. 明确缔约双方共同目标。[1]

目标规则是第一条，一经确定，缔约双方就要信守诺言，沿着共同的目标前进。缔结《中韩自贸协定》的主要目标包括：（1）鼓励缔约双方之间贸易的扩大和多样化；（2）消除缔约双方之间的货物贸易和服务贸易壁垒，便利缔约双方之间货物和服务的跨境流动；（3）促进缔约双方市场的公平竞争；（4）创造新的就业机会；（5）为进一步促进双边、地区和多边合作建立框架，以扩大和增强本协定利益。

2. 国民待遇和货物市场准入规则。[2]

《中韩自贸协定》规定各缔约方应根据《关税及贸易总协定》（GATT 1994）第三条及其解释性注释，给予另一缔约方的货物国民待遇。

3. 货物暂准进口的免税入境规则。[3]

《中韩自贸协定》规定，任一缔约方应给予下述货物以临时免税入境，无论其原产地来源：（1）专业设备，如根据进口缔约方有关法律规定有资格暂时进境的人员用于科学研究、教学或医疗活动、新闻出版或电视以及电影所需的设备；（2）在展览会、交易会、会议或类似活动上陈列或展示的货物；（3）商业样品；以及（4）被认可用于体育活动的货物。

4. 实行非关税措施的规则。[4]

《中韩自贸协定》规定，除非本协定另有规定，任一缔约方不得对另一

---

1 《中韩自贸协定》第1.2条。
2 《中韩自贸协定》第2.3条。
3 《中韩自贸协定》第2.6条。
4 《中韩自贸协定》第2.83条。

缔约方进口的货物或出口至另一缔约方境内的货物实施或保持任何禁止或限制措施，但符合《关税及贸易总协定》1994 第十一条及其解释性说明的措施的除外。

5. 国营贸易企业的贸易规则。[1]

因为中国是社会主义国家，大量的外贸企业都是国营贸易企业，因而必须有国营贸易企业的经营规则。《中韩自贸协定》规定，当一缔约方要求另一缔约方就某一国营贸易企业提供其运行方式以及其运行对双边贸易的影响等信息时，被要求的缔约方在不影响《关税及贸易总协定》1994 第十七条 4（d）关于机密信息的规定前提下，应注意确保实现最大可能的透明度需求。

6. 原产地规则。[2]

《中韩自贸协定》规定，本章规定具备原产资格的货物或材料条件的，享受优惠关税待遇。原产地证书可由出口方授权机构签发。

7. 贸易便利化规则。[3]

《中韩自贸协定》规定在海关程序设计上提供贸易便利化。

8. 卫生与植物卫生措施。[4]

《中韩自贸协定》规定，将卫生与植物卫生（SPS）措施对双边贸易的消极影响减少到最低程度，保护各自境内人类、动物和植物的生命健康；提高双方实施卫生与植物卫生措施的透明度并增进相互了解。

9. 不对技术性贸易形成不必要壁垒规则。[5]

《中韩自贸协定》规定，双方应根据《技术性贸易壁垒协定》第 2.2 条规定，确保包括强制性标识或标签在内的技术法规的制定、采用或实施的目

---

1 《中韩自贸协定》第 2.11 条。
2 《中韩自贸协定》第三章。
3 《中韩自贸协定》第四章。
4 《中韩自贸协定》第五章第 5.1 条。
5 《中韩自贸协定》第六章。

的或效果不对国际贸易形成不必要壁垒。为此目的，此类技术法规对贸易的限制不得超过其为实现合法目标所必需的限度。

10. 贸易救济规则。[1]

《中韩自贸协定》规定，如果由于按照本协定规定削减或取消关税，而导致原产于另一缔约方产品进口至缔约一方领土内的数量绝对增加或与国内生产相比相对增加，且对进口缔约方生产同类产品或直接竞争产品的国内产业造成严重损害或严重损害威胁，缔约方可以：（1）中止按本协定的规定进一步削减此产品关税；（2）提高此产品的关税税率，但不应超过下列税率两者之中较低水平，在采取此措施时，正在实施的此产品的最惠国关税税率；及根据削减或取消关税规定，在削减或取消关税的减让表中明确的海关关税基准税率。

11. 电信稀缺资源的分配和使用规则。[2]

《中韩自贸协定》规定，各缔约方应以客观、及时、透明及非歧视方式对稀缺资源的分配和使用进行管理，包括频谱、码号及路权。

12. 自然人移动规则。[3]

《中韩自贸协定》规定，本章反映了缔约双方之间的优惠贸易关系，他们共同的愿望是在互惠的基础上促进自然人的临时入境，并为临时入境建立透明的标准和程序，同时需要确保跨境安全并保护国内劳动力在他们各自领土内的永久雇佣。

13. 最惠国待遇。[4]

《中韩自贸协定》规定，就投资行为及投资准入相关事务而言，一缔约方在其领土内给予另一缔约方投资者及涵盖投资的待遇应不低于在类似情形下给予任何非缔约方投资者及其投资的待遇。

---

1 《中韩自贸协定》第 7.1 条。
2 《中韩自贸协定》第 10.10 条。
3 《中韩自贸协定》第 11.2 条。
4 《中韩自贸协定》第 12.4 条。

14. 电子商务中的个人信息保护规则。[1]

《中韩自贸协定》规定，各缔约方认识到在电子商务中保护个人信息的重要性，应采纳或实施措施以保证电子商务用户的个人信息得到保护，并就电子商务中的个人信息保护交流信息和经验。

15. 竞争规则。[2]

《中韩自贸协定》规定，各缔约方应维持或实施竞争法，禁止反竞争商业行为，促进和保护市场竞争过程。各缔约方应保持设立一个或多个竞争机构，负责其本国竞争法执法。各缔约方应依据各自的相关法律法规，对反竞争商业行为采取相应措施，防止贸易自由化利益受损。

16. 知识产权保护。[3]

《中韩自贸协定》规定，缔约双方应根据本章条款以及双方已加入的国际协定，给予并确保对知识产权进行充分、有效、透明及非歧视的保护，并提供应对侵权、假冒和盗版的知识产权执法措施。

17. 透明度原则。[4]

《中韩自贸协定》规定，各缔约方应当保证迅速公布本方与本协定项下任何事项相关的措施，并且要以另一缔约方的利益相关人和另一缔约方能够知晓的方式。各缔约方应当尽可能：（1）提前公布其拟议采取的任何上述措施；及（2）为另一缔约方的利益相关人和另一缔约方对该拟议措施予以评论提供合理的机会。

18. 联合委员会程序规则。[5]

《中韩自贸协定》规定，双方特此成立中国-韩国自由贸易区联合委员会（以下简称联委会）。联委会由部长级的双方代表组成。

---

1 《中韩自贸协定》第 13.5 条。
2 《中韩自贸协定》第 14.2 条。
3 《中韩自贸协定》第 15.2 条。
4 《中韩自贸协定》第 18.1 条。
5 《中韩自贸协定》第 19.1 条，第 19.3 条。

联合委员会程序规则：（1）联委会应按本协定所授职能，以协商一致的方式就任何事宜进行决策。（2）联委会应每年举行一次常规会议，并可在双方同意的其他时间召开会议。联委会常规会议应在各缔约方的领土内轮流举办，并由各缔约方担任轮值主席。联委会的其他会议应在双方同意的地点举办，并由举办方担任主席。（3）联委会应当由中国商务部部长或其继任者，与韩国产业通商资源部部长或其继任者，或他们各自的被任命方担任主席。（4）各缔约方应负责召集各自的代表参加联委会。（5）其他。

（三）韩国对外贸易法

《韩国对外贸易法》是韩国产业资源部于 2001 年 2 月 3 日发布的对外贸易法规。该法制定的目的是振兴对外贸易，确立公正的交易秩序，谋求国际收支的平衡和通商的扩大，为发展国民经济做出贡献。

1. 实行自由公正的贸易原则。[1]

第一，政府以遵循宪法签订并公布的有关贸易条约和一般公认的国际法规为原则，扶持自由公正的贸易为原则。

第二，在根据本法或其他法律以及依据宪法签订并公布的有关贸易条约和一般公认的国际法规及其他国际协定中，有关于限制贸易的规定时，政府应在实现规定该限制之目的所需的最小范围内实施之。

2. 采取振兴贸易的措施。[2]

第一，为发展贸易，产业资源部长官在认为必要时，可根据总统令，规定采取旨在持续扩大物品进出口的措施。

第二，为发展贸易，产业资源部长官依据第一项规定，在认为必要时，可根据总统令，对属于以下各款之一情况者提供必要的帮助。

（1）为发展贸易，从事咨询、指导、对外宣传、展示、研修和谈判斡旋者；

（2）设置和经营贸易展览场、贸易研究院等与贸易相关设施者；

（3）建立和经营基础性科学贸易业务处理体系者。

---

1 《韩国对外贸易法》第三条。

2 《韩国对外贸易法》第四条。

第三，有关贸易限制等的特别措施。[1]

在属于以下各款之一之情况下，产业资源部长可根据总统令规定，采取特别措施，限制或禁止物品的进口或出口：

（1）在韩国或韩国的贸易对象国（以下简称交易对象国）发生战争、事变或自然灾害时；

（2）在交易对象国否认一般公认的国际协定中所规定的我国的权益时；

（3）当交易对象国对同韩国的贸易增加不正当或不合理的负担或限制时；

（4）为履行依据宪法缔结并公布的有关贸易条约和一般公认的国际法规中规定的维持国际和平与安全的义务必需时；

（5）为保护人类健康和生命安全或动植物的健康、生命和环境安全以及保护国内资源所必需时。

3. 支持民间开展对外经济活动。[2]

《韩国对外贸易法》规定，要对民间协作活动予以支援。包括：

（1）贸易、通商的有关机构或全体在同交易对象国政府、地方政府、机构或团体开展通商、产业、技术、能源等方面的合作活动时，产业资源部长官可根据总统令给予必要的支援。

（2）综合贸易商社的指定。产业资源部长官可在贸易从业者中指定综合贸易商社以开拓海外市场和实现贸易机能的多元化，并通过与中小企业建立配套体系来支援中小企业的贸易活动。

4. 明确进出口原则与限制。[3]

《韩国对外贸易法》规定，进出口实行如下原则：第一，物品的进出口和由此产生的资金收付在本法目的范围内应可自由进行。第二，贸易交易者为提高对外信誉度、保持自由贸易秩序，应诚实履行自己责任下的交易。

《韩国对外贸易法》在规定进出口原则的同时，明确提出要对下列进出口事项进行限制：

---

1 《韩国对外贸易法》第五条。
2 《韩国对外贸易法》第九条。
3 《韩国对外贸易法》第十三条、第十四条。

（1）为保护生态环境，履行依据宪法所缔结并公布的条约和一般性国际法规中列明的义务，产业资源部长官在认为必要时，可对物品进出口实行限制。

（2）欲从事产业资源部长官为保护生态环境、履行依据宪法所缔结并公布的条约和一般性国际法规中列明的义务所限制物品的进出口者，需获得产业资源部长官的许可。但急需物品和符合总统令中为简化进出口程序所确定标准的物品之进出口不在此列。

（3）根据第二项的规定，获得许可的事项中有重大变更（总统令规定的事项）时，也需得到产业资源部长官的许可。其余非重大事项的变更则应向产业资源部长官申告。

（4）产业资源部长官认为必要时，可以对按照第一项和第二项规定获得许可之物品的类别、数量、金额、规格及进出口地区作出限制。

（5）产业资源部长官根据第一项至第四项的规定对进出口物品和程序作出限制后应将之公告。

（6）根据第二十一条和第二十二条的规定取得出口许可或出口认证时，即等同于根据第二项取得了出口许可。

5. 建立系列进出口制度。

《韩国对外贸易法》规定了如下系列制度：

（1）贸易代理业制度；（2）贸易业者地位的继承制度；（3）建立科学的贸易业务处理制度；（4）战略物品的进出口许可制度；（5）进出口产品的原产地标识制度；（6）国内产业遭受侵害后的救济措施；（7）其他制度。

第二章

日本投资与公司企业法律制度

一、日本在"21世纪海上丝绸之路"中的地位与参与情况

（一）日本在"21世纪海上丝绸之路"中的地位

中国历史上的"海上丝绸之路"，其海上航线大致可分为东洋航线、南洋航线和西洋航线，其中的东洋航线以我国东部沿海港口城市为起点，通至朝鲜、日本。步入21世纪，日本在我国共建"一带一路"倡议下的新丝路沿线上仍具有其独特性且复杂性的地位。

从空间区域分布来看，日本位于我国大陆东北偏北处，作为海洋岛屿国家，其面向西南的东海方向是我国大陆及我国台湾地区，是"海上丝绸之路"东洋航线的终点站。

从地缘政治上看，无论在古代，还是在近现代，日本与我国在政治外交方面均有着较为复杂的博弈关系。

从经贸投资交往上看，中日两国之间已形成了紧密的经贸互利与共同发展关系。

从文化继受与交流互动上看，日本与我国具有历史悠久的文化渊源。我国古代各种思想、制度、文化、习俗伴随着海上丝路东洋航线传播至日本，其中尤以儒家思想和唐朝律令对日本法律制度变迁影响最大。这些亦是日本参与"21世纪海上丝绸之路"建设的重要历史文化基础。

二、日本的法律传统与法治环境

（一）日本的法律传统

日本是一个东方国家传统与西方国家体制相并存、有交叉、互融合的样本。关于东方与西方的划分，历来有地理位置、文化背景和政治体制三方面的考量因素与界定依据。根据美国著名学者萨义德《东方学》的有关观点，东方不仅仅只是在空间区域位置上与西方相比较而产生的自然地理概念，而且在历史、制度、文化、意识形态、政治体制、经济模式等各方面与西方互为参考、彼此比较、相互矛盾、相对映照。就地理位置而言，日本属于传统的东方国家，但就政治体制与经济体系来看，日本一直被认为是西方国家，因此在文化背景方面日本则表现出东方传统与西方文明的冲突与融合。日本作为一个东西合璧国家，较为集中地将东西方的相关特质予以比较鉴别、选择吸收、有机结合。在其法律近代化和法治现代化进程中，日本清晰地呈现出民族性传统坚守、本土性资源固化与舶来性西化冲击、外来性移植改革的特点。具体而言，可以从"意识观念中的法律"、"规范文本中的法律"、"运行实践中的法律"三个维度解读日本法律传统。

1. 意识观念维度的法律传统。

作为无形的法律文化传统表征，日本的法律意识观念和意识形态从衍变历程来看，可以分为古代继受性模仿、近代民族性自塑、现代西方化改造这样三个历史阶段、三种变迁路径、三维建构模式，从而建立起包含了中国古代儒家思想、日本近代民族性格、现代西方法治理念的独具一格、别有特色的日本法律意识形态体系。

日本传统法律浸润着深厚的中国传统儒家思想。根据有关史书记载，中国古代儒家思想在大约公元 5 世纪左右被引入日本[1]，与有关宗教如佛教、神道教结合起来作为宗教思想进行传播。之后日本又兴起朱熹、王阳明等人的思想学说，基于儒家思想对明治维新的推进作用，明治天皇将之与宗教脱钩

---

1 ［日］中西又三、华夏主编：《21世纪日本法的展望》，中国政法大学出版社 2012 年版，第 25 页。

并进一步采用推广运用于官学和学校教育。其中，中国古代儒家思想中所蕴含的集体本位观念、义务本位价值观、厌讼无讼的心理倾向以及平纷息争的思维惯性、忠孝文礼之道、伦理道德之治等均在日本传统法律中留下深深烙印。

在继受中国古代儒家思想的基础上，注重模仿学习的日本民族在其法律近代化路程中嵌入其自体民族性格，形成了包含有义理人情、家族原理的观念[1]以及等级制观念、天皇至上意识形态、以名誉观为载体的独特伦理价值体系[2]。

2. 规范文本维度的法律传统。

基于日本法律的古代继受性模仿、近代民族性自塑、现代西方化改造三个建构维度，其法律传统的规范文本形态大概经历了以下三个阶段：一是移植中国古代法尤其是唐朝律令的律令法、与天皇朝廷法律并列的幕府法律（武家法）的古代法；二是近代以来对法国法、德国法的学习模仿和借鉴自制，先后制定颁布了日本民法、商法、刑法、刑事诉讼法等成文法，确立了日本资本主义法律制度体系；三是二战以后，日本作为战败国，出于自发图强革新的自觉意识和迫于美国模式输入的被动改制两方面因素，继受了英美法成分，引进了普通法要素。在大规模引入外国法、慎重性鉴别外来法、选择性吸收域外法、改造性移植舶来法的基础上，日本在规范文本形态层面探索了一条善于学习、精于模仿他国先进经验与改革重建、自主设计符合本国实情的法律体系这样两种方式双管齐下、双腿并行的制度变迁路径。

3. 运行实践维度的法律传统。

正如美国实用主义法学家霍姆斯在其著作《普通法》一书中指出，法律的生命不在于逻辑而在于经验。作为法律生命力来源的经验则来自于法治运行实践。日本法律传统的真正生命力则在于其运行实践维度的以下三方面：第一，跨越三大法系的独有逻辑脉络，日本基于对中国古代律令法的引入而列入古时的中华法系，因其法律的近代化改革进程中对法国法与德国法的借鉴而由中华法系转投大陆法系，再自"二战"以后深受美国法、普通法

1　参考华夏：《日本法制的近代化与日本法的西洋化》，载《比较法研究》1990 年第 3 期。

2　参考李丽辉：《法律与民族性：日本法律近代化何以可能》，法律出版社 2012 年版，第 10 页。

影响，从而在事实上形成了大陆法系和英美法系的混合体。第二，政府、民众、非营利组织三方参与的新型合作治理机制，日本"二战"以后短期内经济迅猛发展引发了一系列后遗症，如环境污染、老龄化问题突显、经济泡沫崩溃、生育率低下、失业率剧增等，对此日本出台《特定非营利活动促进法》，发表《新公共宣言》，提出"小政府、大社会"的"新公共"治理理念，构建起政府、非营利组织、社会团体、社区居民协同配合的法治化治理机制。第三，法治三大支柱体系，在日本，法官、检察官、律师三种法律职业均要通过专业严格的考核选拔录用机制，合称为法曹，在呼吁推进司法改革、影响法治走向方面起到了积极推动作用，并称为日本法治三大支柱[1]。

（二）日本的法治环境

根据现行的日本宪法规定，日本实行立法权、行政权、司法权三权分立制衡的议会内阁制[2]。

1. 从立法层面来看。根据《日本国宪法》的规定，日本现行的立法体制实行中央统一和地方自治相结合的模式。根据《日本国宪法》第四十一条的规定，国会是唯一立法机关，国会由参议院和众议院组成，国会以外的机构原则上不享有立法权。根据国会授权，日本行政机关内阁在事实上获得行政立法权。此外，日本地方公共团体享有地方条例制定权，地方条例主要规定法定委托事务和地方自治事务，其所涉及的事务范围广泛、内容庞杂。综合以上情况来看，日本立法体制具有以下特点：国会中央立法统一性的表面化和唯一性的形式化；行政授权立法权力的膨胀化；地方自治立法内容的广泛化。其弊端在于：因行政内阁成员占据大量国会席位，这导致中央行政授权立法有难以受控的膨胀化嫌疑。

2. 从执法层面来看。日本行政机关由中央行政机关和地方行政机关两部分构成。在中央行政体制层面，根据《日本国宪法》规定，内阁享有国家中央行政权，是最高行政机关，负责制定并执行国家重要决策。根据宪法授权，地方政府具有地方自治权，但其地方自治制度主要限于表面的形式化名义，尽管其自治的事务范围宽泛，但受制于中央财政权的严苛掌控，其实质

1 王雅琴：《法曹三者：日本法治的三大支柱》，载《学习时报》2014年11月13日。
2 张经建：《〈日本国宪法〉中三权分立方面的疑义》，载《宁夏大学学报（社会科学版）》2008年第1期。

意义的自主治理权限非常有限。基于进入 21 世纪后日本经济泡沫化和产业空心化的颓废趋势，日本行政体制开始着手进行改革，其改革方向一是部分政府职能的外包社会化[1]，即通过行政合同方式委托转移给社会团体或民间组织；二是扩大地方自治权限、强化地方自治权能。

3. 从司法层面来看。日本司法权属于法院（裁判所）和检察厅。在司法原则方面，受欧美法治模式的影响，日本奉行三权分立体制下的司法独立原则。日本司法系统现行适用的基本司法制度主要依托现行《日本国宪法》建立起来，并保持相对稳定的运行状态。日本法院（裁判所）系统由最高法院（裁判所）、高等法院（裁判所）、地方法院（裁判所）、简易裁判所、家庭裁判所构成。日本检察机构由最高检察厅、高等检察厅、地方检察厅、区（镇）检察厅组成。为考核选拔及培养法律专业人才，日本建立了司法考试制度和司法研修制度。

4. 从守法层面来看。就文化认同性心理来看，社会成员对法的遵守依主观心理状态可分为三个层次，依次为主动性服从、习惯性服从、被动性服从。主动性服从是人们对法的价值意义、价值作用、价值取向等清楚认识、高度认可、积极接纳并自愿遵从，此为最高层级的法的遵守；习惯性服从是社会成员对法的规制内容、法律后果无清晰认识或虽有一定认识但认同度一般，即对法持有既不接纳也不抵触的中立态度，其对法的服从是基于对社会多数成员守法行为的习惯性跟从；被动性服从是对法的价值理念、要求有一定认识，然而在意志上极度排斥，但迫于法的威慑力与强制力，被迫遵从。[2]法国思想家卢梭在《社会契约论》中指出，一切法律之中最重要的法律既不是刻在大理石上，也不是刻在铜表上，而是铭刻在公民的内心里[3]。法国空想共产主义思想家德萨米在《公有法典》中指出，神圣的法律已被铭记在我们的心中，镌刻在我们的神经里，灌注在我们的血液中，并同我们共同呼吸[4]。两位思想家均给我们指明了守法的最高层次在于主动性信仰式服从。笔者认为，以此为理论基础分析日本国民在古时代、近时代和现时代的守法机理，古代日本运用儒家思想和照搬唐朝律令规制国民，实为"外儒内法"，儒家思想教育意在引导国民主动守法，律令之法作用在于强制国民被动守法，基

1　翁启文、梁皓：《试析日本行政体制改革》，载《东北亚论坛》，2000 年第 2 期，第 122 页。

2　方剑：《我国经济软法机制初探》，载《中外企业家》2011 年第 9 期下旬。

3　[法]卢梭：《社会契约论》，何兆武译，商务印书馆 1982 年版，第 119 页。

4　[法]泰·德萨米：《公有法典》，黄建华、姜亚洲译，商务印书馆 2001 年版，第 29 页。

于彼时国民思想的开化不足程度，被动守法者应仍占据多数；在日本法制近代化过程中，模仿大陆法系德国模式的制度变迁过程仍然深嵌日本国民民族性格，义理伦理价值观引导下的义务本位取向驱使国民"羊群效应"般地追随多数社会成员的习惯性守法行为模式；基于对大陆法系和英美法系两大法系的法律移植、制度模仿、规范融合与文化输入，在"二战"以后，西方现代法治理念与意识形态在日本得以更大范围、更大规模、更深层次、更广领域、更多层面地进行传播、灌输，但底蕴深厚的大和民族性格中所隐含或明显或隐晦或直白的法律厌恶观、诉讼羞耻感、敌视远避情绪令西方现代法治精神并未在其本土资源上实现落地生根枝繁叶茂，法律的信仰性服从也许得以在一定程度上确立，但多数国民心理仍处于习惯性守法状态。

三、中日两国的商事法律制度比较

商事法律制度，简称为商法，是指调整因商事主体及其他主体（营利性主体）实施商事行为或营利性行为所产生的法律关系的法律规范的总称。在民商分立的国家，商法是一独立的法律部门。在民商合一的国家，商法是民商法律部门的子部门。具体来看，商事法律制度主要规制两方面的内容，一是商主体，二是商行为。其中，商主体以公司企业为主要组织形式，所以，商事法律制度是一个主要以公司企业法律关系为核心规制内容的法律规范总和。

（一）中日两国商事法的渊源

商事法渊源指商事法律制度的表现形式。我国与日本立法均在较大程度上受大陆法系影响，主要以成文法为法律渊源。尽管美国在"二战"后在较大程度上对日本进行了法律输出，但英美法的判例法机制并未在日本真正建立起来。

日本商事立法实行民商分立模式，商法为独立法律部门。具体而言，其商事法渊源有商事制定法，由《商法典》和商事特别法构成；商事条约；商习惯法；商事自治法[1]。

我国商事立法现采用民商合一模式，商法不是独立的法律部门，是民商

1　参考［日］近藤光男：《日本商法总则》，梁爽译，法律出版社 2016 年版第 16 页。

部门法的组成部分。具体而言，商事法渊源主要有宪法中的商事规范、商事法律、行政法规中的商事法规、地方性法规中的商事部分、部门规章和地方政府规章中的商事规章、与商事有关的立法解释与司法解释、我国缔结或参加涉及商事的国际条约等。特别注意的是，我国尚无独立专门的《商法典》，日本《商法典》是其商事法律制度体系的基本法。

（二）商主体

商主体，也称商事主体。日本《商法典》第四条第一款规定，商人指以自己的名义实施商行为，并以此为职业的人[1]。这种商主体又被日本商事法律制度称为固有商人。与固有商人相对应，日本《商法典》第四条第二款规定，实施商行为，但不以商行为为职业的人，称为拟制商人。日本《商法典》第七条规定，实施商事经营行为所需的财产价值不超过法务省令所限定的金额标准的经营者为小商人[2]。

因我国尚未制定独立的商法典，对商主体尚无统一的立法定义，但我国现行《民法典》对法人、企业法人及合伙等概念作出了明确规定，这为经贸投资商事活动实践提供了相关的一般民事主体规则，但无法精准界定商事主体资格及范围。

（三）商行为

商行为，又称商事行为、经济行为、商业行为，与民事行为相区别而具有独立的特征。关于商行为的法律规制，各国有不同的立法模式。大陆法系的法国坚持客观主义立场，主张商事行为即以营利为目的的营业性行为，至于行为主体是否具有商主体这一主体身份因素并不影响商事行为的成立。同属大陆法系的德国则采用主观主义立法模式，德国《商法典》第三百四十三条规定[3]，商行为是由具有符合法定商人身份条件的主体所实施的经营性行为。英美法系国家以判例法为法律渊源，通常认为法律的生命不在逻辑而在于经验，基于此种经验主义思维，其并无关于商事行为的成文法界定。日本先后通过移植大陆法系与英美法系的法律从而实现本国制度的融合式变迁，

1　参考［日］近藤光男：《日本商法总则》，梁爽译，法律出版社 2016 年版第 16 页。

2　［日］近藤光男：《日本商法总则》，梁爽译，法律出版社 2016 年版第 17 页。

3　杜景林、卢谌译：《德国商法典》，中国政法大学出版社 2000 年版，第 169 页。

故其《商法典》关于商行为的立法界定采取兼具客观主义与主观主义的综合立法模式[1]。根据日本《商法典》第五百零一条、第五百零二条、第五百零三条的规定[2]，日本法定的商行为分为绝对商行为、作为营业实施的商行为和附属商行为三种，日本《商法典》第五百零一条规定的绝对商行为和第五百零二条规定的作为营业实施的商行为均对行为主体的商人身份无硬性要求和直接关联，这种规定可认为是客观主义的立法模式；第五百零三条所规定的附属商行为与行为主体的商人身份捆绑，故该行为是主观主义立法模式所作的界定。

我国目前尚未制定形式意义上的商法典，对商事行为也未作出统一的立法界定，但相关的法律法规对涉及商事的物权行为、债权行为、商事代理、商事交易、中介、行纪、融资租赁、保险、金融、证券、票据等商事行为均有相应的规定。为顺利推进"21 世纪海上丝绸之路"提供更为健全的法治保障、供给更为充足的法律资源，应考虑进一步健全完善我国关于规制商行为的立法体系。

在共建"一带一路"倡议下，我国与"21 世纪海上丝绸之路"沿线国家或地区的互联互通与对话交流主要以经贸往来和相互投资为关键内容，下面主要选取中日两国外商投资与公司企业法律制度进行比较分析。

四、日本外商投资法律制度

外商投资法律制度是商事法律制度中一个非常重要的组成部分，是商法或经济法法律部门中的一个子部门或子要素，主要指调整因外国投资者（包括自然人、企业及其他组织）直接或间接在东道国投资而产生的法律关系的法律规范的总称。在"一带一路"倡议下，我国加快推进新型外向型经济建设，在全面对外开放新格局中，外商投资法律制度具有举足轻重的地位和作用。

（一）日本外商投资法律制度的历史

在不同的历史时期，基于迥异化的时代背景、差异化的经济形势、波动

1　参考范健、王建文:《商法论》, 高等教育出版社 2003 年版。
2　参考［日］近藤光男:《最新日本公司法》, 梁爽译, 法律出版社 2016 年版。

化的流变趋势，出于求同存异的集团利益考量，各国政府依据并采用迎合本国主流阶级诉求、切合本国实际国情、符合意识形态价值的经济理论模型和法制政策工具对本国国民经济运行进行或表面或深入、或片面或全面、或宽松或严苛、或自由或监管的宏观调控或协调干预。为协调本国涉外性、外向型经济的科学、健康、可持续发展，确保实现国家国民经济安全权和发展权，外资立法与政策向来是一主权国家政府调控、干预外国资本引进与利用的重要法律工具与手段。

日本对外资的立法进程和政策动态，大致可分为古时代、近时代、现时代几个阶段：

在古时代，日本明治维新前一直处于自我封闭状态，明治维新后对外开放政策有所松动，但就引进外资而言仍然持有谨慎保守态度，比如限制各地方政府向国外募集资金，禁止以外债方式进口机器，在《矿业法》中将外国人排除在外，禁止外资进入铁路、煤气等公共事业领域等。

在近时代，尤其"一战"前后，出于日本军国主义扩张以及引进外国工业技术的需要，日本通过《铁路抵押法》、《工厂抵押法》、《矿山抵押法》等法案[1]，有限度、有选择、有限制地引入外国资本。

历史进入现代，尤其在"二战"前后，日本对待外资的政策态度和立法状况与既往历史情况相比发生了巨大的颠覆性变化。亚当·斯密《国富论》的自由经济理论面对全球性的经济危机束手无策，凯恩斯《就业、利息与货币通论》的政府干预理论引导了当时的国际经济政策，推动了各西方资本主义国家由自由放任经济模式向国家干预经济模式的转变。日本经历"二战"，国内经济千疮百孔面临快速复苏的急迫需要，为解决资金短缺问题，日本于1950年制定《外资法》和《关于〈外资法〉施行细则》，开启了吸引外商投资的新时代。但此时《外资法》对外资作出了较多限制，仅限于具有先进技术的企业在日本投资。在20世纪60年代、70年代，为了进一步增加外商投资以推进日本经济发展，日本逐步放松外资管控，并在1974年对《外资法》进行了修改。20世纪70年代、80年代，受各国经济低迷的影响，进入日本的外资量时有下降、时有增长，出现较大波动；为应对该状况，日本

1　姚梅镇：《日本外资政策与外资立法》，载《国外法学》1983年第9期。

与美国签署"广场协议"[1]。20 世纪 90 年代，日本经济泡沫崩溃，外资呈现下滑迹象，日本政府出台"紧急经济对策"[2]，以营造更为便利自由的市场环境，从而提振市场信心和增强对外资的吸引力。进入 21 世纪，受制于国际金融危机的负面影响以及国内的经济下行趋向，日本外资出现外流，安倍内阁提出了应对经济疲软的"安倍经济学"，但是实践证明，所谓的"安倍经济学"并未成功提出摆脱经济低迷困境的"日本公式"。在经历了菅义伟内阁的辞职风波之后，接任的岸田文雄内阁仍然需要面对泡沫经济崩溃的"日本迷失"问题。

相比较而言，我国进入改革开放后，外商投资法律制度的建设经历了这样四个阶段：第一阶段为 1979-1988 年的立法初创时期，外资三法《中华人民共和国中外合资经营企业法》、《中华人民共和国外资企业法》和《中华人民共和国中外合作经营企业法》[3]分别于 1979 年、1986 年、1988 年出台，"三法"为我国启动外商投资建设提供原则性、概况性、轮廓性、指引性的制度依据。第二阶段为 1990-2014 年的立法细化时期，这一时期陆续制定修改了外资三法的实施条例或实施细则，并出台了相关的配套管理规定，如《外国投资者对上市公司战略投资管理办法》、《关于外国投资者并购境内企业的规定》、《关于建立外国投资者并购境内企业安全审查制度的通知》、《外商投资项目核准和备案管理办法》等。第三阶段为 2016-2017 年的立法完善阶段，这期间我国对外资三法分别进行了相应修改，使之更符合当时外商投资引进及管理的现实环境和实际需要。第四阶段为 2019 年之后的立法统一阶段，因我国外资三法的制定出台时间早于我国《公司法》，这在实际上客观性地建立起了以外资三法为主体的外资企业法和以《公司法》为主体的内资企业法这样两套内容相互差异、效力有所抵触、衔接无法到位的相对不完善的制度体系，这在经贸投资实务中，既人为制造了内外待遇有别的差别化营商环境，也在企业并购税收管理中产生了诸多摩擦与不便。为了解决这一问题，一直以来我国通过部分修改外资三法或《公司法》以及制定相关行政法规、部门规章的方式对外商投资制度体系进行了局部性、碎片化的修

---

1 参考徐康宁：《正确鉴史而知兴替："广场协议"的真实影响与教训》，载《国际经济评论》2020 年第 6 期。

2 参考罗梦良：《千钧难系一发——评小渊内阁"紧急经济对策"》，载《世界经济研究》1999 年第 2 期。

3 目前，这三部法律均已失效，被 2019 年 3 月 15 日公布的《外商投资法》取代。

补完善。但这种制度体系一来无法完全解决历史遗留问题，二来也远远滞后于我国共建"一带一路"倡议下构建新型外向型经济体制的迫切现实需要和开创全面对外开放新格局的战略要求。在长期实践经验积累并广泛征求社会各界意见的基础上，2019 年 3 月 15 日，我国通过了统一的《中华人民共和国外商投资法》，并于 2020 年 1 月 1 日起施行。2020 年 5 月 28 日，作为市场经济基本法的《中华人民共和国民法典》表决通过，并于 2021 年 1 月 1 日起实施。

（二）日本外商投资法律制度的主要内容

1. 外商投资促进制度。

在外资准入态度方面，日本对待外资引进问题较为谨慎克制，尽管"二战"后因为复苏国民经济的需要对外资具有较大的渴求度，其外资进入量单从绝对值来看体量不小，但其外资的引用规模与其他西方发达国家相比相对偏小，并且远远小于我国。相比之下，我国在吸引外资方面更为积极。相比较而言，我国新颁布的《外商投资法》在准入前国民待遇、负面清单管理制度、国民待遇内容、外资企业对我国外资立法、政策制定、管理措施方面的知情权和参与权以及相关的优惠待遇方面作出了明确规定，为扩大外资进入提供了更为宽松自由的法治环境和营商氛围。

在国民待遇方面，基于以上原因，日本在 1950 年出台并于 1974 年修订的《外资法》和 1950 年颁布的《关于〈外资法〉施行细则》对外国投资者和外国投资的准入前与准入后国民待遇问题并未作出总体性、明确性规定。在日本签定的诸多双边协定中，尽管规定有以负面清单方式实施的准入前国民待遇，但对国民待遇问题设置了较多的保留措施。我国《外商投资法》则不仅明确规定了准入前和准入后的外资国民待遇，并提供优惠待遇，还允许外国投资者依照其他法律、行政法规或者国务院规定以及我国参加或缔结的国际条约、协定享受优惠待遇。

在负面清单管理方面，日本关于外资准入的负面清单管理制度规定了相对较为灵活的限制性管理措施，从其负面清单所涉及的范围和内容来，既覆盖现有的禁入领域和部门，也为将来可能禁止或限制进入的部门与领域预留了空间；其规定的现行不符措施涵盖了较为宽泛的领域，其中大约有 72%

集中在服务业¹。我国《外商投资法》第四条规定了负面清单制度,2019 年 7 月初,我国发布了 2019 年版全国外资准入负面清单、自贸试验区外资准入负面清单及鼓励外商投资产业目录,并定于 7 月 30 日起开始正式施行。

2. 外商投资保护制度。

在外商投资企业产权保护方面,《日本外资法》确认了外商投资在日本的合法产权地位,并在第十七条专门规定了对外国资本的保护。但该条规定对外国资本的保护力度明显不如我国 2019 年颁布的《外商投资法》,我国《外商投资法》第二十条规定,国家对外国投资者的投资不实行征收。这是一个原则性、统领性、纲要性的产权保护规则,为外商投资提供了"有恒产者有恒心"的归属感和踏实感,对稳定外商投资预期、增强外商投资信心确立了法治保障。《日本外资法》未作这样一个类似提纲挈领的规定,而是在第十七条规定:"政府、地方公共团体及其他有权者,根据《外汇及外贸管理法》以外的法律规定的手续,征用或收买外国投资者在日本合法拥有的全部分财产时,依《外汇及外贸管理法》第二十七条的规定,对该外国投资者,可准许其向外国汇出相当于该外国投资者由于该财产被征用或收买而应得的等价报酬的金额(该外国投资者属于第三条第(一)款第 1 项(甲)至(丙)所列者以外者时,指这类金额中政令所规定者)。但是,向外国汇出该款只限于在取得等价报酬之日起一年以内进行。"²《日本外资法》该规定与我国《外商投资法》二十条相比,还有以下三个细节性的差异:一是关于对外国资本的征收、征用条件问题,《日本外资法》未作明确规定,这有可能为外资征收征用的随机性和随意性预埋公权力寻租余地,我国《外商投资法》第二十条规定"在特殊情况下,国家为了公共利益的需要,可以依照法律规定对外国投资者的投资实行征收或者征用",这对外资的征收征用条件作了严格限制,即仅限于国家为了公共利益需要的特殊情况,对政府公权力的自由裁量操作空间进行了极度压缩,很大程序上消解了权力寻租的张力。二是关于征收征用后对外国投资者的补偿标准问题,《日本外资法》规定补偿标准为"等价报酬",这意味着补偿份额仅限于被征收征用外资的直接等额价

1　单双:《国外负面清单管理模式的启示》,来源:财新网,载 https://opinion.caixin.com/2016-11-14/101007190.html,最后访问时间 2023 年 8 月 24 日。

2　《日本外资法》第十七条。

值，我国《外商投资法》规定的补偿标准是"公平、合理"，这意味着对被征优质外资的附带收益、外溢收益、预期收益等也可纳入补偿范围，而对被征劣质外资则可剔除其不良效益部分后再予以相应补偿，这避免了"等价补偿"这种简单机械操作所可能产生的负面影响。三是关于对外国资本的征收、征用程序问题，《日本外资法》未作明确规定，我国《外商投资法》强调应当依照法定程序进行。

在外商投资资金汇入汇出渠道方面，《日本外资法》因制定于1950年代，当时正处于日本"二战"后放开外资进入的初始阶段，外资管控仍较严格，故该法对外资汇款问题作出了较多限定，其第十五条之一、之二、之三和第十六条规定了外资汇出要经主管大臣批准的条件、汇款保证条件、主管大臣或大藏大臣的附加条件以及汇出金额的限制。日本于1968年出台《外汇及外贸管理法》对外汇问题作了具体详细规定。20世纪90年代，为创造更为便利自由的营商环境以提振经济，日本对《外汇及外贸管理法》进行了修改，为外汇交易提供了更加自由的法治条件。我国《外商投资法》第二十一条规定外国投资可以依法以人民币或者外汇自由汇入、汇出，在该条规定的框架下，相应的外汇管理配套措施和实施细则应紧跟其后进行相应的废改立，同时也应注意外汇自由宽松程度与外汇安全监管严格程度二者之间的协调平衡。

在外资管理的公权力限制方面，《日本外资法》第二十条、二十一条规定了主管大臣或大藏大臣对外国投资者提出异议的审理程序。我国《外商投资法》对公权力限制方面的规定更为详细，第二十二条至二十五条规定了各级政府及有关部门在抽象行政行为、具体行政行为以及行政合同方面的权力限制，为外国投资者作为行政相对人在面对政府行政职权时提供了较为可靠的法治保障。第二十六条则规定了外资投诉工作机制及相应的行政救济渠道和司法救济途径。

3. 外商投资管理制度。

在外国投资管理方面，《日本外资法》及《关于〈外资法〉施行细则》规定了外国投资批准制度、投放外国投资制定制度、外国投资相关合同及文件提交和报告制度等，之后日本也规定负面清单管理制度，并对外国投资批准制度进行了修改，将原由主管大臣或大藏大臣享有的中央审批权限进一步下放到地方。此外，在产业政策方面日本制定了《银行法施行令改正条例》

《出入国管理及难民认定法》《改正电气通信事业法》《禁止垄断法》等涉及外资管理的制度，并在税收制度、低息融资制度、债务保证、信用保证制度方面为外资出台了优惠鼓励政策。相比较而言，我国《外商投资法》规定了外商投资负面清单管理制度，外商投资项目的核准、备案制度，外商投资信息报告制度和外商投资安全审查制度等一系列基本管理制度体系。

五、日本公司企业法律制度

随着经济发展的趋势演变、经济结构的动态调整、社会分工的专业精细、产业分布的集聚组合，高度的社会化大生产对商事主体组织形式提出了变革性要求。在社会大生产的倒逼式驱动下，商事组织经济规模的集中需求日益剧增、资本效益的汇集使命提上日程、经济责任的风险防控问题逐步显现，原有的闲散化、凌乱化、游动化、脆弱化小商人这种商事组织形式亟待革命性重构。为适应经济形势变迁和经济组织调整的需要，商事主体类型持续变革，商事组织体系逐渐成熟。经过历史的选择和经济的洗礼，公司这样一种商事组织发展成为商事主体最主要的表现形式、最重要的类型代表。故此，中日两国公司法律制度的对比分析是两国商事主体法律制度比较研究的重中之重。

（一）公司法的渊源

从形式意义的公司法来看，我国与日本均有以公司法命名的法律，即《公司法》。

从实质意义的公司法来看，在 2005 年之前日本《商法典》第二编、日本《有限公司法》、《商业特例法》为日本公司法的主要法律渊源，2005 年日本将《商法典》第二编、日本《有限公司法》、《商业特例法》等整合为一部《公司法》[1]，将公司法从日本《商法典》中剥离出来单列为独立立法。此外，日本还有一些单行成文法《公司更生法》、《商业登记法》、《附担保的公司债信托法》、《公司利润分配支付法》等。

从法律多元论的角度来看，与公司有关的习惯法、公司自治章程作为一种软法也可视为公司法的渊源。对比而言，我国实质意义的公司法有宪法

1　王作全:《日本公司法典的最新发展及其立法启示》，载《青海社会科学》2018 年第 4 期。

中涉及公司的规范，1993 年通过并于 2023 年进行第六次修改的《公司法》，其他法律中涉及公司内容的部分，相关立法解释和司法解释、行政法规、地方性法规、部门规章、地方政府规章、参加或缔结的国际条约中与公司有关的规范性文件等。

（二）公司立法的历史

根据现有的通行说法，近代意义上的公司立法起源自法国。日本在其法制近代化过程中，借鉴大陆法系的法国法与德国法，颁布了 1890 年《商法典》（又称为旧商法典），其中第一编第六章系统集中规定有关公司的内容，这被认为是日本最早的公司立法[1]。1899 年日本修订旧商法典，通过了新《商法典》并将第二编设为"公司"编。自 1899 年后到"二战"前这段时间，日本又于 1911 年、1938 年对《商法典》公司编进行了修改，同时在 1938 年制定了单行法《有限公司法》。以"二战"结束为分界线，之前的日本主要模仿大陆法系法国法、德国法，尤其是模仿德国法建立起来公司法体系，"二战"后的日本吸收英美法系的美国法经验，在 1947 年至 2005 年间对公司法进行大约 17 次比较重大的修改[2]。到 2005 年日本将公司法从《商法典》中独立出来，颁布单行法典《公司法》。近年来，日本经济下行压力加大，外商投资积极性受挫，企业国际竞争力持续下降[3]，2005 年《公司法》的立法短板导致木桶效应显现，原《公司法》设定的公司治理机制已远远滞后于经济全球化和日本国内社会经济发展现实需求。2014 年日本对《公司法》进行了重大修改，涉及条款达 820 多处[4]。

对比而言，可将我国改革开放以来的公司立法概况分为以下几个阶段：第一阶段为 1978-1993 年的公司立法探索期，期间我国尚无专门的公司法，出台有《民法通则》、三资企业法等法律，依托于三资企业法，我国在三资企业领域逐步建立起有限公司制度，1980 年国务院发布《关于推动横向经济联合的暂行规定》，1988 年国务院颁布《私营企业暂行条例》；在地方，广东省 1986 年制定了《广东省经济特区涉外公司条例》，1992 年深圳市制定了《深圳市有限责任公司暂行规定》，1992 年当时的国家经济体制改革委

1　[日] 大隅健一郎、今井宏、小林量：《新会社法概说》，有斐阁出版社 2009 年版。
2　李超：《日本公司法的历史变革》，载《沈阳大学学报（社会科学版）》2014 年第 12 期。
3　郭远：《日本公司法改革和实施效果的经验与启示》，载《现代日本经济》2019 年第 4 期。
4　李超：《日本公司法的历史变革》，载《沈阳大学学报（社会科学版）》2014 年第 12 期。

员会制定了《有限责任公司规范意见》与《股份有限公司规范意见》[1]，其后，国务院各部委的相关配套规范性文件也陆续出台。以上这些法律、行政法规、地方性法规、行政规章等孕育形成了我国公司法体系的雏形。第二阶段为 1993-2004 年的公司立法出台修正期，1993 年我国通过《公司法》，这是新中国第一部形式意义上的专门性公司法典。此后 1999 年、2004 年分别对《公司法》进行了两次修正。第三阶段为 2005 至今的公司立法修改完善期，因原《公司法》脱胎于我国市场经济的起步期，在适用实践过程中其立法滞后性、内容原则性、实操短缺性、漏洞频出性等弊病逐步暴露出来，2005 年我国对《公司法》进行了全面修订，并于 2013 年、2018 年和 2023 年进行了三次修改。2006-2019 年期间另出台了公司法司法解释一、二、三、四、五。2020 年 12 月，为配合民法典的实施，最高人民法院对相应的商事类司法解释进行了修改，其中包括涉及《公司法》有关内容的司法解释。

（三）公司的概念及类型

关于公司的概念，我国公司法与日本公司法均未作出明确的实质性、统一性、完整性定义，而是对公司的类型及其财产权利、法律责任、责任承担形式等作出界定。

日本《公司法》第二条第一款第一项规定，在日本，公司法定类型有合名公司、合资公司、股份公司、合同公司[2]。但在《公司法》之外，其他的法律法规也规定了其他类型的公司。如，日本《保险法》规定了相互公司[3]，此类公司不以营利为目的，不属于商事法律制度所规制的传统营利性商事主体范畴。具体来看，合名公司适用于家族企业，享有公司经营权并承担相应义务的公司成员称为"社员"，原则上，各社员均有业务权利，具体权限范围由公司章程作出个别化规定，社员由上任公司社员的晚辈直系血亲（一般为子女）继承担任，对公司债权人承担直接偿债的无限连带责任。合资公司社员由有限责任社员和无限责任社员两类社员组成，原则上，各社员均具有业务权，具体权限范围可由公司章程另行规定，有限责任社员仅以出资份额为限对公司债权人承担直接偿债的有限连带责任，无限责任社员则对公司债权

1　徐晓松：《公司法学》，中国政法大学出版社 1996 年版，第 41 页。
2　［日］近藤光男：《最新日本公司法》，梁爽译，法律出版社 2016 年版，第 10 页。
3　［日］近藤光男：《最新日本公司法》，梁爽译，法律出版社 2016 年版，第 10 页。

人承担直接偿债的无限连带责任。股份公司社员又名股东，以所购买的股份份额为限对公司债务承担间接有限责任，社员不具有业务经营权。合同公司社员对外承担有限责任，对内关系类似于合伙，原则上社员均有经营权，具体权限范围与方式可由章程另作个别化规定[1]。

我国公司法规定的公司类型为有限责任公司和股份有限公司，两类公司的股东均只对公司承担有限责任。

（四）公司内部治理机制

根据日本《公司法》的相关规定，日本公司类型多样，四种公司组织形式治理机制各有差异，其中合名公司与合同公司是典型的人合公司，在公司治理中注重社员的人身属性。合资公司属于人合与资合相结合的两合公司，在公司治理方面，无限责任社员的身份属性更为突出，一般具有更大、更充分的管理权限。股份公司则为典型的资合公司，内部机构一般有股东大会、董事会、监事会、会计监查人等。因股份公司规模大小和公开与否等因素，其内部机构设置各有差异。综合日本公司法定类型及其民族性格来看，公司社员的人身属性在内部治理机制中扮演着举足轻重的角色，对公司运营具有执行权的社员、董事或董事会处在内部治理权力中心位置，其奉行的是董事会中心主义模式。

根据我国《公司法》的规定，有限责任公司一般设立股东会、董事会、监事会，规模较小的公司可不设董事会、监事会，改设执行董事、监事。一人公司不设股东会，国有独资公司不设股东会，由国资委履行股东会职权。股份有限公司一般设股东大会、董事会、监事会。总体来看，我国《公司法》为股东会职权预设了较重的实际分量和较大空间。

---

1 参考［日］近藤光男：《最新日本公司法》，梁爽译，法律出版社 2016 年版，第 11-12 页。

第三章

越南投资、贸易与建设法律制度

一、越南在"21 世纪海上丝绸之路"中的地位与参与情况

越南是"21 世纪海上丝绸之路"的重要共建国家。"21 世纪海上丝绸之路"的主要航线路经越南首都河内后继续延伸。越南有 49 个海港,吞吐量主要集中在广宁省至宁平省的北部港口密集区域(多为海防港)和平定省至平顺省的南部港口密集区域。中越交往历史渊源深厚,有传统的革命友谊。新中国成立初期,在内忧外患的情况下就开始向越南无偿提供技术、资金、物资,低价出售矿产品,帮助其渡过难关、加快发展。越南是中国在东南亚最大的邻国,中国将越南看作是东南亚地区首要沟通合作的目标和"一带一路"投资关注的优先对象。2017 年中越签署了关于共同实施中国提出的"一带一路"和越南提出的"两廊一圈"合作文件。现阶段,"两廊一圈"与"一带一路"倡议对接问题已经成为中越经贸合作关系中最为重要、最为紧迫的议题。[1]2020 年我国与越南进出口贸易额达到 1923 亿美元,占我国与东盟十国进出口贸易总额的 28.06%,可以看出,越南已经在我国对外经贸中

---

1 杨丹志:《越南日益成为"一带一路"倡议的重要利益相关方》,来源:光明网,载 https://m.gmw.cn/baijia/2019-04/30/32797737.html,最后访问日期 2023 年 8 月 24 日。

占据了重要的地位，是"21世纪海上丝绸之路"的重要节点之一。[1]

二、越南的法律传统与法治环境

（一）越南的法律传统

越南历史上受中国影响颇深。中国秦汉时期，大量移民进入越南，儒家思想也在这个时期传入。在长达两千多年的时间里，儒家思想对越南社会生活和越南封建法律产生了广泛且深刻的影响，儒家的"三纲五常"和"孝"道成为越南封建时代法律法令的思想基础，并成为越南重要的法律文化传统。"礼法合一"是越南法律文化传统的一大特色。越南封建时代通过"引礼入律"、"引经决狱"的方式，将儒家思想贯彻到立法、司法、守法的整个过程。越南传统法律的儒家化，促进了司法队伍的儒家化。"春秋决狱"这一审判方法在越南得到推广，大批具有儒家经义素养的官吏受到重视。儒家学说强调的礼治、德治和人治成为越南传统法律文化的基本模式。

公元10世纪，中国进入五代十国时期，由于中国四分五裂，越南（当时称安南）乘机脱离了中国的控制。公元938年的"白藤江之战"，吴权击败中国南汉军队后于939年称王，建立吴朝，但只是称王没有建立国号。自此起，越南开始脱离中国。公元968年，丁部领（丁先皇）以武力征服境内的割据势力，统一交趾各州，建立了丁朝（968-979年），国号"大瞿越"，970年自称皇帝。丁朝被认为是越南建国的创始阶段。1858年，法国殖民者武装侵略了越南；1885年，中法战争结束，越南沦为法国殖民地。1940年9月，日本入侵越南，越南成为法日双重统治的殖民地。第二次世界大战结束后，越南独立同盟（简称越盟）于1945年8月发动"八月革命"取得胜利，9月2日，胡志明领导的越盟（即后来的越南共产党）在越南北方的河内宣布独立，建立越南民主共和国。1976年7月，越南全国宣布统一，定国名为"越南社会主义共和国"。

从历史进程来看，中越关系的主流是向好的方向发展的，两国老一辈革

1　张利真、张明：《"一带一路"共建国家标准制定现状分析——越南》，来源：中国标准化研究院网，载 https://www.cnis.ac.cn/ynbm/gjbzg/kydt/202205/t20220511_53179.html，最后访问时间：2023年8月24日。

命家建立起来的"同志加兄弟"的传统友谊是能够得以传承的。中越两国2021年进出口贸易额为2302亿美元,一次性超出2000亿美元贸易关口,中国一跃成为越南第一大贸易伙伴,越南成为中国在全球的第六大贸易伙伴和中国在东盟的最大贸易伙伴。[1] 在地缘政治波动剧烈的当下,中越紧密联系,对双方来说都是一件好事。

在建立社会主义法律体系的过程中,越南经历了从无到有、从曲折到法律逐渐成熟的发展过程。中国与越南同属于社会主义国家,作为指导思想的理论基础都是马克思列宁主义,两国具有相似的意识形态和政治制度以及所有制等经济体制,两国在社会主义人文理念,对资本的控制、传统文化的保护等方面有诸多共性。越南也是属于社会主义法系,越南的社会主义法律体系逐步走向健全。但与我国相比较,在国际条约的适用、法律传统的传承、国际争端解决机制的建立以及海上安全的处理等方面仍有差异。

(二)越南的法治环境

自从1986年实行"革新开放"以来,越南政府对内注重加强体制改革,发展经济,出台系列深化改革谋求发展的政策、法律;对外重视国际合作,参与了诸多国际条约,签署了大量双边或多边协定;在国际投资贸易领域建立了相对完善的法律体系。

1. 越南相继完善了《民法》、《公司法》、《劳动法》、《招标投标》、《土地法》等一系列重要的法律法规。修订《企业所得税法》,规定内外资企业统一所得税税率,给予工业园区、出口加工区、经济区以及特别鼓励投资项目的企业所得税减免优惠。

2. 越南施行独立自主外交政策,重视与周边国家和大国的关系,积极参与区域与国际事务。越南是联合国和世界贸易组织(WTO)成员方,也是东盟成员方。越南曾成功举办APEC领导人非正式会议。中越两国共同参与了《中国—东盟投资协议》。同时,共同遵守由WTO会员国的系列协议构成的贸易领域的法律规则。两国共同参与的国际条约还包括:《亚洲基础设施投资银行协定》、世界银行《多边投资担保机构公约》(MIGA公约)、亚洲太平洋经济合作组织(APEC)系列论坛等多项国际投资公约或协定、国际贸易惯例以及双边或多边投资协议。

---

1 越通社:《越中贸易关系取得令人瞩目的成就》,载《环球时报》2022年11月02日,第1版。

3. 越南先后于 1977 年、2005 年、2014 年、2022 年制定和修订了《越南投资法》，不断加大吸引外商投资力度。值得注意的是，越南对外商投资也作出了一些限制性规定，如颁布了越南《进口商品反倾销法令》、《进口商品反补贴管理规定》等法规，规定保护本国产业特别是优势产业的发展。不过 2014 年越南发生了针对中方及其他企业和人员的打、砸、抢、烧行为，对双方投资贸易带来恶劣影响。后来，越南方面采取了措施，改善了关系，"中越双方近几年在工程承包、相互投资方面增长很快"[1]。在此情况下，应尽快完善双方外贸投资合作机制，注重对越南投资贸易保障的研究，预测并规避法律风险。

三、越南外商投资法律制度

1977 年 4 月越南通过了第一个外商投资法律——《关于外国人向越南投资的章程和规定草案》，展示了欢迎外商投资的姿态。2005 年 10 月越南制定了《投资法》，鼓励外商投资。2014 年越南通过了新的《越南投资法》并于 2015 年 7 月生效，旨在促进外商投资。2020 年 6 月 17 日越南第十四届国会第 9 次会议修订了《越南投资法》，该法规定了一系列关于外商投资事宜，包括新的投资准入和审批程序、激励措施，以及非常规对外投资规则。越南投资准入领域进一步扩大，审批程序进一步简化，国内外投资公平竞争，享有一样的企业投资优惠，规定了多样的外商投资形式。同时，更加注重保护投资者权益，在投资保障、投资便利化方面也更加细化。

（一）投资范围

越南与我国一样明确规定鼓励投资类项目。两国在鼓励类外商投资项目列举方面的共同点很多。中国鼓励农业新技术，越南虽未提到农业，但对加工农林水产、培育新的植物和畜禽种子予以鼓励。两国对高新技术、先进技术及科学研究、新设备、新材料行业、环境保护和再生资源开发方面重点鼓励。在交通与基础设施建设方面，我国重点强调大额、期限长的能源交通类项目的鼓励，而越南对更广范围的基础设施建设项目均予以鼓励投资。两国的不同之处在于，我国注重增强产品竞争能力类的项目，而越南重在对生物

---

1 林明华：《越南社会文化与投资环境》，世界图书出版公司 2014 年版，第 89 页。

制造、高新技术、机械制造、配套工业、使用 5000 人以上劳动密集型产业等项目加大投资。另外，中国中西部地区的人力和资源优势项目、经济特区制度，越南的高新技术区、工业经济区建设项目，属于不同的外商投资区域平衡战略。

越南科学教育、文化卫生、民族事业项目也允许外资进入，还鼓励发展民间传统手工业领域等等。这说明，越南在劳动密集型产业、公共事业及交通基础设施建设领域加大投资鼓励，而中国在增强国际竞争力项目及再生能源领域的投资鼓励，体现出经济全球战略的实施和处于经济发展转型升级新阶段的国情。

（二）投资准入

越南对投资额较大的国家重大项目由中央机关决定、行政最高负责人审查后才能颁发许可证。中越在对重大项目的投资标的额的界定上不同，我国是总投资、增资 5000 万美元及以上；越南则是投资额 3000 亿越盾以上项目。两国在核准、审查、审批的流程和内容方面也有不同之处，我国只需提交项目申请报告，其他程序性论证报告可不交。

越南主管投资的政府部门是计划投资部，设有 31 个司局和研究院。目前我国仍存在管理部门多、部门职能交叉或重叠的多头管理现象。

（三）投资方式

越南对间接投资有详细规定，一般是通过买入有价证券等行为成为股东，但是不参与管理。越南有合资、参股及并购等联合投资方式。关于投融资方面，越南有 BOO（build-own-operate，即建设—拥有—经营）、BTO（build-transfer-operate，即建设—转让—经营）、BOT（build-operate-transfer，即建设—经营—转让）、BT（build-transfer，即建设—转让）。出资比例方面，越南对有些行业的合作经营企业的持股比例有限制，如股份公司、证券公司、基金管理公司、合资银行和多方参加的合资企业，均有最高持股和最低持股比例的严格限制。这些规定对维持金融市场的稳定和经济秩序有很好的宏观调控功能。

中越两国都有外商独资企业这一方式，但对以合作合同为基础建立的企业的存在方式的规定略有不同。我国规定既可取得，也可不具法人资格；而越南规定基于合同开展经营，不能设立独立法人资格的企业。我国规定外资的分支机构不能拥有法人资格。此外，我国有限责任公司还有一种特殊形式，即一人有限责任公司。

（四）投资优惠

越南与中国一样都实行多元鼓励外商投资政策，在行业鼓励、地区鼓励、税收优惠三个方面都有详细规定。行业鼓励层面，我国主要是从投资指导目录及鼓励投资领域角度予以引导。越南重点鼓励外商投资高新技术产业。在地区鼓励方面，我国实行西部大开发战略、发展经济特区和自由贸易区。越南地区鼓励分为地区鼓励和特殊经济区鼓励。地区鼓励将区域根据艰苦程度分为特别艰苦、艰苦地区。特区的规定，将经济区分为四类，例如高新技术区、出口加工区等。

税收优惠方面，我国外商投资企业所得税法、进出口关税法等法律法规规定了诸多优惠措施。越南税法规定，外商用于实施为投资需要进口的货物免征进口税，对属于投资项目的技术转让所得免征所得税；除了企业所得税优惠外，外国人和国内人同等适用个人所得税标准。

（五）投资限制

越南与中国一样，对外商投资都有限制或禁止类投资制度。我国现行的《外商投资产业指导目录》规定限制类投资主要是技术水平落后的，特定矿种勘探、开采的，国家逐步开放的产业等。越南《投资法》规定限制投资类是指造林木材、植物油及蔗糖生产、乳制品生产与加工、文化教育及娱乐项目、金融财政项目等。两国对禁止类外商投资项目都包括危害公共安全和人类生存根本的项目，危害国家安全、损害社会公共利益的、破坏环境资源、损害人体健康的项目，尤其是在有毒废弃物、化学品或使用国际条约禁用毒素的项目，越南予以特别强调禁止投资，我国则对土地资源、军事资源有严格投资限制。此外，越南注重保护民族传统文化和技艺，对企业组织形式有严格的限制性规定。对合作经营方式进行投资经营的业务领域限定在电信、邮件收发、新闻广电、采矿、运输等行业。在某些工业领域，只允许外商以合资或者合作经营方式进行投资。一些重要和大型矿产开采项目，只允许以越方控股的合资方式进行。

中越两国在投资限制方面体现出了社会主义国家"以人为本"的理念，对危及人身生命健康和国家的利益坚决禁止。同时，在吸取资本主义发达国家引发全球金融危机的教训基础上，严格限制外国资本对国内金融领域、重要工业、医疗卫生的过多控制，保持国有控股行业的控制权。在民族文化保护方面两国也有诸多共性，体现出了社会主义国家民族特色的传承优势，避免陷入资本控制文化的窘境。

（六）投资保障措施

越南《投资法》在资金及财产保障，与贸易相关的投资市场开放，向国外转移资金、财产，实行统一的价格、费用及手续费以及法律、政策改变时的投资保障和对国际法的遵循等方面详细规定了投资保障措施。

值得注意的是，越南《投资法》与《公司法》有不相协调的地方。按照《投资法》的规定，间接投资是投资者不直接参与投资活动管理。而按照越南《公司法》的规定，一旦投资者已经合资、购买股份，则即使没有具体的管理职务，其对企业发展仍然会有影响力，或者以后还可参与管理。

四、越南对外贸易法律制度

越南与中国的贸易发展迅速，建立并完善了双边经贸合作机制，成立了专门的经济贸易和技术合作委员会，而且两国政府积极推动贸易结算方式规范化。如双边银行协议为人民币结算、退税提供了便利。两国还不断开展贸促活动，如中国—东盟博览会、昆交会、广交会等，促进贸易平衡发展。

（一）衔接国际贸易规则

我国和越南的对外贸易法律法规体系都比较完善，由系列单行法律和一部完整的贸易法组成。在贸易范畴、准入制度、进出口管理制度、贸促措施、贸易保护等方面都有法可依。我国1994年制定，2004年、2016年、2022年三次修订的《对外贸易法》第六条规定严格遵循已经签署的对外贸易国际条约，另外还废除了外贸经营权审批制、增加知识产权保护制度和公告义务。越南2005年颁布的《贸易法》也规定遵循已缔结的国际条约并与国际贸易规则相衔接。

（二）中越贸易法的适用范围

中越两国对外贸易法律制度在调整范围上主要是规范进出口，尤其是货物贸易。我国对技术贸易、国际服务进出口、贸易代理、有关知识产权保护也明确列入《对外贸易法》的适用范围。越南《贸易法》还对进出口临时过境、转口、进出口代理等制度专门规定了调整规范。在排除适用规定方面，我国对军用品、核物质及文化项目的对外贸易管理适用另行规定。我国与接壤国家边境贸易、单独关税区也不适用《对外贸易法》。

（三）外贸准入及管理

我国《对外贸易法》规定对外贸易经营者资质需依法办理工商登记。越南《贸易法》规定了进出口商要获得经营许可，遵守动植物检验检疫要求、食品安全卫生制度和报关程序。两国对外贸准入均有严格的要求，需获得审批、许可。另外，我国外贸法还对一些特殊对外贸易行业作出特殊资质要求，有些还需要特别授权和资料备案。从事对外工程承包或者对外劳务合作的单位，应当具备相应的资质或者资格。国营贸易管理货物的进出口业务只能由经授权的企业经营，允许部分业务可以由非授权企业经营。对外贸易经营者可以接受他人的委托，在经营范围内代为办理对外贸易业务。对外贸易经营活动有关的文件及资料应提交有关部门。我国《对外贸易法》第九章专门规定了对外贸易促进措施，建立完善的体制机制，将其列入国家贸易发展战略规划，通过设立基金、发展信用贷款、完善保险、建立信息互联网络服务体系、鼓励成立行业组织的方式加强贸易促进。这些也是我国"一带一路"倡议的必然要求。

（四）贸易进出口的管理

进出口管理制度方面，我国《对外贸易法》从自由原则、自动许可、合同备案、配额许可、限制及禁止、产地管理、货物评定制度等方面全面规范了进出口行为。规定货物与技术的自由进出口同时，国家可以对部分自由进出口的货物实行进出口自动许可并公布其目录。自由进出口的技术，应当向国务院对外贸易主管部门或者其委托的机构办理合同备案登记。对部分进口货物可以实行关税配额管理，对限制进口或者出口的技术，实行许可证管理。实行配额、许可证管理的货物、技术，应当按照国务院规定经国务院对外贸易主管部门或者经其会同国务院其他有关部门许可，方可进口或者出口。还规定了商品合格评定制度，根据有关法律、行政法规的规定，对进出口商品进行认证、检验、检疫。越南《贸易法》规定了过境的货品、委托及受委托进出口的货品、外国货品加工等管理制度。关于限制或禁止的商品，我国《对外贸易法》并未具体罗列清单，只是列举了相关情势下才可实施限禁的理由，或者说条件。而越南《贸易法》对禁止进出口的商品附有专门清单，尤其是对二手产品进口、落后淘汰技术进口等予以禁止。越南海关总局只允许经由科学技术部确认不属于暂停进口范围的中国产二手设备通关。我国和越南均禁止武器、弹药或者其他军用物资、军事技术有关的进出口，可以采取任何必要的措施，维护国家安全。

（五）贸易救济措施

按照 WTO《补贴与反补贴协议》贸易保护层面的规定，各国可以实施贸易保护措施。一般国家都或多或少在实施国际法时仍然具有很强的自主性、灵活性。出于维护自身利益的考虑，各国都或多或少带有自己的贸易保护主义色彩。

我国《对外贸易法》全面规定了外贸预警应急机制、对外贸易调查制度、损害防御条款、知识产权防御保障措施等。但是，这些规定都还比较原则，具体操作性规定有待细化。越南没有明确规定专门贸易保护措施，但是《越南进口外国产品保障法令》规定了政府有权采取管制措施，采取税收、配额、许可等制度保障外贸秩序。真正构成越南贸易壁垒的是其《反倾销法》和《反补贴法》，规定了对反补贴调查的程序和内容。越南还可能出现设置技术贸易壁垒情况，如规定在商品检验时，不同产品要依据不同标准，有些产品必须符合两个标准。检验检疫制度建设方面，我国已形成完善的管理制度和统一的检验检疫机构，而越南方面检验检疫能力薄弱，缺乏技术和设备，甚至停留在初始阶段。采用标准也不同，容易造成技术性贸易壁垒。

中越两国对外贸易仍有很大的差异性、互补性，贸易结构有待优化。与我国相比，越南对外贸易出口结构单一、技术附加值偏低，需增加高科技产品数量。越南经济外贸依存度过高，尤其是越南与欧盟、美国等发达国家实行自由贸易区战略，不仅会增大国内产业的竞争压力，还会造成发达国家对其技术控制，存在影响国家经济安全的风险，容易产生经济波动。同时，对中越经济贸易合作也带来一定影响。

五、越南基础设施建设法律制度

共建"21 世纪海上丝绸之路",最重要的一环是基础设施建设,并且法律制度建设必须紧跟而上。

(一)签署国际条约

中国与越南共同签署了《中国—东盟战略合作协议》《亚洲基础设施投资银行协议》等国际条约或双边条约。

《东盟互联互通总体规划》中将交通运输与基础设施联通作为实体联通的重要部分。此规划实施离不开金融资本的支持,中国陆续向东盟提供信贷支持,发布了《加强互联互通伙伴关系对话会联合新闻公报》。

2014 年中国宣布成立亚洲基础设施投资银行(Asian Infrastructure Investment Bank,简称 AIIB)和"丝路基金",这都是我国在"21 世纪海上丝绸之路"的建设上作出的积极努力。

此外,亚洲开发银行融资、世界银行在基础设施融资方面均提供不同程度、不同层次的贷款业务。如《多边投资担保机构公约》在规定担保业务方面也有灵活性规定,为中国—东盟成员交通及基础设施建设提供支持。不同的融资渠道有规则差异性,比如"丝路基金"与"亚投行"之间的不同在于,"亚投行"是政府间的亚洲区域多边开发机构,在其框架下,各成员方都要出资,且以贷款业务为主。

中国与越南政府积极推动交通与基础设施建设。中越签订备忘录促进中方企业实施项目,还成立协助中国企业在越南实施项目联合工作组。两国开展的交通与基础设施建设项目众多,如中越经济走廊、中越陆地边境地区的中国东兴—越南芒街跨境经济合作区等。中越还合作成立股份公司,以便参加建设、运营今后的项目。

(二)制定国内法

国内基础设施建设法律制度,是由一系列单行法律和条例构成,对新建、扩建、改建房屋建筑、交通等基础设施和公用事业领域的特许经营活动予以规范。

我国对基础设施建设项目实行特许经营核准制。项目目录、核准程序、管理办法、选址要求、环保测评等方面均有相应法律规定。对于基础设施和公用事业特许经营期限最长不超过 30 年，如需延期有严格的审批程序。基础设施投融资及建设方式方面，为吸引社会资本投资，可以通过产业基金、发行票据以及其他投融资渠道开展建设融资。我国还制定了招标投标法、土地法及环境保护法等国内法，对相关项目的建设合规性作了详细规定。

越南制定了《投资法》《越南投标法》《越南建筑法》《越南土地法》《关于 BOT、BTO 和 BT 投资方式实施细则》《关于按建设—经营—转交、建设—转交—经营和建设—转交合同形式进行投资的决定》等国内法，构成了基础设施建设法律制度体系。

越南政府第 108/2009/ND-CP 号决议和第 24/2011/ND-CP 补充决议对 BOT、BTO 及 BT 合同方式投资明确规定了合作领域、招投标方式确定投资方、直接指定投资方等措施。《越南社会主义共和国关于按建设—经营—转交、建设—转交—经营和建设—转交合同形式进行投资的决定》规定投资发展基础设施工程的领域、条件、程序和优惠。国家主管机关担保实施合同义务、项目实施应登记经营和成立组织项目企业管理。实施使用国家财政预算资金的投资商需在银行担保的形式下达到实施项目合同的义务保证额的最低要求。同时规定，对 BOT 项目的各参与方可以协商选择适用某一外国法律以处理项目各种事宜。

基础设施建设相关的招投标法规方面，越南现行《投标法》规定外国企业均可参与投标。计划投资部下属的投标管理司直接负责项目的招投标，施工许可证由建设部颁发。越南《土地法》规定土地国家所有，不实行集体所有制并应积极按时投资开发。但集体和个人可对国有的土地享有使用权，外国投资者可租赁土地。土地使用期限分为长期使用和限期使用两种情况，使用年限与我国也不同。越南规定了灵活的土地流转方式，这是与我国目前土地管理法最大的不同之处。我国对集体土地流转的限制更加严格，尤其是对耕地予以特殊保护，对国有土地使用需要严格的审批程序。

与越南基础设施建设法律制度相比较，我国《基础设施和公用事业特许经营管理办法》更具特色，该办法围绕特许协议，从订立、履行、变更和终止特许协议等方面作出规定，打破传统僵硬的公私对立的不对等性，多部门监督、测评，致力于提高公共设施的质量，具有系统性、规范性、引导性、保障性等特点。

交通与基础设施建设项目实现资金方面，越南《关于按建设 - 经营 - 转交、建设 - 转交 - 经营和建设 - 转交合同形式进行投资的决定》（政府

78/2007/N-CP 号决定）规定了两种方式，自行集资或使用国家资金参加增资或扶持，允许 BOT 公司申请信贷资金，可以将特定财产进行抵押、质押等。而我国对特许经营中的投融资方式，不允许政府提供保证。现实中，我国 BOT 类投资方式参考国际经验，创造性地使用了地方性法规的方式。可见，我国在 BOT 类投融资建设项目的使用方式、回报率、具体操作等方面，需要完善法律制度，适用外商投资发展需求。

六、越南商事争端解决机制

（一）法律冲突问题

中越作为遵守国际法的成员，适用同类规则的顺序不同，甚至存在冲突，对国际条约的适用表现出差异性。这是因为越南属于发展水平相对落后的东盟新四国，加入世贸组织的时间较晚。WTO《服务贸易总协定》对相对落后国家作出了保护性的规定：其他各国应采取具体承诺的方式，通过技术引进等商业措施，加强弱势国家国内服务能力、效率和竞争力；促进四国进入销售渠道及信息网络，对其服务市场准入提供便利；并且允许他们根据自身情况逐步扩大市场准入。中国—东盟《货物贸易协议》对越南等新四国也有特别适用条款。越南的早期收获产品降税时间、降税幅度，正常产品中取消关税时间较晚，敏感产品限制、进口额上限等也与其他相对发达的东盟国家不同。越南的商品、服务贸易受国内经济发展程度影响，对外经济仍然不够开放。

《中国—东盟协议》与 WTO 规则之间调整范围有诸多交叉，兼容互补的同时，也存在冲突问题。投资自由化部分，WTO 规则仅局限于可能扭曲贸易的投资措施规范，而《中国—东盟协议》的内容比 WTO 更加深入，"拓展到了征收、损失补偿、转移和利润汇回、国际收支平衡保障措施等方面"[1]。贸易规则部分，二者存在诸多不同。原产地规则方面，《中国—东盟协议》标准低且不统一、可操作性不强，而且与我国也不一致。中国—东盟自贸区以 RVC（区域价值成分）为主要标准，我国《进出口原产地条例》明

1　曾文革：《中国—东盟自由贸易区农业贸易法律问题研究》，厦门大学出版社 2014 年版，第 36-40 页。

确规定了以 CTC（税号分类改变）标准为主，以 RVC、TP（加工工序）标准为辅的混合标准。动植物检疫措施协议方面，《中国—东盟协议》没有统一的措施，而世界贸易组织规则对此有具体规定。但是如果效仿 WTO "允许采用高于国际保护水平的标准" 规则，由于越南以农业为主，那么在农产品检验检疫标准方面容易产生贸易技术壁垒。在贸易保障措施方面，WTO下的保障措施包括限制数量、关税提高、削减配额等，实施措施方与受影响成员方确定适当的补偿办法。而中国—东盟自贸区的贸易保障措施仅仅是适用税率提高到世界贸易组织规定的最惠国税率。知识产权保护制度方面，中国—东盟自贸区仅局限于每年召开的局长会议，与 WTO 规则相比，缺乏完善的保护制度。中国—东盟《服务贸易协议》中采取的承诺减让方式是 "肯定清单" 模式，而此种模式具有很强的隐蔽性和灵活性，透明度较低。

不同国际条约的适用位阶及其协调问题，以中国—东盟自贸区规则与WTO 规则为例。可以将中国—东盟自贸区规则看作类似于 WTO 规则的 "特别法"，在二者不相违背的情况下，优先适用中国—东盟自贸区规则，不一致时，应该是被 WTO 规则所允许或补充。必要时争端解决机构可出台系列软法规范，协调 WTO 与中国—东盟自贸区贸易规则。对于其他法律冲突，应构建我国与越南之间的合作机制及应对策略。如通过磋商会议、系列标准化研讨会、技术培训、博览会平台等渠道，加强交流互动，实现标准统一。

（二）商事争端解决机制问题

国际商业纠纷通常发生在国家之间、国家与外商之间、国内与国外商事主体之间，其至包括多个国家主体参与其中。不同的争端类型所依据的争端解决机制、条约、国内法不同，可能出现的解决结果也不同。这里重点比较中越共同参与的国际条约对争端解决机制的约定，国内法对涉外争端的解决方式的规定，以及对国外裁判的承认与协助执行。

1、国际条约涉及的争端解决规则。

除了我国与越南签订的双边争端解决条约外，涉及的国际法主要是中国—东盟、WTO、世界银行等争端解决规则。这些解决国际商事纠纷的争端解决规则，相同点很多，比如都有磋商、仲裁、执行等环节。但是 WTO争端解决机制的程序更加完善，有成立专家小组环节，规定了上诉机构审议以及监督环节。上诉机构为常设机构，有权审查仲裁庭的裁决结论，并提交审议报告。争端裁决的执行方面，义务方未履行协议并拒绝补偿，则权利人可申请授权采取中止减让等报复措施。

中国—东盟争端解决机制，存在争端解决适用范围的法律规定较为欠缺、可操作性不强、仲裁员遴选拖沓、缺失仲裁复审机制、缺失完善的执行监督机制、未明确惩罚幅度与执行机制等问题，严重制约了该争端解决机制的合理运行，裁决公正性缺乏保障。组织机构建设方面，仅设立具有协调、联系职能的联系点（秘书处），不能满足纠纷解决需要，应设立统一的权威机构[1]。有专家提议："建立中国—东盟自由贸易区仲裁中心，其以中立机构的身份主持磋商和调解，行使监督职能，突破现有机制的瓶颈，创新普通仲裁机制；负责遴选和管理仲裁员，审查资格和分配名额"[2]。

上述国际争端解决机制当中，中国—东盟争端解决机制具有方式灵活、手段和平、当事方平等、向弱势国家偏向性等特点。而 WTO 争端解决机制则具有强制性，机构可授权成员针对违约成员实施报复措施。因此，当两者出现竞合时，根据排他性管辖原则，可以二选一。对于具有较强地缘性、敏感性的争端，交由中国—东盟，而对于需要及时执行的争端则可以交由具有权威威慑力的 WTO 争端解决机构。

另外，中越参与的国际条约出现因解释和适用而产生的分歧或争议，应遵循《联合国宪章》确定的和平解决的国际法基本原则，通过外交途径以及仲裁和司法机构等法律途径。比如，海牙常设仲裁法院由多边协议授权来运用《联合国宪章》解决国际争端。但是对仲裁法院作出的不遵守和平共处五项原则的侵犯国家主权案件，应坚决抵制。

2、中越双方的国内司法与仲裁涉及的争端解决机制。

我国民事诉讼法、仲裁法专门就涉外民事诉讼程序、涉外仲裁作了特别规定。涉外法律纠纷适用法律的位阶，除保留声明外，国际条约属于第一位阶。涉外仲裁和诉讼不能重复适用，经仲裁后不得起诉，但是可以申请法院执行生效的仲裁裁决。此外，我国《外商投资法》规定了外国投资投诉协调

1　杨海涛、蒋慧：《构建和完善 21 世纪海上丝绸之路法律机制基本策略探究》，载《学术论坛》2016 年第 2 期。

2　谷昭民、施文：《建立中国—东盟自由贸易区仲裁中心的设想》，载《中国—东盟法律评论》2012 年第 1 期，厦门大学出版社 2013 年版。

制度。外国投资企业或投资者认为行政机关及其工作人员的行政行为侵犯其合法权益的，可以通过外商投资企业投诉工作机制申请协调解决，还可以依法申请行政复议、提起行政诉讼。

越南《民法典》第七编专门规定了涉外民事关系适用法律问题。对国内民法、国际公约条约、国际惯例和外国法的适用位阶，规定了国际条约先于国内法，国内法又先于外国法。也就是说，外国法的适用有前提条件，一般是国际条约规定、当事人合同约定适用外国法时才可适用。国际惯例与越南法不冲突时，且在上述法律渊源均没有适用条件时才可援引解决国际纠纷。一方是外国投资商或外资企业或外国投资商之间发生的纠纷，可通过越南本地仲裁或诉讼、外国仲裁及各方协商成立的仲裁方式解决。一般情况下，在越南国际纠纷应通过越南本地仲裁或诉讼解决。

我国国际商事仲裁中心、越南国际仲裁中心及越南商业仲裁方式解决均比较普遍，一方面及时化解了纠纷，另一方面也促进了两国仲裁中心的发展。越南法对国际争端解决的法律适用，无论仲裁还是诉讼，使用的实体法都偏向于优先适用东道国法。这一"适用东道国法律"的主张不利于贸易自由化。

（三）对他国判决和裁定的承认与执行问题

我国《民事诉讼法》第二十七章专门规定了司法协助制度。更为重要的是，我国与越南都加入了《承认及执行国外仲裁裁决公约》（纽约公约），同时也是联合国国际贸易法委员会（UNCITL）的成员。我国作出保留声明，仅对商事关系纠纷适用该公约，排除与政府相关的争端。

关于国际司法协助问题，我国与越南两国分别达成了两国互助的民刑事司法协助协定。这些都是两国在国际合作领域顺利开展投资贸易的基础和保障，表明"21世纪海上丝绸之路"建设中社会主义国家的合作能够成为牢固的堡垒，能够为其他国家间的更广泛合作树立典范。

第四章

老挝投资、贸易与建设法律制度

一、老挝在"21世纪海上丝绸之路"中的地位与参与情况

老挝是"21世纪海上丝绸之路"沿线国家之一，是东南亚唯一的内陆国家，区位劣势加上基础设施建设一直相对落后，严重制约了该国的经济发展。2013年我国提出共建"一带一路"倡议并提出"泛亚铁路规划"设想后，老挝率先主动积极响应，并相应提出了自己的"陆联国"战略，希望借助"一带一路"的融资平台来建设自己的公路铁路设施，将老挝由"陆锁国"变成"陆联国"。2015年12月2日，时值老挝40周年国庆，"中老铁路"在老挝首都万象举行隆重奠基仪式；2016年12月动工；2021年12月3日开通运营。2023年4月13日，也即老挝的新年节日（泼水节）的前一天，"中老铁路"国际旅客列车正式开行。在"泛亚铁路规划"中，"中老铁路"最先建成。这是一条中国与老挝合作修建的完全使用中国标准的国际铁路，全长1035公里，连接老挝万象和中国昆明，其中中国境内613公里，新建的玉溪至磨憨段长507公里；老挝境内段长422公里，全部新建。

"中老铁路"的建成，意义特别重大。一是"中老铁路"是我国提出的共建"一带一路"倡议与老挝提出的从"陆锁国"变为"陆联国"战略的完美对接，老挝在经济发展战略上迈出了最重要的第一步。二是"中老铁路"将促进老挝与中国、泰国、柬埔寨、越南的地理连接和经贸往来，进而极大地推动其社会经济的发展和民生的改善；"中老铁路"国际旅客列车的开行，

极大方便沿线民众出行，推动两国旅游等产业发展，促进两国共建"一带一路"高质量发展，将夯实澜湄合作、中国—东盟命运共同体建设的基础，进而推动中老命运共同体建设的深化。正如习近平主席在"中老铁路"开通仪式上所讲，"中老铁路"是两国互利合作的旗舰项目，中老双方齐心协力完成建设任务诠释了中老命运共同体精神的深刻内涵，展现了两国社会主义制度集中力量办大事的特殊优势。老挝人民革命党中央总书记、国家主席通伦在通车仪式上指出，"中老铁路"的开通是老中"好邻居、好朋友、好同志、好伙伴"精神和老中命运共同体精神的生动写照，也是老中两党两国友好关系的伟大写照，必将为老中两党、两国关系注入新的重要内涵。[1] 三是"中老铁路"的建成，对"一带一路"沿线国家或地区起到了示范作用。

二、老挝的法律传统与法治环境

（一）老挝的法律传统

老挝历史悠久，公元 1353 年建立澜沧王国，曾是东南亚最繁荣的国家之一；1779 年至 19 世纪中叶逐步被暹罗（泰国的旧称）征服；1893 年沦为法国的殖民保护国；1940 年被日本占领。1945 年 8 月老挝人民举行武装起义，1945 年 10 月 12 日宣布老挝独立。1975 年 12 月 2 日老挝宣布废除君主制，成立老挝人民民主共和国，老挝人民革命党执政，实行社会主义制度。老挝既是一个社会主义国家，又是一个以佛教为国教的国度。老挝属于传统农业国，工业基础薄弱，现代服务业体系不完整，当前仍然是世界最不发达国家之一。在法律传统上，老挝属于大陆法系，但又重视习惯法和佛教教义，并将其吸收到国家法律体系中。我们从 2012 年老挝司法部公布的关于全国 49 个民族的司法习俗报告中，可见老挝法律具有习惯法特色。

---

1 《习近平同老挝人民革命党中央总书记、国家主席通伦共同出席中老铁路通车仪式》，来源：央视网，载 https://news.cctv.com/2021/12/03/ARTIJi7Y0I5h4CW5eqvRbddy211203.shtml，最后访问日期：2023 年 8 月 24 日。

（二）老挝的法治环境

老挝法制建设相对落后，法律体系尚不健全，现行投资贸易法律体系仍不完备，经常出现相关法律规定不尽统一、甚至相互矛盾的情况。2016年11月，老挝第八届国会2次会议审议通过了新修订《老挝人民民主共和国投资促进法》，力促外商来老挝投资；但该法中关于对外国投资者进行税收免征和降低进口关税的规定，并没有反映到税法里。立法内容的不协调和相冲突、抵触，给很多中资企业带来困惑与不便。老挝在电力、通信、农业等行业至今仍缺乏行之有效的具体法规来鼓励外国投资。尽管中国与老挝签订了避免双重征税的协定，但老挝国内没有明确规定当税收协定与国内法规发生冲突时，是否可优先执行税收协定条款。针对该种情况，老挝税务机关在实际操作中拥有较大的自主决定权，中资企业仍然面临要承担较大税务的隐性风险。

自1986年实行"革新开放"以来，老挝政府确定了现实的国家发展目标，致力于寻求改革发展的突破口，经济增速非常快。立法上鼓励国内企业与外国资本在承包工程、水电资源开发、基础设施建设等方面广泛开展合作。对外投资贸易上突显出它对外资的依赖程度高。

老挝除了颁布《投资促进法》外，还颁布了大量土地和能源资源类法律法规。老挝《土地法》规定，实行土地国有制度，外商只能租赁土地，不能买卖。《矿业法》及《矿产投资标准条例》对矿产开采和限制开采项目、区域作了规定。老挝《电力法》对投资电力企业的形式、经营特许权、投资者权利义务等作了规定。对开采矿石和投资电力的外资投资方式，主要是采取与政府合资方式。老挝没有统一的外贸法，但有关于出口与进口、海关关税等法律规定，对"外贸平等、自由、管理规范"等要求有原则性规定。

老挝是联合国和世界贸易组织成员，属"东盟新四国"之一。老挝自"革新开放"以来，参加了诸多国际条约，签署了大量双边或多边协定。老挝参加的国际条约有：WTO系列规则，《中国—东盟协议》及其《投资协议》，《亚洲基础设施投资银行协定》，世界银行《多边投资担保机构公约》（MIGA公约），亚洲太平洋经济合作组织（APEC）系列论坛等多项国际投资公约或协定、国际贸易惯例以及双边或多边投资协议。

三、老挝外商投资法律制度

老挝为大力吸引各国特别是中国中小企业的投资，正在努力完善投资政策和制定投资法律。2016 修订的《老挝人民民主共和国投资促进法》与我国 2019 年 3 月 15 日公布的《中华人民共和国外商投资法》相比较，既有相同的规定，又各具特色。

（一）鼓励投资类

我国鼓励外国投资者依法在中国境内投资，国家实行高水平投资自由化便利化政策，建立和完善外商投资促进机制，营造稳定、透明、可预期和公平竞争的市场环境。老挝与我国一样鼓励外商投资，并明确规定鼓励投资类项目。老挝鼓励农林业及加工项目，对更广范围的基础设施建设项目均予以鼓励投资；鼓励出口商品生产项目、有关人力技能以及健康方面的项目、原材料生产、出国旅游服务项目。中国有中西部地区的人力和资源优势项目、经济特区制度；而老挝是根据基础设施配套情况确定受鼓励的一类、二类、三类地区划分，实施不同的外商投资区域平衡战略。

老挝与中国的投资领域差异较大。老挝投资侧重于农业、基础工业、交通基础设施领域；而中国已经将投资优惠扩展到高新技术和现代服务业领域。在增强国际竞争力项目及再生能源领域的投资鼓励方面，正凸现出我国经济全球战略的实施和处于经济发展转型升级新阶段的国情。

（二）投资准入

我国采用准入国民待遇，是指在投资准入阶段给予外国投资者及其投资不低于本国投资者及其投资的优惠待遇；还采取负面清单制度，在特定领域对外商投资实施准入特别管理措施。国家对负面清单之外的外商投资，给予"国民待遇"。老挝《投资促进法》规定了看似简洁高效的"一站式"投资服务机构，但是提交审批材料仍然很繁琐，各种表格、报告、清单均需提供。老挝工贸部、计划投资部、政府办公厅分别对老挝投资的一般项目、特许经营项目和经济特区项目负责。

(三）投资方式

关于投资方式的立法，我国没有直接、间接投资的明确法律规范，而老挝对间接投资有详细规定，一般是通过买入有价证券等行为成为股东，但是不参与管理。比较公司企业法可以发现，我国外商的分支机构，不能拥有法人资格，有限责任公司还有一种特殊形式，即一人有限责任公司。《老挝人民民主共和国企业法》规定，设立外国投资企业形式包括股份公司、有限公司、大众公司。可见，老挝与我国在公司组织形式方面有很大区别。老挝存在大众公司，我国有一人有限责任公司。外商独资企业这一方式，对以合作合同为基础建立的企业的存在方式略有不同。我国既可取得、也可不具法人资格，而老挝所称只能是基于合同开展经营，不能设立法人资格的企业。我国有中外合资、合作、跨国并购（M&A）形式，老挝也规定了联营股份制企业的方式。关于合同方式投融资方面，我国有BOT方式，老挝没有单独明确的关于合同方式投融资的法律规定，但现实中也存在这种方式。出资比例方面，老挝法律对外资投资的特许经营企业的注册资金有最低比例限制，但无最高比例限制，对国外资产的经营要求较宽松，一方面促进了外资投入，同时也有可能带来内资企业的巨大竞争压力，不利于市场稳定。

(四）税收优惠

我国外商投资企业所得税法、进出口关税法等规定了诸多优惠措施。老挝税法实行将区位、产业、业绩相结合决定税收的优惠及奖励利润税的不同优惠政策，在进出口贸易领域也实行优惠税率。老挝由区位、产业、业绩相结合决定税收的优惠及奖励，结合产业特点和实际经济发展需求，确实能够促进老挝投资发展。

(五）投资保障

我国法律法规规定了系列投资保障措施，包括：下放境外投资审批权限，简化审批手续，从审批制向转向核准备案制，放宽外汇管制，彻底取消了外汇资金来源审查和购汇额度的限制，对跨境资本流动实行均衡管理，政府资金支持，产业投资基金支持，信贷融资支持，税收及投资保护等。老挝《投资促进法》对投资的保障规定了同等的投资权、财产权益、知识产权。投资保障的形式，体现在政府尊重国际公约和双边协议，承认和充分保障投资者。为满足公众利益而让投资者遭受损失时，将按照双方约定的支付方式，按照当时市场的价格给以投资者相应的赔偿。

（六）投资限制

我国限制类投资主要是技术水平落后的，特定矿种勘探、开采的，国家逐步开放的产业等。老挝注重保护民族传统文化和技艺，尤其是在传统技艺方面为国内企业和个人预留了特别的行业和工作。我国也限制运用中国特有工艺或者技术生产产品的情形。

中老两国在投资限制方面体现出了社会主义国家"以人为本"的理念，对危及人身和国家的产业坚决禁止。同时，在吸取资本主义发达国家引发全球金融危机的教训基础上，严格限制外国资本对国内金融领域、重要工业、医疗卫生的过多控制，保持国有控股行业的控制权。在民族文化保护方面两国也有诸多共性，体现出了社会主义国家民族特色的传承优势，避免陷入资本控制文化的窘境。

四、老挝对外贸易法律制度

老挝与中国的贸易发展迅速。为促进经贸关系发展，两国陆续建立并完善了双边经贸合作机制，成立了专门的经济贸易和技术合作委员会，如中国云南—老挝北部合作工作组。两国政府间积极推动贸易结算方式规范化。如双边银行协议为人民币结算、退税提供了便利。两国还不断开展贸促活动，如中国—东盟博览会、昆交会、广交会等，促进贸易平衡发展。但是两国贸易仍有很强的差异性、互补性，贸易结构有待优化。与我国相比，老挝经济外贸依存度过高，对外贸易出口结构单一、技术附加值偏低，需增加高科技产品数量。

老挝没有专门的对外贸易法，规范进出口贸易的国内法律有《投资促进法》《关税法》《企业法》《进出口管理条例》和《进口关税统一与税率制度商品目录条例》等，《进出口管理条例》仅规定了与进口和出口有关的管制及处罚等条款。我国1994年颁布的《中华人民共和国对外贸易法》，除商品贸易，也将技术贸易、国际服务进出口、贸易代理、有关知识产权保护等明确列入对外贸易法的适用范围。在排除适用规定方面，我国对军用品、核物质及文化项目的对外贸易管理适用另行规定。我国与接壤国家边境贸易、单独关税区也不适用《对外贸易法》。

（一）外贸准入与促进措施

中老两国对外贸准入均有严格的要求，需获得审批、许可。我国《对外贸易法》规定，对外贸易经营者资质需依法办理工商登记。老挝规定了进出口经营者的资质和进出口程序，进口贸易企业的设立，要详细、准确地申报拟经营商品目录，须向贸易部门递交设立申请，进行企业登记，到财政部门进行税务登记，对于出口者规定仅仅要求已进行企业登记，但要求与国外贸易伙伴签有购销合同。

我国《对外贸易法》对一些特殊外贸行业还有特殊资质要求，有些还需要特别授权和资料备案。我国《对外贸易法》第九章专门规定了对外贸易促进措施，建立完善的体制机制，将其列入国家贸易发展战略规划，用设立基金、发展信用贷款、完善保险、建立信息互联网络服务体系，鼓励成立行业组织的方式加强贸易促进。

（二）进出口管理

我国《对外贸易法》从自由原则、自动许可、合同备案、配额许可、限制及禁止、产地管理、货物评定制度等方面全面规范了进出口行为。老挝《进出口管理条例》也规定了须申领进口或出口许可证的商品。贸易部颁发许可证并制定许可证申领规则，贸易部在发放禁止商品进口或出口许可证前须同有关部门协调，并事先征得政府总理同意。

（三）外贸救济措施

我国《对外贸易法》全面规定了外贸预警应急机制、对外贸易调查制度、损害赔偿条款、知识产权保护等外贸救济措施。但是，这些规定都还比较原则，具体操作性规定有待细化。老挝没有明确规定专门贸易保护措施，但《进出口管理条例》规定了政府有权采取管制措施；采取税收、配额、许可等制度保障外贸秩序。值得注意的是，老挝还可能出现设置技术贸易壁垒情况。如在检验检疫制度建设上，我国已形成完善的管理制度和统一的检验检疫机构；而老挝检验检疫能力薄弱，缺乏技术和设备，甚至停留在初始阶段，采用标准也不同，容易造成技术性贸易壁垒。

五、老挝基础设施建设法律制度

2010年10月28日，第17届东南亚国家联盟（东盟）首脑会议通过的《东盟互联互通总体规划》，将交通运输与基础设施联通作为实体联通的重要组成部分。此规划实施离不开金融资本的支持，中国陆续向东盟提供信贷支持，与老挝等8国共同发布《加强互联互通伙伴关系对话会联合新闻公报》。2014年中国宣布成立亚洲基础设施投资银行和"丝路基金"。此外，亚洲开发银行和世界银行在基础设施融资方面也提供不同程度、不同层次的贷款业务。《多边投资担保机构公约》在规定担保业务方面有灵活性规定，为中国—东盟成员交通及基础设施建设提供支持。

中老两国政府积极推动交通与基础设施建设，签署了《关于发展基础设施建设合作谅解备忘录》。中国承建了湄公河流域老挝沙耶武里、塞公和丰沙里等地区水电站建设。纵贯老挝南北的"中老铁路"建设属于陆上通道建设重要组成部分。对于中老国内法的基础设施建设的法律制度比较，主要包括土地制度与配套法规的完善、市场准入、投资方式及融资机制等方面的比较。

（一）土地制度与配套法规的完善

基础设施建设离不开土地。土地法律制度如何，直接影响到交通与基础设施建设的进展。我国《土地管理法》第九条规定，城市市区的土地属于国家所有。农村和城市郊区的土地，除由法律规定属于国家所有的以外，属于农民集体所有；宅基地和自留地、自留山，属于农民集体所有。第十一条规定，农民集体所有的土地依法属于村农民集体所有的，由村集体经济组织或者村民委员会经营、管理；已经分别属于村内两个以上农村集体经济组织的农民集体所有的，由村内各该农村集体经济组织或者村民小组经营、管理；已经属于乡镇农民集体所有的，由乡镇农村集体经济组织经营、管理。老挝《土地法》规定了土地公有制，国家是老挝土地唯一的所有权人，外国人仅仅享有土地承租权。事实上，老挝土地还存在"永佃使用权"，即农民、农村集体永久使用的模式。老挝的土地流转方式更加灵活，政府允许土地使用权在本国公民间自由买卖；而我国是予以严格限制的。

我国关于基础设施建设的配套法规由一系列单行法规和条例构成。我国颁布的招标投标法和环境保护法等单行法规对基础设施建设的合规性都作了详细规定。老挝关于基础设施建设的法律制度建设方面不够健全。国际条约上的依据是中老两国签订的基础设施建设谅解备忘录；相关国内法主要是《投资促进法》、《建筑法》、《电力法》、《土地法》及关于工程承揽的相关规定。

（二）市场准入

我国对基础设施建设项目实行特许经营核准制。项目目录、核准程序、管理办法、选址要求、环保测评等方面均有相应法律规定。对于基础设施和公用事业特许经营期限最长不超过 30 年，如需延期有严格的审批程序。

老挝鼓励外国承包商承揽工程项目，《投资促进法》规定特定的国有行业，如土地、电力、航空、电信等有关交通基础设施的投资经营需要特许经营。经工贸部审核、政府批准后，由投资与计划部结合其他的部门和当地政府的意见，通过比较、招标、评估等方式，依法确定。一般而言，招标项目均在主要报刊上发布招标信息。老挝招标管理比较松散，一般采用议标形式，只有国际组织援助项目、部分国家投资项目才实行严格招标。老挝工程建设招投标具体来说，世界银行、亚洲开发银行等组织的贷款和援助项目，多数采用招标方式，自筹、外国援助项目可通过议标方式进行。

老挝《电力法》规定了外商经营电力业可以与政府、国内其他单位合资。而且，老挝规定，BOT 经营项目的经营期限可以申请延长。

与老挝有关特许经营的法律规定相比，我国《基础设施和公用事业特许经营管理办法》更具特色，它围绕特许协议，从订立、履行、变更和终止特许协议等方面立法，打破传统僵硬的公私对立的不对等性，多部门监督、测评，致力于提高公共设施的质量，具有系统性、规范性、引导性、保障性等特点。

（三）投资方式及融资机制

老挝为吸引社会资本投资，对基础设施建设规定了两种投资融资方式：一是自行集资模式，二是使用国家资金参加增资或允许 BOT 公司申请信贷资金。我国对特许经营中的投融资方式，不允许政府提供保证。实际操作中，我国 BOT 类投资方式参考国际经验，创造性地使用了地方性法规的方式。可见，我国在 BOT 类投融资建设项目的使用方式、回报率、具体操作等方面，也需要完善法律制度，以适应外商投资基础设施建设的需求。

第五章

柬埔寨投资与公司企业法律制度

一、柬埔寨在"21世纪海上丝绸之路"中的地位与参与情况

柬埔寨是东南亚地区一个历史悠久、文化古老的国家。中柬两国有着悠久的传统友谊。1958年7月19日中柬正式建立外交关系[1]。中国几代领导人与柬埔寨太皇西哈努克建立了深厚的友谊，为两国关系的长期稳定发展奠定了坚实的基础。2002年，中国与柬埔寨一起参与签署了《中国与东盟全面经济合作框架协议》。2010年12月，两国建立"全面战略合作伙伴"关系。2016年的"南海仲裁案"，柬埔寨力挺中国，第一个站出来维护中国的利益，并且三次重申看法，大力支持中国主张和声明，坚定地站在中国一边，用自己坚定的立场和决心，支持中国捍卫国家主权和领土完整。在抗击新冠疫情的斗争中，中柬"全面战略合作伙伴"关系得到了进一步的提升。

我国提出共建"21世纪海上丝绸之路"倡议，给柬埔寨带来了新的建设与发展机遇，柬埔寨的反应特别迅速，积极响应。柬埔寨是"21世纪海上丝绸之路"倡议最早的参与者，也是最早主动将其2004年提出以优化行政管理为核心、加快农业发展、加强基础设施建设、吸引更多投资和开发人才资源的"四角战略"与中国提出的共建"21世纪海上丝绸之路"倡议对接的国家之一。中柬的良好关系也因此得到进一步发展，各个领域的交往、

1　卢军、郑军军、钟楠:《柬埔寨概论》，世界图书出版广东有限公司2012年版，第26页。

协作也密切起来；经济上互惠互利，达到共赢。中国与柬埔寨的互补是多方面的：柬埔寨非常积极地向中国寻求铁路、公路、桥梁、房地产建设合作与建设资金支持；同时加大对我国农产品的出口；对我国提出设立开办亚洲基础设施投资银行的倡议，柬埔寨第一批加入；中国与柬埔寨签订的合作项目也在继续增加[1]。2022年10月1日，由中柬两国共建的"一带一路"重点旗舰项目——柬埔寨王国的第一条高速公路"金港高速"迎来通车试运营。"金港高速"的建成对柬埔寨经济发展有着重要的战略意义。

在"21世纪海上丝绸之路"推进中，我国把在柬埔寨投资的领域加以划分，对重点领域如交通、农林发展、城市建设以及能源开发与利用等积极参与，给予资金支持。在我国的支持和帮助下，柬埔寨的产业体量不断增大，金融系统以及基础设施建设得到发展，生产力和科学技术水平得到进一步的提升。中柬两国迄今已经签署《中柬自贸协定》《区域全面经济伙伴关系协定》《中柬引渡条约》《中柬文化合作协定》《中柬互免持外交、公务护照人员签证协定》以及文物保护、旅游、警务、体育、农业、水利、建设、国土资源管理等领域的合作谅解备忘录。2019年4月，两国签署《构建中柬命运共同体行动计划》，双边关系进入新的发展阶段。

二、柬埔寨的法律传统与法治环境

（一）柬埔寨的法律传统

柬埔寨的法律传统与历史变迁密切相关。历史上柬埔寨经历了以下几个重要阶段：（1）扶南王国与真腊王国交替时代（有600多年历史）。大约公元1世纪，扶南国形成，奉印度教为国教。它是柬埔寨最早建立的国家，是历史上第一个出现在中国古代史籍上的东南亚古老王国，统治了当地达400多年。公元6世纪中叶，位于扶南北方的藩属国真腊快速崛起，推翻了扶南国的统治，逆袭为宗主国，接手管治了200多年。这个时期高棉民族初步形成。（2）吴哥王朝时代（公元802-1431年，也有600多年历史）。吴哥王朝为柬埔寨历史上最辉煌的时代。公元8世纪，阇耶跋摩二世建立了吴哥王朝，阇耶跋摩二世信奉印度教。到了阇耶跋摩七世，他笃信佛教，吴哥王朝

1　王雪：《中国—东盟自由贸易区基本法律制度》，中国政法大学出版社2014年第2版，第42页。

的信仰从此转变，两种宗教信仰融合与交替成为王朝特色。吴哥王朝的版图包括了现今柬埔寨全境以及泰国、老挝、越南和缅甸的大部分区域，是东南亚历史上最为强盛的国家。（3）沦为暹罗和越南的共同附属国时代。1431年，在吴哥王朝内外交困的情况下，暹罗泰族人乘机入侵，吴哥国王被迫逃往金边。1833年，越南与暹罗争夺柬埔寨，双方在柬埔寨领土上爆发了战争，暹罗战败，越南取得了对柬埔寨的控制权。1841年初，越南与暹罗的战争又重新爆发，而且持续了6年之久。暹罗在战争初期取得了胜利，并把安端扶上柬埔寨王位（1841-1860年）。1846年，暹越双方签订和约；1847年，暹越双方共同为安端加冕。柬埔寨遂由越南单方控制变成暹越两国共同控制，成为暹越的共同附属国。在暹越两个强邻的控制之下，吴哥文明难以传承。（4）殖民时代（1863-1953年）。1863年法国占领柬埔寨并强制国王诺罗敦签定《法柬条约》，该条约使柬埔寨沦为法国殖民地。1940年9月日军侵占了柬埔寨。1945年日本投降后柬埔寨被法国重新占领。柬埔寨的法律传统被法国殖民化。（5）独立时代。柬埔寨经过不懈的抗争与努力，1953年7月3日法国被迫宣布承认其完全独立和主权；1953年11月9日，柬埔寨王国终于摆脱法国殖民统治宣告独立，成为一个由国王西哈努克领导的君主立宪制国家。1970年3月18日，柬埔寨爆发内战，发生政变。随后又历经20多年的战争。1993年9月，柬埔寨实现民族和解并颁布新宪法，恢复君主立宪制，从此，柬埔寨进入和平与发展的新时期。[1]

柬埔寨吴哥王朝实行君权和神权相结合的政治统治，其宗教法律文化传统，在沦为暹罗和越南的共同附属国后基本上被摧毁。在1863-1953年近90年的时间里，由于柬埔寨处于法国的殖民统治中，追随的是大陆法系的法律制度。在法国授意下，1901年柬埔寨着手制定《柬埔寨民法典》，1920年才出台，目前已经失效。柬埔寨独立后采纳的是原殖民者法国的风格和大陆法体系。柬埔寨1993年制定颁布的《柬埔寨王国宪法》，沿袭或学习的则是亚洲各国的法律传统和立法经验以及自身的习惯法。重新制定的《柬埔寨民法典》是由日本学者能见善久主持起草的，已经颁布并于2011年正式生效。柬埔寨至今尚无《公司法》。[2]

1　参见卢军、郑军军、钟楠：《柬埔寨概论》，世界图书出版广东有限公司2012年版，第26页。
2　参见《柬埔寨政策法规》，来源：中国商务部网站，载 http://cb.mofcom.gov.cn/article/ddfg/?，最后访问时间：2023年8月24日。

（二）柬埔寨的法治环境

柬埔寨国家现行的法律制度共有六大部分，即宪法、刑法、民商法、经济法、国家贸易与外商投资法、诉讼法。

柬埔寨积极融入国际社会，加入多个国际公约，还与多国签订双边或多边条约。2002年与中国一起签定中国—东盟《全面经济合作框架协议》并于2010年成功启动中国—东盟自由贸易区的运行[1]。不仅如此，我国与柬埔寨一起签署的还有中国—东盟《原产地规则》、中国—东盟《货物贸易协议》、中国—东盟《投资协议》、中国—东盟《贸易便利化南宁倡议》等文件[2]。

柬埔寨于2005年成功加入了世界贸易组织（WTO）。此后，柬埔寨对于外商投资作出了较大范围的改革，制定了许多新的投资、贸易政策，并出台了一系列法律法规，主要有：《柬埔寨合同法》（1988年），《柬埔寨王国税法》（1993年）、《柬埔寨王国投资法》（1994年）、《劳工法》（1997年）、《柬埔寨王国关于BOT合同的法规》（1998年）、《柬埔寨王国土地法》（2004年）及三次修正案、《柬埔寨王国投资法修正法实施细则》等法律法规，共同形成了外国投资者在柬埔寨投资的较为完整的法律体系。[3]

柬埔寨的法治环境有待进一步改善。柬埔寨因经济发展相对落后、生活条件相对较差，法官、检察官和政府官员的工资收入都比较低。目前现职的法官和检察官，由于大都没有经过系统的法律培训和学习以及司法专业训练，使得检察院的起诉与法院的判决都不太规范，甚至有的还与法律规定不相符合。

1　张晓君：《"一带一路"战略下自由贸易区网络构建的挑战与对策》，载《法学杂志》2016年第1期。

2　张建平、樊子嫣：《"一带一路"国家贸易投资便利化状况及相关措施需求》，载《国家行政学院学报》2016年第1期。

3　参见《柬埔寨政策法规》，来源：中国商务部网站，载 http://cb.mofcom.gov.cn/article/ddfg/?，最后访问时间：2023年8月24日。

三、柬埔寨外商投资法律制度

为吸引外商投资，发展经济，柬埔寨王国第一届国会特别会议于 1994 年 8 月 4 日通过《柬埔寨王国投资法》，1997 年、1999 年两度对该法律进行修订。柬埔寨王国第二届国会于 2003 年 2 月 3 日对投资法进行了第三次修订，通过了《柬埔寨王国投资法修正法草案》。2021 年 10 月，柬埔寨正式出台了新《柬埔寨王国投资法》（以下称新版《柬埔寨投资法》），全面加大对外商投资的优惠力度，同时大大缩短了合格投资项目的审批时限，给外商更大便利。柬埔寨政府还颁布出台了《柬埔寨王国投资法修正法实施细则》。[1] 新版《柬埔寨投资法》及其实施细则是柬埔寨现行最重要的外商投资法律法规，与我国《外商投资法》相比较，有如下异同。

（一）投资程序

为了进一步对外开放，促进经济发展，我国于 2019 年 3 月 15 日出台了《中华人民共和国外商投资法》，自 2020 年 1 月 1 日起施行，该法律起到了推进外资在我国充分发挥投资和建设的作用。我国依照《外商投资法》，对外商的投资实行准入制度，进行特别管理；还采用负面清单管理制度。在我国境内，如果有危害中国国家安全的行为，有损害中国社会公共利益的情形，外商投资者将得不到投资许可。我国的外商投资批准部门是国务院授权的对外经济贸易主管部门；我国对外资审批时间为 90 天。国家要求相关部门一定要分工协作，对外资进行合理有序地管理，达到互惠互利、合作共赢的目的。

柬埔寨依照新版《柬埔寨投资法》及其实施细则，在收到外商投资建议书后 3 个工作日内，如果符合条件，则颁发附条件登记证书；如果不符合条件，则颁发不予批准通知书。政府机构依法签发的最终登记证书的日期也是投资项目合格的实施时间。柬埔寨的外商投资批准部门是发展理事会。为吸引更多的外国投资者来柬投资办企业，柬埔寨的审批时间很短，只需要 3 个工作日。

1　参见《柬埔寨政策法规》，来源：中国商务部网站，载 http://cb.mofcom.gov.cn/article/ddfg/?，最后访问时间：2023 年 8 月 24 日。

（二）投资保障

在投资保障方面，我国《外商投资法》规定，对外资企业不实行国有化。根据公共利益需要，可以对投资者的投资进行征用，但不进行征收，而且，还应当及时对被征用方给予一定的补偿。新版《柬埔寨投资法》也规定，除宪法中有关土地所有权只允许柬籍公民及法人购买的规定外，所有投资者一律平等。对外商投资不实行国有化；并对征收征用的适用情形和补偿条件有严格的规定；禁止将私人占有的财产归属国家。对于已获批准的投资项目，不对其产品及服务价格进行管制。柬埔寨还不进行外汇管制，投资者可以从银行购买外汇转往国外。

我国《外商投资法》规定，依法保护外商的知识产权。如果在我国发生知识产权的侵权行为，将依法进行追责，切实保护外商投资者的知识产权等合法权益。我国还鼓励外商投资者来我国进行技术方面的合作，绝不允许利用职权违规转让技术和强制执行，切实保障投资者的利益。新版《柬埔寨投资法》对知识产权、技术合作、技术转让的保护也有明文规定，对外商投资起到了一定的保护作用。

（三）投资优惠

中柬两国对外商投资的优惠主要体现在税收减免上。我国《外商投资法》第四条和第十四条对外商投资税收作出优惠的规定。新版《柬埔寨投资法》规定对外商投资实行免征生产设备、建筑材料、零配件和原材料等进口关税；最长免税期可达 9 年；外商投资企业的利润用于再投资，可免征所得税；分配红利不征税；产品出口免征出口税等等。但不得将对合格项目的权利、特权和待遇转让给第三方享有，例外的情况就是并购，这种情况第三方可以享有特殊待遇。柬埔寨对外商投资者的家属予以居住签证和关税减免。柬埔寨的外商投资优惠主要集中在农业、旅游、环保、高科技、劳动密集型工业、出口型工业、基础设施、能源等重要领域。

（四）土地制度

在中国，土地所有权属于国家和集体，禁止土地私有，自然人和法人对土地只能享有使用权，包括占有权、出租权、承包权和依法转让权。而在柬埔寨王国，土地是可以私有的，外商投资项目的土地自然人和法人可享有使用权，也可具有所有权。外商到柬埔寨投资，关注的是土地使用权、特许权、无期限或有期限短期土地租赁权，但要注意新版《柬埔寨投资法》规定外商投资者不能转让或者抵押不再持有特许证的土地。

（五）劳工制度

1. 雇佣劳工的国籍要求不同。我国的《外商投资法》没有特别提及雇佣劳工的国籍要求，但有规定外资企业必须同员工签订劳动合同，企业工会要给员工举办集体活动提供必要条件。新版《柬埔寨投资法》规定，柬埔寨允许外商雇佣柬埔寨人以及外国人开展劳动活动；但对雇佣外国劳工实行严格限制，要求优先雇佣当地的柬埔寨人。还规定，外商投资企业的劳工能汇出在柬埔寨劳动取得的工资和报酬。

2. 劳工的试用期不同。《中华人民共和国劳动法》第二十一条规定，劳动合同可以约定试用期，试用期最长不得超过 6 个月。第十九条规定，劳动合同期限 3 个月以上不满 1 年的，试用期不得超过 1 个月；劳动合同期限 1 年以上不满 3 年的，试用期不得超过 2 个月；3 年以上固定期限和无固定期限的劳动合同，试用期不得超过 6 个月。《柬埔寨王国劳动法》规定，企业雇佣劳工的试用期固定工不超过 3 个月，特殊工种试用期为 2 个月。

3. 对童工的规定不同。我国法律明确规定用人单位不得招收和使用未成年工，不允许童工从事劳动；对从事文艺、体育和特殊工艺的虽有例外，但有特别规定。我国法律还明确规定不得让未成年人从事有毒有害的体力劳动，用人单位一旦违反，就要承担相应的法律责任。柬埔寨允许使用童工，但对童工的使用有严格的规则；还允许 16 周岁的青少年参加体力强度大、有毒有害的劳动岗位。

4. 劳动争议的仲裁方式不同。我国《劳动法》规定的劳动仲裁，只要有一方向劳动仲裁部门申请仲裁，劳动仲裁部门就必须进行仲裁，无需争议双方都同意。在柬埔寨王国，如果外商投资企业与劳工发生争议，必须双方同意或认可，才可以进行劳动仲裁。

（六）不遵守投资法律和投资约定的后果

在外商投资活动中，会出现一些不遵守投资法律和投资约定的行为，对此，中柬两国有不同的规定。我国《外商投资法》规定，对禁止投资者投资的领域，即使进行了投资，一旦发现，就会被主管部门叫停，直接吊销营业执照，并要求投资者采取措施恢复原状，对于所取得的利益予以没收；如果出现外国投资者或外资企业未按规定时间开展被核准的投资，该外资企业营业执照会按法律规定吊销。柬埔寨实行的是宽松政策。对违反法律规定和投资约定的外商投资，柬埔寨是收回投资者的所有优惠和特许权，但不吊销证书。

四、柬埔寨公司企业法律制度

柬埔寨历经多年的战争，经济受到重创，许多法律制度也无暇建立。到目前为止，柬埔寨虽起草了《公司法草案》，但还没有正式制定公司法。柬埔寨在2005年颁布一个《商业企业法》，作为在柬埔寨注册成立公司企业的法律指引。2021年12月由洪森总理主持内阁全体会议，审议通过了《商业企业法》和《商业法规和商业注册法》修正草案，废止了12项不适宜的法条和修改了24项法条，其中废止了不记名股票和名义股东等条款。柬埔寨对于进行经济贸易活动的形式的规定比较宽松，可以个人、合伙或公司等不同的商业组织形式注册，且注册资本标准较低。在柬埔寨从事进出口贸易活动，没有国籍的限制。在柬埔寨，负责管理公司企业投资设立的政府机构是商务部（MOC）。如果外国投资者想在柬埔寨设立公司企业，应当向柬埔寨发展委员会注册登记。柬埔寨的公司企业组织形式，主要有以下几种类型：

（一）有限责任公司

有限责任公司可分为公共有限责任公司（PLC）和有限责任公司（LLC）。公共有限责任公司允许公开出售股票，且应当签发至少1000股份额，每股成本不得少于4000里尔或约1美元，PLC可以有2到30名股东，以其出资承担责任。有限责任公司应当签发至少1000股，每股成本不得少于4000里尔或约1美元，LLC可以有2到30名股东，以其出资承担责任。有限责任公司又分为有限公司和独资公司。

1. **有限公司**。柬埔寨政府规定柬埔寨的有限公司股东至少2名，最多30名，最低资本为柬币2000万里尔。

2. **独资公司**。在柬埔寨设立独资公司，柬埔寨本国投资应占51%以上，而且董事会主席必须是柬埔寨人。公共有限责任公司可为外商独资，但涉及土地购买的除外，此时外商股权份额不得超过49%。政府要求银行或保险公司应当以此种形式经营。

（二）无限公司

柬埔寨政府规定柬埔寨的无限公司最少有 7 名组成成员，董事会成员中至少有 3 名来自公司组成成员，最低资本为 1 亿里尔。

（三）办事处

柬埔寨允许外商在柬设立办事处。外商在柬埔寨设立公司企业之前，可先设立办事处；可以先通过办事处来了解开拓柬埔寨市场。

（四）分公司

因柬埔寨商业部对在柬埔寨设立分公司规定很严格，外商在柬埔寨设立分公司较为少见。

第六章

泰国投资、贸易与建设法律制度

一、泰国在"21世纪海上丝绸之路"中的地位与参与情况

泰国全称泰王国，地处东南亚中南半岛，东临老挝和柬埔寨，西接缅甸和安达曼海，南面是马来西亚和暹罗湾，北面跨过老挝、缅甸。和中国虽不接壤，但两国边境的直线距离很近，仅240公里。"古海上丝绸之路"形成于秦汉时期，泰国作为东南亚的重要沿岸国，有着独特的区域优势，从我国汉代也就是从公元3世纪开始泰国就已是"古海上丝绸之路"南海航线的重要枢纽。中泰两国就通过"古海上丝绸之路"进行贸易和文化交往，中泰两国人民的友好交往有着一千多年的历史。[1]1975年中泰两国正式建交，经过四十多年的发展，两国政府之间不断增强政治互信，两国民间的交流也更加密切。中泰两国之间频繁和长期贸易中形成资源互补的合作模式。2012年4月，中泰正式确立"全面战略合作伙伴关系"，赋予了"中泰一家亲"新的时代内涵。[2]

我国2013年提出共建"一带一路"倡议，泰国是最早响应的国家之一，最早接受和认同"一带一路"理念。遭遇2007年全球金融危机，经济受到

---

1 《泰国一览》，来源：商务部网站，载 http://th.mofcom.gov.cn/article/ddgk/zwdili/201608/20160801373831. shtml，最后访问时间：2023年8月24日。

2 《中国国务院总理李克强在泰国国会的演讲》，来源：中央政府门户网站，载 https://www.gov. cn/guowuyuan/2013-10/12/content_2591022.htm，最后访问时间：2023年8月24日。

重创的泰国，希望借助共建"一带一路"提高泰国作为东盟枢纽的作用，复兴经济；开辟中泰关系新时代，为两国人民带来更多福祉。中泰共建"一带一路"的成果之一是共建"中泰高铁"。2015 年 12 月 19 日"中泰高铁"奠基。"中泰高铁"南起泰国首都曼谷，北至泰国老挝边境与"中老铁路"接轨，形成直达中国昆明的大通道。2017 年 12 月 21 日"中泰高铁"一期工程在泰国呵叻府举行开工仪式。一期工程全长约 253 公里，设计最高时速250 公里，连接曼谷和呵叻。[1] 之后的二期工程将从呵叻府延伸至与老挝首都万象一河之隔的廊开府与"中老铁路"的连接。泰国动用了皇族的绝对权力来确保"中泰高铁"全面动工。这条铁路是泰国第一条标准轨高速铁路，是世界范围内首次使用中国高铁设计标准而且是中泰两国互利合作的重点高速铁路项目，也是中泰两国高质量共建"一带一路"的互联互通旗舰项目，它必将有力带动泰国基础设施建设和经济社会发展。

二、泰国的法律传统与法治环境

（一）泰国的法律传统

泰国法律制度以成文法为主，属于大陆法系。泰国成文法主要包括宪法、法律（即由泰国国会建议和批准，由国王颁布的法律规范，除宪法外处于最高法律地位）、紧急法令（由泰国内阁建议国王颁布的法律规范）、王室命令（国王在取得国会授权并由相应机构签署后颁布的法律规范）、王室法令（泰国国王在内阁提出议案后颁布的法律规范）、通告（泰国国家行政院货革命党发布的通告，一般是政务通告）、国际条约和国际惯例、特区郊区条例（泰国政府为了吸引外资颁布了一系列特区郊区条例，以优惠的条件吸引外资）及其他（包括内阁规章和市政条例）。由于泰国部分地区风俗及历史背景，不成文法在泰国法律体系中也发挥着不可或缺的作用。

（二）泰国的法治环境

泰国的法律受泰国政治交替的影响较大。如泰国《宪法》，在 2014 年 5

1　白波、力安：《泰国首条高铁！中泰高铁建设如火如荼》，载《北京日报》2022 年 9 月 16 日，第 1 版。

月 22 日因泰国军方军事政变宣布废除，将近 3 年时间泰国《宪法》处于真空状态。[1]2014 年 7 月 23 日泰国军方对外公布了 2014 年临时《宪法》，且于 2015 年 6 月 18 日泰国国家立法议会通过了临时《宪法》修正案。2015年 9 月 6 日泰国国家改革委员会提出新《宪法》草案，并举行了投票，结果显示在 247 名委员中仅有 105 人赞成，135 人反对，7 人弃权，导致新《宪法》草案被否决，无法进入表决阶段。但这种宪法真空状态并不影响泰国整体法治，泰国主要法律制度仍然较好地发挥着规范社会的作用。即使《宪法》真空也是暂时的，这从另一层面反映了泰国尊重规则、重视法治，而不是由政府主导法律。[2]直至 2017 年 4 月 3 日，泰国国王玛哈·哇集拉隆功颁布实施泰国 2017 新宪法，泰国《宪法》的真空状态才告结束。[3]

泰国十分注重加入国际组织和签订相关国际条约、多边条约。泰国是世界贸易组织（WTO）的成员，同时加入东南亚国家联盟，签署了旨在处理外国仲裁裁决的承认和仲裁条款的执行问题的《纽约公约》。中泰两国自建交以来签订了不少双边条约，如《中华人民共和国政府和泰王国关于促进和保护投资的协定》《关于避免双重征税和防止偷漏税的协定》《关于民商事司法协助和仲裁合作的协定》《中华人民共和国和泰王国经贸合作五年发展规划》《中泰关系发展远景规划》等，涉及政治、经贸和投资、防务、安全、交通互联互通等多个领域的合作。

三、泰国外商投资法律制度

（一）外商投资法律体系

为吸引外商投资，泰国制订了一系列与外资相关的法律，包括《投资促进法》《外籍人经商法》《工厂法》《商业登记法》《工业区管理局法》《商标法》《专利法》《版权法》《外汇管理法》《收入法》《税法典》和《外国人就

---

1 《泰国军方发动军事政变宣布"暂时中止"宪法》，来源：新华网，载 https://sznews.zjol.com.cn/sznews/system/2014/05/23/018014709.shtml，最后访问时间：2023 年 8 月 24 日。

2 彭海艳、谭利娅：《泰国新宪法草案遭驳回大选料再延至 2017 年》，来源：环球网，载 https://world.huanqiu.com/article/9CaKrnJPblE，最后访问时间：2023 年 8 月 24 日。

3 《泰国国王签署新宪法》，来源：新华社，载 http://www.xinhuanet.com//world/2017-04/06/c_1120764093.htm，最后访问时间：2023 年 8 月 24 日。

业法》等，这些法律法规共同构成了泰国外商投资的法律制度体系。

泰国是亚洲第一个制定《投资促进法》（1977年制定，1991年第二次修正，2001年第三次修正）以吸引投资者投资的国家。《外籍人经商法》（foreign business act）是1999年由吕基文（chuan leekpai）控制的泰国国家立法会议制定的一项法律（普密蓬·阿杜德国王1999年11月24日签谕），旨在限制外籍人对泰国某些行业的所有权。其前身是1972年军政府颁布的《外籍人商业法》（alien business act）。2006年12月，泰国商业部起草新的《外籍人经商法》，2007年4月获得内阁批准颁行。

（二）外商投资主管部门

泰国主管投资的部门是投资促进委员会，负责根据《投资促进法》的规定制定投资政策。投资促进委员会办公厅隶属于泰国工业部，负责审核和批准享受泰国投资优惠政策的项目、提供投资咨询和服务等。

（三）外商投资限制领域

泰国对外国人投资本国行业作了相应的限制。根据泰国1999年颁布的《外籍人经商法》及2006年修正案，限制外国人投资的行业分为以下三类：第一类是由于特殊原因不对外籍人士开放的行业，例如报业、电视台、广播电台、种稻、畜牧业、林业、泰国草药的提炼等。第二类是对国家安全和稳定、对文化艺术、传统、民间手工艺品、自然资源以及环境有影响的行业。第三类是经有关部门批准才可以从事的行业。经商业部长根据内阁的决定批准后外国投资者才可以从事的行业，如国内陆运、国内空运、古董或艺术品交易、采矿业等；经商业注册厅长根据外籍人经商营业委员会决定批准后可以从事的行业，如会计服务、法律服务行业、广告业等。对属于本法所规定的需得到允许的行业，外籍法人在泰国开始商业经营的最低投资额不得少于300万泰铢。其他行业最低不少于200万泰铢。

相比较而言，泰国比我国在外商投资领域的限制多，而且部分领域有投资金额的限制。在泰国投资领域限制行业中，由于我国投资者对基础设施与交通公共建设投资较多，所以特别关注外商投资建筑工程行业。虽然建筑、工程建设属于限制行业，但有两种情况不受限制。第一，公共设施、交通设施建设虽不对外籍人士开放，但是如果外国人投资最低资本在5亿泰铢以上的，不受限制。第二，各部委部级法规规定的其他工程建设。

（四）外商投资优惠政策

泰国一直积极致力于吸引外商投资，给予境外投资商各种优惠待遇。

首先，税收优惠，包括对外商投资企业，1-8 年内免除企业所得税；对机械、原材料或进口材料的进口关税给予减免；对交通运输费、电费和税费应税收入给予双倍扣减等。在免税期间，免税利润的分红也是免税的。

其次，泰国法律虽然对土地所有权持有人采取限制规定，即外国自然人不得持有土地或持有土地的法人外资持股不得超过 49%。但由于泰国实行土地的所有权永久制，多数外国投资者希望能购买土地。泰国投资促进委员会颁布相应的投资促进优惠政策（简称 BOI），外国投资者申请该优惠政策，如投资行业符合优惠政策并取得 BOI 投资优惠政策证书，则可以依据此优惠证书享受一系列的优惠政策，其中优惠政策之一就是投资者可以突破上述土地所有权限制直接购买土地，并可以让投资者享受最高免 8 年企业所得税的优惠以及突破泰国关于外国人在泰国就业注册资本和泰国本土人就业比例的限制。

最后，泰国还允许、鼓励企业驻外职员中的外国人拥有土地和签证、工作证的优惠等。

四、泰国对外贸易法律制度

（一）对外贸易法律体系

相比中国已形成了一套系统、完整的对外贸易法律体系，泰国至今为止没有一部专门的《对外贸易法》，其相关的法律法规融入泰国民事、金融、商业等法律条文中，包括：《武器装备、弹药、爆炸物、烟火及仿真枪支法》（1947）、《出口商品促进法》（1960 年）、《古迹、古董、艺术品和国家博物馆法》（1961）、《矿产法》（1967）、《部分商品出口管理条例》（1973 年）、《药物法》（1976）、《出口和进口商品法》（1979 年）、《出口商品标准法》（1979 年）、《化妆品法》（1992）、《海关法》（2000 年）、《反倾销法》（2004 年 10 月 1 日起实施）、《反补贴法》（2005 年 1 月 1 日起实施）、《知识产权法》（2005 年）、《电子交易法》（2005 年）、和《进口激增保障措施法》（2007 年）等。由此可见泰国主要贸易法律法规有较为完备的体系。

《出口和进口商品法》是泰国实行进出口管理的基本法律。该法共二十五条，是泰国现行有效的商品进出口法。2015 年泰国对该法部分条款进行了补充和修改，其余大部分条款继续有效。

（二）对外贸易主管部门

泰国主管贸易的政府部门是商业部，对内负责促进企业发展、推动国内商品贸易和服务贸易发展、监管商品价格、维护消费者权益和保护知识产权等；对外负责参与 WTO 和各类多边、双边贸易谈判、推动促进国际贸易良性发展等。泰国商业部主管对外业务的部门有贸易谈判厅、国际贸易促进厅和对外贸易厅等，主管国内业务的部门有商业发展厅、国内贸易厅、知识产权厅等。《出口和进口商品法》授权商业部长和财政部长负责和管理该法的执行等事项。

《出口和进口商品法》规定设立对外贸易委员会，以开展有关国际贸易研究、分析和调查，向商业部长提出改善国际贸易的项目、计划或措施，并就该法执行向部长提出建议或意见。对外贸易委员会主席由商业部常务秘书担任，国内贸易司司长、商业关系司司长、审计署署长、商业经济司司长等担任委员，日常工作由外贸司负责。对外贸易委员会可任命小组委员会在委员会权责范围内开展活动或审议事项。另外，商务部应设立国际贸易促进基金，以负担涉及促进国际贸易的经费。

（三）进出口管理制度

泰国的进出口管理制度简单明了，大部分产品允许自由进口到泰国，仅对部分产品实施禁止进口、关税配额和进口许可证等管理措施。《出口和进口商品法》授权商业部指定受进出口管制的货物种类，通常采用许可和许可证的形式来控制。目前，对 66 类货物采取了进口管制，需要取得商业部的进口许可证和配额。进口管制货物的种类按照商务部发出的通知经常变化。

泰国对多数商品实行自由进口政策，任何开具信用证的进口商均可从事进口业务。泰国仅对部分商品实施禁止进口、关税配额和进口许可证等管理措施。禁止进口商品主要涉及国家安全、公共安全和健康等的商品，主要包括：武器、弹药、除工业用以外的易燃易爆物、毒品、有毒化学品、军事技术设备、麻醉剂、部分儿童玩具、规定禁止发行和散布的文化品、各类爆竹（交通运输部批准用于安全航海用途的除外）、烟草制品、二手消费品（纺织品、鞋类、衣物、电子产品、制冷设备、家用电器、医疗设备、室内装饰）、二手通讯设备、右舵驾驶机动车、二手物资、低于 30 马力的二手内燃机、含有石棉的产品和材料、各类专用密码及各种密码软件等。关税配额产品包括桂圆等 24 种农产品，如大米、糖、椰肉、大蒜、饲料用玉米、棕榈油、椰子油、龙眼、茶叶、大豆和豆饼等；但关税配额措施不适用于从东盟成员方的进口；进口许可分为自动进口许可和非自动进口许可，非自动进口许可产品包括关税配额产品和加工品，如鱼肉、生丝、旧柴油发动机等。自动进口许可产品包括部分服装、凹版打印机和彩色复印机。泰国商业部负责制定受进口许可管理的产品清单。

对于商品出口，泰国除通过采取出口禁令、出口关税、配额限制或其他限制措施加以管控的商品外，大部分商品可以自由出口。禁止出口的商品主要包括：武器、弹药、爆炸物和军事装备器材、毒品、有毒化学品、古玩、伐自国内天然林的圆木、锯材、来源为国内天然林的木材、木炭、野生动物和珍稀动物、用于保护国家秘密的专用密码和密码软件等。征收出口关税的有大米、皮毛皮革、柚木与其他木材、橡胶、钢渣或铁渣、动物皮革等。

（四）反倾销与反补贴法律制度

1996 年以来，泰国也学习运用国际上通行的反倾销规则，对一些从国外进口的商品进行调查。从 1996 年至 1997 年，受到泰国反倾销调查的产品包括：从韩国进口的 H 型钢；从印尼进口的浮法玻璃；从俄罗斯和乌克兰进口的热轧薄板；还有从中国进口的陶瓷、涂层板、不锈钢等工业原材料等等。

1996 年泰国商业部根据《出口和进口商品法》第五条第（六）款和第六条的有关规定，发出《关于为反对倾销和补贴行为而征收进口罚金的通知》，权当泰国的反倾销法，作为反对低价或具有竞争力的进口商品的武器，并作为泰国生产商在严重经济颓势和市场竞争日益激烈情况下求生存的一种手段。1999 年 7 月泰国出台《反倾销和反补贴法》，代替了 1996 年的商业部下发的《关于为反对倾销和补贴行为而征收进口罚金的通知》。但是目前泰国政府尚未对任何产品的进口征收过反补贴税。

泰国反倾销法是就进口倾销到泰国的商品采取的措施、进行调查内容及运用手续、实施反倾销措施作出规定。该法规定的反倾销措施包括：（1）征收反倾销税，是指对进口倾销到泰国的商品给国内产业造成实质性损害或造成实质性损害威胁情况下征收的补充进口税。（2）如果获得泰国有权批准采取反倾销措施部门的同意，被采取反倾销措施的组织、个人向泰国有权批准采取反倾销措施的权力部门或国内生产者做出停止倾销的承诺。

泰国采取反倾销措施的原则是：（1）反倾销措施只能在必要、合理时使用，目的是阻止或限制给国内产业造成的实质性损害。（2）采取反倾销措施只有在已进行调查并依据本法规定调查结论的基础上实施。（3）反倾销措施只能直接运用于本法规定的倾销到泰国的商品。（4）采取反倾销不能对国内社会、经济利益造成损害。

泰国采取反倾销措施的条件要求是：反倾销措施只能在下列 2 个条件下直接运用于倾销到泰国的商品：（1）倾销到泰国的商品和倾销幅度须得到具体确认。（2）商品倾销是对国内产业造成实质性损害或将造成实质性损害威胁的原因。

泰国反倾销法还规定了国家对反倾销的管理责任，一是政府对进口到泰国的商品反倾销实行统一管理；二是由政府成立和规定贸易部反倾销机关的具体组织形式、职能、任务和权限，包括：（1）反倾销调查机关对反倾销案件进行调查、复审；必要时建议贸易部部长作出征收临时反倾销税的决定。（2）反倾销案件处理委员会包括一些常值成员和其他处理每个案件的成员，对调查机关的各个结论进行研究；讨论和确定对国内产业造成实质性损害或造成实质损害威胁的倾销是否存在；建议贸易部部长作出征收反倾销税决定。三是贸易部部长就实施国家对反倾销管理向政府负责，决定采取反倾销措施并对此决定负责。四是在实施国家对反倾销管理和采取反倾销措施中，中央各部、部级机关和省、直辖市人委会在本身职权范围内有责任配合贸易部。

五、泰国基础设施建设法律制度

（一）投资主体和用工制度

泰国是我国在东南亚地区的重要承包基础设施建设工程市场之一。根据泰国《外籍人经商法》规定，建筑行业不对外国人开放。外国投资者从事建筑业经营，必须要通过与当地企业设立合资公司，且当地公司控股（股份占51% 以上）。泰国是劳务输出国，严格限制一般工种的外籍劳务严格输入，经营管理类人员也有所限制。

（二）许可制度

泰国承包公司可在政府各部门进行资质申请，相关部门会根据申请人的公司情况审批其资质，分为三级，最高资质为一级。承包公司必须具有相应的资质才能有资格参加相应的国家预算项目的投标，而招标文件也会规定投标人必须具备的资质等级。需要注意的是，泰国不同部门的资质认定只适用于该部门，如交通部、内政部，不能相互替代。

（三）招投标方式

泰国政府项目的招标和投标方式视项目情况而定，通常采用的方式：一是直接投标，通常适用于一般规模项目，有资格的投标人在购买标书后直接进行商务投标。二是"资格预审＋投标"，通常适用于大型项目，尤其是资金来自国外的大型基础设施项目通常采用此方法。

六、中泰海上安全秩序法律保障合作机制的构建

中泰两国要建立互联互通，构建海上安全秩序保障的合作机制尤为重要，确保中泰地区间的贸易秩序、海洋环境保护、海洋航行安全、对海上非法行为的处理以及协调各国海洋科研活动等，可从以下几个方面构建合作机制：

（一）共建海上公共服务设施

海上交通需要相应的公共服务设施，不仅为了保护航海安全，也是推动航海贸易发展的基础。第一，中泰两国共同建立海上公共服务设施，包括海洋观测中心、海洋观测与预警网络、沿海海洋数据服务中心等建设，提供精准、及时的海洋安全服务；第二，中泰两国共同完善通信导航基础设施和空中（卫星）信息通道，为海上商贸提供详细的导航服务。

（二）强化中泰海上执法救护

面对海上区域性救护服务、重大灾害和突发事件时，中泰两国共同建设海上安全服务前方支援中心，积极开展两国相互的人道主义救护和执法。

（三）建设中泰海上信息安全防范网络

安全防范网络能有效地提升渔民海上信息获取、传送技能和应急处突能力。中泰两国可以从如下几个方面共同建立起海上安全防范网络。

首先，通过对中国和泰国的渔民进行培训，特别是操作演示、现场联系等方式，使渔民能够掌握北斗定位系统、大功率电台、卫星电话等装备操作技能。

其次，建立两国骨干通道建设，促进海上物流和信息流的有效衔接。

最后，加强海洋合作政策交流沟通，促进海上贸易投资便利化。

第七章

缅甸投资、贸易与建设法律制度

一、缅甸在"21世纪海上丝绸之路"中的地位与参与情况

缅甸全称缅甸联邦共和国,是东南亚国家联盟的一个成员方。缅甸与中国、印度、孟加拉国、泰国、老挝等国接壤,又拥有印度洋出海口,也是东南亚的重要沿岸国,紧靠中国的边境线有2000多公里,历史上通过"古海上丝绸之路"与中国的贸易往来频繁。现时修建的"中缅油气管道"恰恰印证了缅甸地理位置的优越。作为年设计输送能力2000万吨的中国第四大能源进口通道,其不但为缅甸这个天然气储量世界第十的国家带来商机,同时也使得中国从中东方向的输入能源突破"马六甲困局"。加强中缅合作意味着能更充分地发挥其东南亚—印度洋的桥梁作用。

中缅自1950年6月8日建交以来,各领域友好交流与合作顺利发展,两国同是"和平共处"五项原则的倡导者。中缅双边贸易额逐年增长,目前,中国已成为缅甸的第一大贸易伙伴、缅甸外商投资的第二大国家。2011年5月27日,中缅在北京发表《关于建立全面战略合作伙伴关系的联合声明》,双方一致同意建立"中缅全面战略合作伙伴关系"。

作为连接"21世纪海上丝绸之路"与"丝绸之路经济带"的重要支点国家,我国2013年提出共建"一带一路"倡议伊始,缅甸的态度和响应总体上比较积极。时任国务资政的昂山素季出席了第一届、第二届"一带一路"国际合作高峰论坛,还亲自担任缅甸政府共建"一带一路"实施领导

委员会主席，推动缅甸发展战略同中国倡议更好对接。2017 年 11 月，我国提议建设一条人字形"中缅经济走廊"[1]。不到半个月，习近平主席同昂山素季国务资政就两国在"一带一路"倡议下共建中缅经济走廊达成重要共识。2018 年 9 月，两国政府签署了《中华人民共和国政府与缅甸联邦共和国政府关于共建中缅经济走廊的谅解备忘录》。2020 年 1 月 17 日至 18 日我国国家主席习近平对缅甸进行国事访问。这次国事访问既为庆祝中缅正式建交70 周年，也为进一步巩固双边关系、加快共建"21 世纪海上丝绸之路"倡议与缅甸发展战略对接。

2021 年 2 月 1 日，缅甸国防军接管政权。2 月 2 日，成立国家管理委员会。8 月 1 日，成立看守政府。缅甸现仍处于危机之中，目前中缅合作已受到缅甸国内政局不稳定的严重影响。缅甸中央和地方政策的稳定性和一致性缺失也是一个大问题。总的来说，我国企业投资缅甸不确定因素较多，政治风险颇高，挑战不少。

二、缅甸的法律传统与法治环境

（一）缅甸的法律传统

缅甸自 1885 年沦为英国的殖民地后，其法律制度以判例法为主，属于普通法系。由于缅甸是崇尚佛教的国家，因此有关婚姻和继承等方面佛教的影响很深。缅甸的法律渊源主要包括宪法、成文法、习惯法和英国普通法等。在法院没有可适用的成文法时，殖民时期发展并采纳的英国普通法规则也可以成为判案依据。除此之外，法官在没有可以适用的相关法律时还可以根据正义、公平、善意原则进行自由裁量。

（二）缅甸的法治环境

缅甸政府在参加国际组织、签订或参加国际条约和双边多边条约上，态度和行动是积极主动的。缅甸是世界贸易组织（WTO）的成员，也是东南

---

1 注：中缅经济走廊，北起中国云南，经中缅边境南下到曼德勒，分别延伸至仰光新城和皎漂经济特区，构成三端支撑的"人"字型合作大格局。《自由贸易区下的时代机遇 | 共建"一带一路"中缅经济走廊》，来源：凤凰网，载 https://km.house.ifeng.com/news/2021_01_26-53775763_0.shtml，最后访问时间：2023 年 8 月 24 日。

亚国家联盟成员。缅甸签署了旨在处理外国仲裁裁决的承认和仲裁条款的执行问题的《纽约公约》；还参加了《关于工业产权保护的巴黎协定》等一系列保护知识产权的公约；与中国签订的双边条约也成系列。

然而，缅甸国内的法制建设方面比较落后，法治环境不尽人意。一方面，缅甸的法律法规不健全，在投资领域，一些重要的法律都尚在制定过程中，而已有的法律法规又存在内容陈旧、规定宽泛、可操作性不强等问题，导致投资者在缅甸投资时常常会无法可依。另一方面，缅甸政局至今仍不稳定，战争与内乱时常发生；缅甸现仍是一个军政府执政的国家，由于军政府权力相当大，其政治主导了法律，政策多变，政令反复。军政府常常制定政策和政令来代替法律的适用。而且行政效率较低，契约精神欠缺，法律和合同都不能被很好地遵行。缅甸政府多变的政策给来缅甸投资的外国投资者带来了很大的不确定性。投资者无法对投资项目的盈利状况进行合理预期，对政策变化也没有足够时间作出调整，并且缅甸政府在某些行业的政策导向上偏向国内企业，限制外国投资者的发展。

因此，在投资缅甸时，应当及时关注法律动态，同时也要关注政局和政策变化；了解政策导向，选择相对稳定的行业领域，降低因政策变化带来的风险。

三、缅甸外商投资法律制度

（一）外商投资法律体系

在缅甸，与外商投资相关的主要法律有：《缅甸联邦外国投资法》（1988年1月颁布，2012年11月2日修订）以及《缅甸联邦外国投资法实施细则》（2013年1月颁布）、《缅甸联邦公民投资法》（1994年3月3日颁布）以及《缅甸联邦公民投资法实施细则》、《国营企业法》（1989年3月31日颁布）、《缅甸公司法》（2018年颁布）等，还有《缅甸联邦投资委员会1989年第一号令》《缅甸联邦贸易部关于国内外合资企业的规定》《外商对缅甸联邦投资程序及优惠政策》《缅甸允许私人投资的经济项目》和《缅甸投资规则》等法规。为加大吸引外资力度，2016年10月，缅甸通过了新的《缅甸投资法》，并在2017年3月发布了《缅甸投资实施条例》。新的《缅甸投资法》将之前的《缅甸联邦外国投资法》与《缅甸公民投资法》合二为一，致力于使外国投资者与缅甸国内投资者在统一的管理体系下从事投资活动。

中缅自建交以来签订的有关投资合作的双边或多边协定包括:《中华人民共和国政府和缅甸联邦政府关于农业合作的协定》(1995年6月29日)、《中华人民共和国政府和缅甸联邦政府关于成立经济贸易和技术合作联合工作委员会的协定》(1997年5月28日)、《中华人民共和国政府和缅甸联邦政府农业合作谅解备忘录》(2000年2月3日)、《中缅两国关于开展地质矿产合作的谅解备忘录》(2001年7月)、《中华人民共和国政府和缅甸联邦政府投资促进和保护协定》(2001年12月12日)和《中华人民共和国政府和缅甸联邦政府渔业合作协定》(2001年12月12日)、《中华人民共和国政府和缅甸联邦政府关于促进贸易、投资和经济合作的谅解备忘录》(2004年3月24日)、《关于信息通讯领域合作的谅解备忘录》(2004年7月12日)、《中缅航空运输协议》(2006年2月)等。2022年1月1日,中缅两国都参加的《区域全面经济伙伴关系协定》RCEP)生效实施,这标志着当前世界上参与人口最多、经贸规模最大、成员结构最多元、最具发展潜力的自由贸易区正式启航。[1]

(二)外商投资主管部门

在缅甸,与外商投资相关的政府主管部门有:投资委员会、商务部、国家计划与财政部、电力与能源部、投资与对外经济关系部、自然资源与环境保护部。

缅甸投资委员会是依据《缅甸投资法》(2016年10月)组建的负责管理缅甸投资事务的专门机构。缅甸投资委员会全权代表缅甸政府行使对外国投资的审核和管理权力,对申报项目的资信情况、项目核算、工业技术等进行审批、核准并颁发项目许可证。《缅甸投资法》还赋予了省邦政府投资委员会在外商投资审批方面部分权限,省邦政府投资委员有权批准500万美元或60亿缅元以下的中小型企业投资项目。

(三)外商投资限制领域

缅甸政府对外商投资持欢迎态度,允许投资的范围广泛。2017年6月,

1 《"一带一路"之缅甸投资法律规则与实践》,来源:商务部网站,载 http://gpj.mofcom.gov.cn/article/zuixindt/201509/20150901102617.shtml,最后访问时间:2023年8月24日。

缅甸投资委员会公布了鼓励外商和国内投资者投资的 20 个行业，鼓励类投资行业包括：（1）农业及其相关服务行业（除了烟草和烤烟的种植和生产），含农产品加工业；（2）建立森林种植、保护和其他与森林有关的行业；（3）畜牧业及渔业养殖及其相关服务；（4）制造业（不包括香烟、烈酒、啤酒及其他有害产品的制造）；（5）工业园区建设；（6）新城镇建设；（7）城市开发活动；（8）公路、桥梁、铁路建设；（9）海港、河港和无水港的建设；（10）机场管理、运营和维护；（11）飞机维修和养护服务；（12）物流行业（供应链和运输服务）；（13）发电、输电和配电；（14）可再生能源生产；（15）电信行业；（16）教育服务；（17）健康产业；（18）信息科技服务；（19）酒店和旅游业；（20）科技研发。

根据《缅甸投资法》以及《缅甸投资法实施细则》《缅甸联邦共和国国家投资委员会关于投资项目种类的划定》等法律法规的规定，限制或禁止的投资商业活动可分为如下四类：

第一类，只允许国营的行业。包括：（1）根据政府指令进行的安全及国防相关产品制造业；（2）武器弹药制造及服务；（3）仅限政府指定邮政运营主体运营的邮政服务及邮票发行；（4）航空交通服务（包括航班信息服务、警告、航空咨询服务、航空管理）；（5）导航；（6）自然林管理；（7）放射性物质（如铀、钍等）可行性研究及生产；（8）电力系统管理；（9）电力项目监管等。上述 9 项与国家安全、自然保护、电子电力系统等有关的业务，只能由缅甸联邦政府掌控的国营实体经营。

第二类，禁止外商投资的行业。包括：（1）使用缅语或缅甸少数民族语言的新闻出版业；（2）淡水渔业及相关服务；（3）动物产品进出口检验检疫；（4）宠物护理；（5）林产品加工制造；（6）依据矿业法开展的中小型矿产勘探开采及可行性研究；（7）中小型矿产加工冶炼；（8）浅层油井钻探；（9）签证及外国人居留证件印制发行；（10）玉石和珠宝勘探开采；（11）导游；（12）小型市场及便利店等。上述 12 项是不允许外商投资的行业。

第三类，外商只能与本地企业合资经营的行业。包括：（1）渔业码头及渔业市场建设；（2）渔业研究；（3）兽医；（4）农业种植及销售和出口；（5）塑料产品制造及国内销售；（6）使用自然原料的化学品制造及国内销售；（7）易燃品制造及国内销售；（8）氧化剂和压缩气体制造及国内销售；（9）腐蚀性化学品制造及国内销售；（10）工业化学气体制造及国内销售；（11）谷物加工产品制造及国内销售；（12）糕点生产及国内销售；（13）食品（牛奶及奶制品除外）加工及销售；（14）麦芽酒生产及国内销售；（15）酒精及非酒精饮料生产加工及国内销售；（16）饮用纯净水生产及国内销售；（17）冰块生产及国内销售；（18）肥皂生产及国内销售；（19）化妆品生产及国内批发；（20）住房开发销售及租赁；（21）本地旅游服务；（22）海外医疗交通服务等。上述 22 项是限制外商只能与本地企业合资经营的行业。

第四类，必须经相关政府部门批准的行业。包括：（1）批发和零售业务需经商务部批准；（2）使用麻醉品和精神药物成分生产及销售药品行业需经内政部批准；（3）使用外语出版刊物、广播节目等 6 个行业需经信息部批准；（4）海洋捕捞、畜牧养殖等 18 个行业需经农业畜牧与灌溉部批准；（5）机动车检验、铁路建设及运营等 55 个行业需经交通与通讯部批准等。共有126 个行业需经 10 个部委批准。

缅甸对外国投资者的限制还体现在土地利用上。根据 2016 年 1 月缅甸颁布的国家土地利用政策的有关规定，任何外国的公司和个人不得拥有土地，但可以长期租用土地用于其投资活动。根据《缅甸投资法》以及《缅甸投资法实施细则》规定，缅甸投资委员会可根据项目种类和投资额，批准不超过 50 年的租赁期限。租赁期限满后，投资者有继续经营的需求时，如得到有土地租赁权或使用权者的同意，委员会可按照投资额和项目种类一次性批准不超过 10 年的租赁延期，共可批准两次。

（四）外商投资方式

《缅甸投资法》第五条规定，外商在缅甸投资可采用下列组织形式：（1）外商可按 100% 的独资方式进行投资；显然，禁止外国投资者以独资方式在缅甸设立贸易公司的做法，是不符合《缅甸投资法》的规定和精神的。（2）外商可与本国公民或经济组织合资经营。（3）根据双方合同进行合作经营。

《缅甸投资法》规定，外国公司向外国人或缅甸本国公民或经济组织全部或部分转让出售股份，需事先征得投资委员会许可并交回原有许可，需重新对转让股份进行登记。因缅甸金融市场并不完善，尚无正规的证券交易市场，外商无法通过并购上市的方式进行投资。

目前中资企业在缅甸投资主要注册独资或合资公司，投资领域主要集中在油气资源勘探开发、水电、矿业以及加工制造业等领域，投资项目主要采用 BOT 或产品分成合同的方式运营。

2018 年，新的《缅甸公司法》开始施行，放宽了外国投资者在本土

"缅甸公司"的持股比例，允许外国投资者在"缅甸公司"的持股比例至多可以达到35%。因此，外国投资者可以更大程度地通过合资方式参与仅限于"缅甸公司"开展的经济活动，如土地开发、在仰光证券交易所上市等。根据《缅甸公司法》以及《缅甸特别公司法》的规定，缅甸主要的公司类型为：私人有限责任公司和公众有限责任公司；允许注册的公司形式有：私人公司、公众公司、外资公司，外国公司的分支机构或代表处、缅甸政府实体享有股份的合资公司及合作社、非盈利性机构。外资公司、外国公司的分支机构和代表处有初始资本额限制，即经缅甸投资委员会批准的公司为15万美元，其他公司为5万美元。除此以外的其他公司应在注册时提交已缴纳50%初始资本的银行凭证，剩余的50%应在获得公司注册证书后5年内补足。

（五）外商投资优惠政策

《缅甸投资法》规定了按照投资地域区分的免税政策，共分三类地区：第一类为最不发达地区（简称一类地区），第二类为一般发达地区（简称二类地区），第三类为发达地区（简称三类地区）。

《缅甸投资法》规定在一类地区投资可最多享有7年免所得税待遇，包括13个省邦的160余个镇区；在二类地区投资可最多享有5年免所得税待遇，包括11个省邦的122个镇区；在三类地区投资可最多享有3年免所得税待遇，包括曼德勒省14个镇区和仰光省32个镇区。投资于鼓励行业的项目可享受以上免税待遇。在联邦政府批准后，投资委将根据情况调整该地区分类。所得税豁免仅适用于依委员会通知所指定的鼓励投资行业。

根据现行的缅甸土地政策，任何外国的个人和公司不得在缅甸拥有土地，但可以长期租用土地用于其投资活动。《缅甸投资法》规定，土地使用期限为50年，并视情形可延长2个10年等。

目前缅甸尚未出台外籍劳务可就业的岗位、市场需求等方面的规定。缅甸整体劳动力水平较低，缅甸政府鼓励外商在缅投资企业引进管理和技术人员，指导缅甸当地雇员提高技术水平，但同时也要求外资企业尽可能地雇用缅甸工人。外国人赴缅甸工作主要需解决签证延期及居留许可等方面的问题。另外，缅甸整体医疗条件较弱，来缅甸工作的人员应注意饮食卫生，采取措施减少蚊虫叮咬，防范疟疾、登革热等疾病。

四、缅甸对外贸易法律制度

（一）对外贸易法律体系

缅甸在对外贸易上的立法相对滞后，大部分法律法规都是上世纪 90 年代之前制定的，如：《陆地海关法》（1924 年）；《进出口管制暂行条例》（1947 年）；《关税法》（1953 年）；《外汇管制法》（1974 年）；《海洋关税法》（1978 年）；《商业税法》（1990 年）等。虽然 2012 年出台了《进出口法》，2014 年出台了《消费者保护法》，2015 年出台了《竞争法》，但其他配套法律法规特别是与对外贸易直接相关的法律法规却迟迟没有跟上，整个对外贸易法律体系尚处于不完善阶段。

缅甸比较重视与中国的贸易往来，1954 年与我国签订了第一个贸易协定；1971 年中缅再签署贸易协定，双方相互给予最惠国待遇；1994 年，签署了《关于中缅边境贸易的谅解备忘录》。

（二）对外贸易主管部门

缅甸贸易主管部门是国家商务部。商务部下设贸易司、边贸司和缅甸贸易促进组织等机构。

商务部的主要职责是负责审批并颁发进出口营业执照；签发进出口许可证；办理边境贸易许可证；签发国内外举办商品展览许可证；研究调查对外经济贸易问题；制定和颁布各类对外经济贸易规章等。

（三）进出口管理制度

1989 年 3 月 31 日，缅甸军政府颁布《国营企业法》，宣布实行市场经济，并逐步对外开放，在放宽了对外贸易的限制的同时，建立起缅甸的进出口管理制度。2012 年 8 月 10 日颁布《重要商品和服务法》；2012 年 9 月 7 日又颁布《缅甸进出口商品法》，该法规定进口商在开立外汇账户、预付信用证和汇付凭证后，应向商务部提交进口许可证申请；从事对外贸易的私营企业必须办理进出口贸易登记，取得营业执照，申请进出口许可证，在国家政策和法律允许的范围内自由从事对外贸易活动。申请人应根据现行法律法规，在海关进行报关。报关时，无论其进口货物是否享有免税或减免税政策，均需填写进口申报单（CUSDEC-1）。填写进口申报单时，必须按照申报单逐项、如实填写，如货物的数量、价值、重量、尺寸、质量等。类似于进口流程，出口企业也应就出口货物备好信用证、汇款证明等必要文书，前往商务部申请办理出口许可证；在出口发货时，必须在指定的口岸及出口报关手续中逐项向该海关申报，如实填写出口报关单（CUSDEC-2）。形式内容包括货物的数量、价值、重量、尺寸、质量等，以及为货物填写出口目的地。

五、缅甸基础设施建设法律制度

缅甸基础设施陈旧落后，特别是在交通、电力基础设施建设方面严重不足。在东盟国家中，缅甸公路公路密度仍是东盟最低的国家之一。大多数沿海港口的设施陈旧老化，缺少现代化设施。铁路太少且路况差。空运设施和助航设施也亟待改善。诸多基础设施问题阻碍了缅甸的经济发展。

为改变缅甸基础设施落后的面貌，缅甸政府欢迎有实力、讲信誉的外国企业来缅甸承揽建设工程项目。2013 年 5 月，缅甸总统府发布了关于承揽工程的规定以及政府部门招标准则，主要内容如下：

（一）许可制度

缅甸规定对于首次或重新进入缅甸市场开展承揽建设工程业务的外国企业应当获得缅甸政府机构——缅甸投资委员会（The Myanmar Investment Commission）给予的许可，以取得开展对外工程承包项目的资格；对以投标或议标方式承包合同报价金额不低于 500 万美元的境外工程承包建设项目，应当在对外投标或议标前按照规定办理对外工程承包项目投标（议标）核准。

（二）招投标制度

缅甸工程建设项目一般实行公开招投标制度。任何公司对工程建设项目均需公开参与竞标。缅甸政府部门须为招标成立招标工作委员会、计算底价委员会，投标审核委员会、质量检查委员会等，各委员会须制定相关规则，在官方报纸连续 1 周公布项目类型，在规定日期公开开标，并按照投标规则选择最低价投标者。

由政府部门自筹资金且金额在 10 万美元以上的项目,必须有 3 家以上的承包商进行投标;但是对于部分工期紧张、前期项目的延续性项目、政府有明确指示的项目,也可能会采取有限邀标或者议标的方式。由企业带资参与的卖方信贷项目,则一般只采取议标方式。

缅甸政府招标的一般程序:(1)缅甸政府在官方报纸上发布招标通知;(2)参标企业到政府指定部门购买标书,并缴纳投标保证金;(3)第一轮竞标:在规定时间内提交技术标书;(4)第二轮竞标:在规定时间内提交商务标书,并提交最终报价;(5)公开招标。

六、中缅海上安全秩序法律保障合作机制的构建

缅甸海域面积广阔,是印度和中国之间经马六甲海峡的水上航线的一部分,该海域石油、天然气和水产资源丰富。缅甸为我国供给石油,缅甸石油的重要性与中俄油管、中哈油管不分上下;在地缘上,中缅的海上合作体系对南亚战略平衡、印度洋游戏规则的制定具有重要的影响。因此,构建中缅两国海上安全秩序保障合作机制极为重要,主要从以下几个方面构建:

(一)合作开发海域资源共建海上公共服务设施

近年来,我国不断加强与缅甸海上资源的合作,并取得如期的进展。如中国海洋石油总公司中国旗舰深海石油钻井平台海洋石油 981 号已经在缅甸安达曼海进行海上钻探作业。由于我国海上勘探技术成熟,2007 年初,缅甸当局把 3 个深水区块 AD-1 区块、AD-6 区块和 AD-8 区块授予了中国海洋石油总公司,3 个区块总面积为 1 万平方公里。石油的合作开发,不仅给缅甸带来了重大的经济发展,而且促进了我国和缅甸的能源贸易。除此以外,天然气、水产品等合作开发还可深入,并且通过"21 世纪海上丝绸之路"的深入落实,双方合作开发海域资源在促进地区海上安全方面发挥着重要作用。

(二)建立中缅战略安全磋商机制强化中缅海上执法救护

随着中缅两国深入合作,中缅军方进行了两次战略安全磋商,针对地区

海上安全形势、双边关系等问题提出了各自的意见。中缅两国作为好邻居、好伙伴，是具有"胞波"情谊的命运共同体。当前形势下，双方紧密沟通协作，因此，建立长效磋商机制，让双方定期针对海上安全交换信息，加强相互支持，深化务实合作，共同维护地区和平稳定，这符合双方根本利益。

（三）建设中缅海上信息安全防范网络

由于我国海上信息安全防范技术较缅甸先进，借助这一优势，帮助缅甸政府建设海上信息安全防范网络，且中缅两国距离近，加强专业技术防范和部署安全防范网络，不仅有利于两国临海区域的安全，更有利于中缅两国的互联互通，特别是海上物流信息的有效衔接，促进中缅海上贸易投资便利化。

第八章

新加坡投资、贸易与公司企业法律制度 [1]

一、新加坡在"21世纪海上丝绸之路"中的地位与参与情况

新加坡地处马来半岛南面，北部以柔佛海峡为间隔与马来西亚相邻，南部有新加坡海峡为屏障与印度尼西亚相望，处于太平洋与印度洋的连接线上，扼守马六甲海峡南部出入口这一航运关卡。基于其独特的地理位置，新加坡在国际地缘政治、全球经贸互通、海上交通运输领域具有举足轻重的地位并扮演着特殊角色。

在"21世纪海上丝绸之路"沿线国家或地区中，新加坡的地位独特且重要。第一，地理上处于交通的咽喉要道和枢纽点，基于马六甲海峡是通往中东、欧洲的最短路程以及较低的海运成本，新加坡是我国的海上利益输送渠道尤其是能源输入要道的至关节点。第二，地缘政治的斡旋点，新加坡虽为小国却是亚太地区的重要主权实体、东南亚国家中的主要政治经济体，新加坡高度重视发展同中、美、日、韩、澳关系，是共建"21世纪海上丝绸之路"的一个重要的战略协调点。第三，经贸互通的合作点，我国与新加坡经贸交往由来已久，中国是新加坡最大贸易伙伴，新加坡是是中国最大投资

1　本文部分前期成果发表于《政法学刊》2017年8月。

来源国，两国之间具有经贸互通合作的良好基础。第四，文化交流的汇集点，共建"21 世纪海上丝绸之路"倡议中有"五通"的要求，非常重要的一点是"民心相通"，作为中国之外唯一以华族人口占多数的国家，新加坡的华人比例已经占据 75%，是该国最大的族群，坚实的民意基础和社会基础是该国参与建设"21 世纪海上丝绸之路"的最大底气。

2023 年 3 月 31 日，国家主席习近平会见到访中国的新加坡总理李显龙。随后，两国签署了《中华人民共和国和新加坡共和国关于建立全方位高质量的前瞻性伙伴关系的联合声明》。中新两国开启了高质量合作的新时代。

二、新加坡的法律传统与法治环境

（一）新加坡的法律传统

新加坡在获得自治地位实现主权独立以前，被英国殖民统治了 100 多年，被动式地纳入英美法系，其法律体系全盘移植英国法制。新加坡民众在意识形态方面也被灌输了英美法律思想。但是，作为一个移民聚集的区域，新加坡具有文化多样化、价值多元化、利益多面化的特点。占据人口绝对大数的华人群体的存在又使得中华传统在新加坡多样化文化价值的格局中盘根错节、根深蒂固。因此，英美法的制度规范、观念心理、行为样式与治理模式在移植过程中未能精准无误地与本土要素无缝对接，未能以压倒性优势将本土资源排除。以西方精英自居的"西化中心主义"在这里遭遇了滑铁卢，反被工具化地进行了本土化的改造并实现了与本土资源的结合。笔者认为，新加坡这种"中西交融、多元复杂"的法律传统可以从意识观念、制度规范、行为实践三个层面进行解读。

1. 意识文化层面的法律传统。

在西方法律传统中，社会关系注重非血缘性的契约化纽带，强调个体权益，以权利为核心，建构起"个人权利本位"的价值取向。这种西式传统从英国舶来至新加坡之后，明显不适应其本土风土人情而无法植入渗透。华人族群占据多数的新加坡，沿袭了中华儒家与法家传统精髓，看重以血缘为纽带的社会关系，强调集团（家族、国家）权益与个体义务，建构由"个人义务"支撑的"集团"价值取向。1992 年，新加坡政府在《共同价值观白皮书》中正式将"家庭为根"确定为新加坡人所应奉行的"共同价值观"。[1]新加坡政府对家庭政治功能的认识与实践，是将家与国联系起来。李光耀指出："家庭是绝对重要的社会单位。从家庭，到大家庭，到整个家族，再到国家。"[2]

基于这种集团（家庭、家族、国家）本位的价值取向，新加坡的法律治理呈现出明显的伦理色彩和宗族痕迹。儒家"礼治仁孝"的精神和"亲亲、尊尊"五伦纲常的信仰、法家"人性恶"的预设立场与"严刑峻法"的管控理念贯穿、融通新加坡的治理机制，并与现代西方法治机理进行了时代化、本土化的改造性结合。

2. 制度规范层面的法律传统。

因对中华法系儒家、法家思想的借鉴以及与对英美法系的改造性移植，新加坡在制度规范体系上呈现出公私法兼具、成文法与判例法并举、传统化与开放性兼备的特点。有过英属殖民地历史的新加坡作为普通法系国家，虽无公法与私法这种大陆法系形式意义上的类别划分概念，但存在着实质意义上的公私法兼具的客观事实。因新加坡国家本位的法治价值取向，强调公权力的公法地位更为突出。作为中西文化汇集交融之地，新加坡制度规范在秉承儒家"人治"和法家"法治"传统的同时，也体现出面向世界开放的态度，吸收英美法系的精髓，在遵循判例法之外也积极制定成文法规。

3. 运行实践层面的法律传统。

作为移民族群来源多样化、语言风俗习惯多元化、文化宗教伦常多面化的国家，新加坡深刻领悟儒家孟子所提出的"徒善不足以为政，徒法不足以自行"的内涵精核，采取了德法兼施、人法共治的治理模式。德治方面，新加坡推崇儒家学说，注重信仰理念的培育、意识形态的灌输、思想观念的树立，用以整合族群的价值观念、凝聚社会的普遍共识、强化公民的国家认同[3]，在《共同价值观白皮书》中提出了"国家至上，社会为先；家庭为根，

1　吕远礼：《新加坡"家庭为根"的共同价值观分析》，载《东南亚纵横》2002年第6期。
2　李光耀：《新加坡的改变——李总理向国大与南洋理工学生发表演讲全文》，载《新加坡联合早报》1988年8月30日。
3　钟轩：《政府推动全民参与法治护航——新加坡共同价值观建设的启示》，载《人民日报》2015年6月19日，第14版。

社会为本；关怀扶持，尊重个人；求同存异，协商共识；种族和谐，宗教宽容"的新加坡共同价值观，并通过公共政策、法治手段、社区治理、媒体宣传、多层教育等方式手段，实现了对社会善治。法治方面，新加坡在"法家""性恶论"思想的影响下，实施严酷律法管控，对英国的"绅士淑女"性的法治传统则予以抵牾和抛弃。这种结合新加坡本土国情，沿袭中华儒法传统，对西方民主法治体制进行改造后的"特色法治"显然取得了积极有效的治理成效。

（二）新加坡的法治环境

新加坡经济、社会发展的成功无疑得益于其"特色化"的法治环境：立法严密，不能违法；执（司）法严厉，不敢违法；福利充足，不必违法；德治有效，不想违法。

从立法层面来看，新加坡法制健全，立法具体、严密而完备，使人不能违法。据不完全统计，新加坡现行的法律、法规达400多种。[1]其立法公私兼备，不仅囊括国家政治体制权力运行的各个层级，而且也涉猎公民日常生活的方方面面。其涵盖的范围之广泛、规定的内容之详细、涉及的问题之具体、设计的条文之细致，堪称世界法治里程的一块界碑。新加坡的法律渊源主要有宪法、被接纳的英国法令、国会制定的成文法、法庭判例、行政部门颁布的辅助性法规、国际公约条约、习惯等。因深受英国法的影响，判例法是新加坡的主要法律渊源。新加坡《英国法适用法令》规定，英国的习惯法和衡平法仍是新加坡法的一部分，新加坡可根据本土实施的实际需要对英国法令进行修改。在判例法之外，制定法亦是新加坡重要的法律渊源，包括立法机关制定的法律和行政部门颁布的辅助性附属性法规。此外，新加坡签署了如《商标法新加坡条约》《国家海事组织公约》《承认及执行外国仲裁裁决公约（纽约公约）》《2006海事劳工公约》《中华人民共和国和新加坡共和国关于民事和商事司法协助的条约》《海牙协议选择法院公约》《巴黎公约》《海牙协定》等国际条约。

从执法和司法层面来看，法纪严明，体制周密，执行严厉，处罚严酷，使人不敢违法。新加坡"严刑峻法"世界闻名，不仅对刑事犯罪行为处以极其严酷的死刑、自由刑，还课以当今文明社会世所罕见的肉刑（鞭刑）。即

---

[1] 参见蔡磊主编：《新加坡共和国经济贸易法律指南》，中国法制出版社2006年版，第176页。

便是轻微违法行为也会受到重度的罚款处罚等严厉制裁。新加坡建立了独立的司法体制，法院审判权和检察院检察权的独立性受到宪法和国会立法的强有力保障，任何政党和行政机关无权也无可能对其司法活动进行干预。这为执法与司法的程序严明、力度严厉以及结果公正提供了具有公信力的保障。

从社会经济层面来看，新加坡经济发达，位列"亚洲四小龙"之一，人均 GDP 位居全球前列，构筑了较为完善和有效的社会福利体系，使人们不必违法。马克思说过，犯罪是孤立的个人反抗统治关系的斗争。犯罪与现行统治一样产生于相同的条件，其根源是生产方式的自身矛盾，与一定历史阶段的生产力有关。西方犯罪社会学派学者如柏拉图、塔尔德和拉卡萨涅等认为，犯罪根源在于社会的政治、经济等条件，社会环境与个人的矛盾是犯罪根源。新加坡社会经济环境优越，为居民提供了较为富足的生活条件。通过社会福利体系的四根支柱：中央公积金计划，"三保"医疗体系，居者有其屋计划和就业入息补助计划[1]，新加坡编制了缜密而又可持续的社会保障网络。这从本源上消解了生产力、生产方式、社会环境的矛盾机理所引发的违法犯罪张力。此外，新加坡对政府公务员实行"高薪养廉"，公务员收入全球最高，这使官员不必贪污受贿。当然，廉洁指数的保证也离不开其高度自治、权威有效的反贪监督体制。

从守法层面来看，新加坡以德治实现善治，注重沿袭儒家学理构建共同价值观理念，同时亦协之于法治，借鉴学习英美法治意识理念，实现了东方传统道德观念与西方法治精神的有机结合，使人们不愿违法。通过价值观念的培育与意识形态的把控，使守法成为人们的思维习惯和价值取向，升华为自觉自发的修养操守，内化为遵纪守法的道德意识，转化为抵制违法的内在本能。

三、新加坡外商投资法律制度

新加坡是世界上最为开放的国家之一，具有灵活、科学的贸易与投资法律、法规和政策，这使得外资数额占其国家总投资额的一半左右。这对我国的外资企业立法和治理措施的完善具有一定的借鉴、启发意义。

1　参见丁其林：《新加坡福利制度完善高效》，来源：搜狐网，载 http://news.sohu.com/20110408/n280188639.shtml，最后访问时间：2023 年 8 月 24 日。

（一）外商投资立法

新加坡与我国在该方面都没有制定一部专门的统一的外商投资法典，而是由相关的单行立法及其他有关法律规范构成。新加坡制定了诸多有关外资的成文法、附属性法规，构成关于外资的基本法群，并与相关政策及其他有关法律、法规相协调配合，对外资关系进行调整，其主要的法律有《经济扩展法令》《先锋工业法令》《扩大经济奖励法》等。新加坡外资立法（1959年）早于我国，虽然各类法律法规零散，并无统一法典予以规整，但内容体系相对完善，并且采取内外资统一的"单轨制"立法模式[1]，当然这种内外资待遇并非完全毫无保留。

我国于 2019 年 3 月 15 日公布了《外商投资法》，该法构成我国外资领域的基本法，并于 2020 年 1 月 1 日起施行。2020 年 5 月 28 日，作为市场经济基本法的《中华人民共和国民法典》表决通过，并于 2021 年 1 月 1 日起实施。此外，其他相关法律、法规、规章中与外资有关的规范也属于实质意义上的外资法。此外，各有关部门、地方关于外商投资的一些政策性文件、意见性文件也在其所涉范围内起到调整外资关系的一定作用。

（二）外商投资法律制度的重点内容

1. 外资准入领域与实质性要求。

我国与新加坡对外资进入的鼓励领域、允许部门、限制行业、禁止项目及其有关要求，均通过相关法律、法规、政策或行政手段进行调整，均对外资的投入方向进行指引与规整，使之既利于本国社会经济发展，又确保本国经济安全。

新加坡对于关系国计民生的少量公共事业部门（如通讯、电力、煤水、新闻、交通等）的投资，通过"负面清单"和行政管控的手段进行限制。随着新加坡经济的进一步开放与发展，通讯领域后来全面放开，电力领域则局部放开。对金融与保险业，则实行投资许可证制度，目前在金融创新项目领域管制也有所松动。对限制外资进入的制造业领域，新加坡《制造业限制投资法》对此有详细规定，但涉及的产业较少。对于鼓励投资（11 种）和优

---

[1] 张娟、廖璇：《解密新加坡外资管理模式》，载《国际市场》2014 年第 1 期。

先开发（5大类）的产业，新加坡亦作出了明文规定[1]。

我国现规定了6种鼓励类、5种限制类、6种禁止类的外资投资项目。对于关系国计民生的一些行业领域，我国原先禁止，后也逐步有序地采取限制管制方式允许进入。我国《外商投资法》第四条规定了负面清单制度，2019年7月初，我国发布了2019年版全国外资准入负面清单、自贸试验区外资准入负面清单及鼓励外商投资产业目录，并定于7月30日起开始正式施行。

对比而言，有以下启示：一是新加坡的法律法规周密，对外资进入的产业领域规定详细，我国可考虑加强立法的细致化，进一步提高外资准入制度和相关政策的透明度和稳定性；二是新加坡尽管大力引进外资发展经济，但对于一些涉及国家安全的行业仍进行严格管制，对相关领域的外资股权比例进行限制，如新加坡新闻传媒领域管控异常严厉，外资股权不得超过5%[2]，从经济上杜绝西方媒体操纵国内舆论的话语权。引以为鉴，我国也需加强外资的安全审查与管理。

2. 外资优惠待遇规定。

新加坡明确规定外资可以享有最惠国待遇、国民待遇和公正公平待遇，并在东盟自贸区、WTO等框架下同许多国家和地区签订了避免双重征税协定和投资保护协定，外国投资者的合法权益和投资活动受到法律保护。为吸引外资，新加坡根据《豁免所得税法令》《扩大经济奖励法》和《资本援助计划》等法律法令对外资提供税收和金融方面的优惠。此外，新加坡还制定了各类专项计划，如特准国际贸易计划、商业总部计划、营业总部计划、跨国营业总部奖励等。新加坡各个职能部门还有其职权范围内所实施的各类外资优惠举措：如经济发展局推出的主要外资促进税收体系、国际企业发展局援助、海事及港务管理局激励计划、金融管理局税收优惠政策等。[3]

新加坡现与多个国家签订了自由贸易协议，对签约伙伴国实行准入前国民待遇和负面清单，外资准入后一般都获得国民待遇。对于超国民待遇和次国民待遇问题，新加坡在这方面其实也依然存在，如用于吸引外资的各

---

1 参考蔡磊主编：《新加坡共和国经济贸易法律指南》，中国法制出版社2006年版，第177页。
2 张娟、廖璇：《解密新加坡外资管理模式》，载《国际市场》2014年第1期。
3 参见张娟、廖璇：《解密新加坡外资管理模式》，载《国际市场》2014年第1期。

种优惠计划措施；外资准入前的国民待遇仅限于自由贸易协定伙伴国或跨太平洋伙伴关系协定（TPP）签约国，对于外资的准入条件、股权比例进行限制等。

我国《外商投资法》则不仅明确规定了准入前和准入后的外资国民待遇，并提供优惠待遇，还允许外国投资者依照其他法律、行政法规或者国务院规定以及我国参加或缔结的国际条约、协定享受优惠待遇。

此外，新加坡与我国在外资主管机构设置、职权配备、管理体制、企业组织形式、投资比例、资本制度、优惠政策等诸多细节方面均有可比较的差异之处。

四、新加坡对外贸易法律制度

新加坡对外贸易异常发达，经济发展对外贸依存度极高，是东盟第一外贸大国。发达的外贸经济造就健全的外贸法律制度。总体来看，新加坡对外贸易方面的法律有《进出口商品管理法》《海关法》《反补贴和反倾销法》《自由贸易区法》等。

新加坡推行贸易自由，原则上一切商品自由进口，但对于法定的一些管控商品也予以限制或禁止进口。加入 WTO 之后，我国履行入世承诺，放松外贸管制，但国内的部分行业和产业尚不具备与发达国家正面竞争的能力，为此，适度的贸易保护仍有必要。

新加坡 1969 年制定了专门的《自由贸易区法》[1]，该法对自由贸易区的法律地位、经济方位、作用功能、治理机制、运行模式、特别优惠、政策措施等内容作出了相应规定。这为自由贸易区的稳健运作提供了稳定的法治预期，也为各界别、各层次的投资信心夯实了坚固的法治基石。在自贸区的公共治理方面，实行新加坡政府和自贸区主管机构双重管制并分工配合的方式，政府负责宏观统筹、决策规划与招商引资，自贸区主管机构则负责具体的项目开发、政策执行、运营管理。

目前我国已批准设立与正在申报的自由贸易区包括：中国（上海）自由贸易试验区、广东自由贸易试验区、重庆自由贸易试验区、厦门自由贸易试验区、天津自由贸易试验区、中国东盟自由贸易区等。我国目前尚未制定专

---

1 胡隽欣：《新加坡：自贸区助推整体经济升级》，载《参考消息》2014 年 5 月 14 日。

门的《自贸区法》。各自贸试验区管理现所适用的主要规范性依据是地方性法规、地方政府规章以及国务院有关部委所发布的一些通知、文件。

通过以上对比，我们可以得到以下启示：一是新加坡外贸立法背景存在我们需要注意的地方，即该国国民经济对外贸依存度过高，对外贸行业动向的敏感性过度，极易遭受外贸领域由点及面引发的"蝴蝶效应"；在融入世界经济一体化的同时，其对全球经济局势变动的免疫力不足；外贸经济的生存依赖于自由化的国际市场，易受制于国际形势和外交局面的波动。这说明国家的经济安全层面在事实上存有隐患，需要进行宏观性的国家整体经济安全立法与中观性的外贸安全立法。自 2008 年世界金融危机爆发以来，全球经济均呈现缓慢复苏态势，全球经济格局力量对比趋势发生变化，发达国家与发展中国家及新兴经济体的竞争压力加大，国际经贸环境将更为复杂。二是新加坡关于外贸管理方面的一些法律规定不一定适合我国国情，相关法律法规的完善应立足于我国外贸经济实际需要。三是我国的自贸试验区建设尚处于摸索过程中，法律法规供给的缺口较大，立法的需求性较强，可以考虑借鉴新加坡的成功经验为我所用。

五、新加坡公司企业法律制度

（一）新加坡企业法律制度

1. 企业立法背景。

新加坡企业立法的起步，可以追根溯源于建国之初的"工业化道路"发展路线。20 世纪 60 年代，新加坡从马来西亚分离独立后，面临着地理面积狭小、自然资源匮乏；人口急剧增长，失业率居高不下；制造业落后，资金技术缺位；经济结构单一，高度依赖转口贸易和英军基地服务业等问题[1]。面对该经济窘况，新加坡政府提出工业化改革思路，推行自由经济政策，实施"出口主导"战略，注入多样化经济元素，盘活僵化经济局面。作为市场最主要的主体，企业是活跃国民经济的细胞、承接生产流通的脉络、推进技术进步的动力，需要相应法律制度的规制与支撑。在此背景下，新加坡推动了

1　明晓东：《新加坡工业化过程及其启示》，载《宏观经济管理》2003 年第 12 期。

企业立法的建立健全。

　　我国的企业立法则起自于改革开放,一方面,改革开放的经济发展诉求决定了企业立法,另一方面,企业立法也为改革开放提供了良好的法制保障。改革开放以前,我国处于计划经济体制的桎梏之中,宏观至产业结构、行业布局、资源配置,微观至企业生产任务、销售数额、经济交往均被纳入指令计划之中。改革开放初期,企业经营体制面临着适应经济新形势的转型变革,企业法律地位需要得到确认,企业与政府的关系需要理顺、职责需要厘定、产权需要厘清、经营权需要落地,这些均需要从法律上予以确定。与此同时,为吸引外资搞活经济,外商投资领域的企业立法需求亦呼之欲出。随着改革开放的进一步深入,1992 年,党的十四大提出了建立社会主义市场经济体制的改革目标。2022 年 4 月,中共中央和国务院发布《关于加快建设全国统一大市场的意见》,更进一步推动了企业立法的完善与进步。

　　2. 企业立法形式与体例。

　　新加坡没有制定统一的《企业法》法典,而是将有关企业法律制度分散规定在《工厂法》《商事登记法》《生产控制法》《公司法》等单行法中。尽管其企业立法基本以各类单行专项法的形式出现,但根据相应的分类标准,仍可窥见自成特色的法规体例。根据政府资本是否直接介入为标准对企业进行的分类,新加坡企业法可分为特殊企业法和一般企业法。特殊企业为政府直接投资的国有企业,其立法由国会颁布专门法令。这类特殊企业经营范围广泛,涵盖诸多行业产业,实际是政府这只"看得见的手"对国民经济进行协调、干预、监控的工具,用于弥补市场"看不见的手"之缺陷。一般企业为私人企业,其法律依据为《商业登记法》《生产控制法》《工厂法》等,根据市场规律自由经营。根据出资形态和出资者责任,企业可分为企业商行和公司法人,相应的其企业法可分为企业商行法与公司法。企业商行包括单一业主和合伙,公司包括有限公司与无限公司。

　　我国目前也无形式意义上的企业法典,但自改革开放以后逐步形成了实质意义上的企业法律制度体系,建构了一套紧跟时代需求、历史烙印鲜明的企业法体系。总体来看,有以所有制为依据进行划分的企业法体系[1]以及其他的特别企业法与产业促进企业立法。经过社会市场经济建立发展历程的

1　参见李建伟:《中国企业立法体系的改革与重构》,载《暨南学报》2013 年第 6 期。

洗礼，我国企业立法体例的分类标准多重化、制度内容冲突化、分别待遇歧视化的问题暴露显现出来。从分类标准来看，所有制经济成分、企业组织形态双重标准鼎立，直接造成不同标准序列的企业法律制度内容上的重复、分裂、纷乱与矛盾，并且制造了不同类别企业待遇分配不均衡的歧视化现象。

对比新加坡立法体例的启示：新加坡与我国一样也存在根据资本成分进行类别划分的企业立法。但其特殊企业（国有企业）的立法与一般企业立法进行了决断分割，由国会进行专门特别立法，避免了与一般企业立法的交叉所引致的杂乱。为此，我国企业立法对现有的分类标准应作简化处理，考虑取消所有制类别路径，着力向《公司法》靠拢，而对于有关的特殊企业（如独资国有企业等）则可考虑另行进行专门立法。

3. 企业的政府监管。

新加坡与西方自由主义有所不同，但与我国有所类似的是，新加坡是政府强势主导型的经济发展模式。在确保自由市场活动的基础上，新加坡政府对企业的非直接性干预、监管法治举措对我国具有重要的比较借鉴意义。大致来看，新加坡的企业监管可以分为企业登记监管、企业生产登记监管、企业卫生、安全和福利监管等。

（1）企业登记监管。

新加坡商业注册局是企业登记的主管机构。《商业登记法》第四条规定，新加坡公司和商行均需注册登记方能成立。登记内容主要为企业名称、总体性质、营业地、负责人信息、开业日期等[1]。我国企业登记主管部门是市场监督管理部门，依据《市场主体登记管理条例》对企业名称、住所、股东发起人姓名或名称、经营场所、法定代表人、经济性质、企业类型、经营范围、注册资金、从业人数、经营期限、分支机构等事项进行登记。对比而言，我国的企业登记监管更为严格，登记内容更为复杂、程序更为繁杂。目前，我国有关部门与地方对简化企业登记工作已作出了诸多探索。

（2）企业生产登记监管。

为规划国家经济整体布局，对货物生产进行统筹规范，新加坡对企业货物生产活动进行登记管理。新加坡《生产控制法》第三条规定，非经生产登

1　蔡磊主编：《新加坡共和国经济贸易法律指南》，中国法制出版社 2006 年版，第 177 页。

记，任何企业不得以销售或其他商业活动为目的，从事特定货物的生产[1]。我国目前并无统一的一部法律对货物生产行为进行登记管理，而是通过各层级、各领域较为分散的相关法规、规章和政策进行监督。市场监督管理的主要职责是对市场的综合性监督管理，而对于具体行业的企业经营管理，则涉及多个行政部门的多头管理问题。比如，对于易制毒化学品的生产经营活动，企业除了在市场监督管理部门登记之外，需要到公安部门、安全生产部门、食品药品监督管理部门等多个主管机构分别进行登记。

（3）企业卫生、安全和福利监管。

新加坡《工厂法》是对企业体力劳动厂房（车间）的卫生、安全和工人福利情况进行监管的一部法律。该法对工厂卫生的整洁性、拥挤度、通风照明情况、排水设施作出了详细规定；对工厂设备安全、场地安全、出入口安全及安全注意事项作出了明确要求；对员工饮用水、洗涤存衣设备和急救设施进行了详尽规定。新加坡劳动部工厂检查局是负责工厂登记管理的主管机构[2]。

我国原有 1956 年通过的《工厂安全卫生规程》这一行政法规。随着社会经济发展和时代变迁，该法规已不适应新的企业生产环境和职工权益保障的实际需要。2001 年我国制定了《职业病防治法》，2002 年颁布了《安全生产法》，从高位阶的法律层面对企业工厂的卫生、安全和职工福利情况进行管控。负责相关监管职能的机构分别是我国的卫生部门和安全生产监督管理局。对比而言，新加坡是统一立法、统一机构监管，我国是分别立法、多个机构分头监管。

（二）新加坡公司法律制度

1. 公司法的立法背景。

新加坡在独立建国以前，作为英国的附属殖民地，已有公司形式的企业组织从事转口贸易以及英军基地服务业活动，相关法律依据是英国普通法、衡平法及有关成文法。随着新加坡主权独立后工业化发展路线的实施，企业种类日益增多、组织形式愈益复杂，为适应经济发展的需要，新加坡于

1　参见蔡磊主编：《新加坡共和国经济贸易法律指南》，中国法制出版社 2006 年版，第 178 页。
2　参见蔡磊主编：《新加坡共和国经济贸易法律指南》，中国法制出版社 2006 年版，第 178 页。

1966年出台了《公司法》。之后，新加坡经济结构调整与产业布局转型，逐步由劳动密集型工业过渡为资金、技术密集型产业及至如今的信息产业，其公司法也因循实际进行了数次修订。

经过改革开放多年的摸索与实践，我国1984年提出由计划经济转型为有计划的商品经济，之后为进一步推动经济体制的深入改革，继1992年党的十四大提出建立社会主义市场经济体制的目标之后，1993年11月党的十四届三中全会对社会主义市场经济体制的基本框架作了规定。为适应经济体制改革的需要，促进国有企业转换经营机制，规范市场主体的组织与行为，1993年12月我国制定了《公司法》。因该《公司法》脱胎于计划经济体制转型期以及受制于国有企业改制的既定框架，在社会主义市场经济的实践中逐步暴露出诸多弊病。1999年与2004年，我国《公司法》进行了两次微小修正，2005年为适应市场经济新要求接着又进行了全方位大修订，仅保留二十余条内容未变。2013年根据我国经济发展新形势进行了第四次修正，修改了12个条款。2018年10月进行了第五次修正。2023年12月进行了第六次修订。此外，2006-2019年期间，最高人民法院出台有公司法司法解释一、二、三、四、五。2020年12月为配合民法典的实施需要，最高人民法院对相应的商事类司法解释进行了修改，其中包括了涉及《公司法》有关内容的司法解释。

2. 公司立法形式与体例。

首先，立法形式。因新加坡沿袭英美法系传统，不存在民法典、商法典统率的部门法体系，公司法作为独立的法律规定进行立法。新加坡制定有形式意义上的《公司法》法典，该法为公司一般立法。此外，还有《金融公司法》《国际金融公司法》《裕隆城公司法》《信托公司法》《新加坡广播公司法》《公共高速交通公司法》《新加坡电讯公司法》《新加坡教养企业公司法》等[1]单行特别立法。传统大陆法系国家如法国、德国、意大利、日本等一般会在《民法典》或《商法典》中对公司的一般法律问题进行规定，并另制定各有关的单行特别法。我国立法对大陆法系有着较多的借鉴，目前出台了《民法典》，但并无《商法典》，在公司立法形式方面则较多地学习了英美法系的模式，以单行法的形式制定了《公司法》。此外，其他的法律、法规、

1　蔡磊主编：《新加坡共和国经济贸易法律指南》，中国法制出版社2006年版，第212页。

规章及规范性文件中有关公司的内容也纳入实质意义上的公司法范畴。

其次,立法体例。英美法系国家主要采取"条状"立法体例,即根据公司事务逻辑关系顺序编排体系结构。大陆法系国家主要采用"块状"立法体例,即对不同类型的公司分别进行单列集中规定。对比而言,我国与新加坡事实上均是博采两大法系之特色,将"条状"与"块状"相结合的立体体例。我国公司立法体例是先将公司分为有限责任公司与股份有限公司进行分别规定,之后接着按公司事务逻辑顺序对两类公司的共同规范进行设计。新加坡《公司法》采取"条状"立法例,按公司事务顺序进行规定;另又按"块状"对各类型的公司分别单独立法规定。

3. 公司法律制度的主要内容。

(1)公司类型。

根据新加坡《公司法》的规定,公司分为有限责任公司和无限责任公司。有限责任公司又分为股份有限公司和担保有限责任公司。股份有限公司股东以认缴的股份为限对公司承担有限责任。担保有限公司股东根据公司章程(新加坡称之为组织大纲)所规定的数额为限对公司承担有限责任。[1]我国的公司分为有限责任公司和股份有限公司。有限责任公司股东以认缴的出资为限对公司承担有限责任。股份有限公司股东以认购的股份为限向公司承担有限责任。

(2)公司设立制度。

新加坡公司法规定的公司设立制度为严格准则主义与核准主义的结合模式,一般情况下,公司设立只要符合法律规定条件,经登记即可成立。但对各种特别类型的公司如:金融公司、广播公司、信托公司、电讯公司、教养企业公司等[2],则必须事先经过行政主管部门的审批方可登记成立。

我国1993年《公司法》对有限责任公司的设立采取"一般情况下的严格准则主义与特殊情况下的核准主义相结合"的方式,对股份有限公司一律实行核准主义。2005年修订后的《公司法》规定,有限责任公司与股份有限公司统一适用"原则上的严格准则主义和特殊情况下的核准主义",即一

---

1 蔡磊主编:《新加坡共和国经济贸易法律指南》,中国法制出版社2006年版,第264页。
2 蔡磊主编:《新加坡共和国经济贸易法律指南》,中国法制出版社2006年版,第266页。

般情况下，符合法定条件即可登记成立；法律、行政法规规定设立公司必须报经批准的，应当在公司登记前依法办理批准手续。

（3）公司资本制度。

新加坡公司资本制度适用授权资本制，公司设立时，在公司章程（组织大纲）中记载确定资本总额，股东仅需认购部分股份，其余部分，由公司成立后根据经营需要和市场行情发行新股进行募集。

我国 2005 年《公司法》采取法定资本制，公司设立时，在公司章程记载资本总额，并且必须在公司登记机构登记公司注册资本，股东须全部认足。2013 年修改后的《公司法》对资本制度的严格要求有所松绑。修改前，公司有最低注册资本要求，股东的首次出资最低额、分期缴纳的期限、货币出资的比例、出资验资证明等均有严格限定性要求。修改后，以上限制性要求均被删除。允许有限责任公司和发起设立的股份有限公司分期缴纳出资，一人公司一次性缴纳出资的要求被取消，募集设立的股份有限公司则仍需一次性缴纳出资。

对比来看，新加坡的公司资本制度比较灵活，公司设立条件宽松、程序简便，便于刺激投资热情，但也有着较大的资本债务风险。我国的公司资本制度正由严苛逐步过渡走向放宽，但与新加坡相比，仍更为严格。这有助于控制公司虚滥与欺诈，并保护交易安全和债权人利益。

（4）公司治理结构。

新加坡公司治理结构采取英美法系的单层委员会制，仅设股东会与董事会，推行董事会中心主义，不设监事会。我国公司治理结构沿袭大陆法系的双层委员会制，设立股东会、董事会和监事会。

六、中新海上安全秩序法律保障合作机制的构建

（一）基本判断

在"21 世纪海上丝绸之路"的路线通道上，新加坡扼守马六甲海峡，具有重要的地缘政治意义、经贸互通作用和海运中转功能，直接关系到我国海上安全利益的维系、保障与实现。这需要对我国据此支点所延展的海上安全问题有一个清晰的认知、整体的把握和科学的判断。

改革开放以后，我国的经济形态转变为外向型，社会主义市场经济的发展突破了封闭经济结构的桎梏，促进了生产力的解放与发展，也释放了谋求国家发展安全利益的诉求。这也催促我们不再局限于陆权思维而引入了海权意识，要求我们对待国家安全问题，不再只是保家卫国的本土立场，而是站在国际的角度和全球的视角来保护我国走向世界并辐射全球范围的发展利益。新加坡处于"21世纪海上丝绸之路"的要塞之地，对于我国新时期维护海上安全至关重要。中新任何一国的安全利益受损，都可能发生点线面的辐射效应，任何一方无法独善其身。利益的依赖捆绑势必要求两国为共同维护海上安全作出努力。

（二）基本原则

中新两国共建海上安全秩序保障合作机制，应遵循以下基本原则：

第一，尊重主权，互不干涉内政原则。在合作过程涉及对方国内自主事项，不得借口干预。

第二，平等互利原则。双方主权平等，求同存异，以马六甲海峡海上共同利益为落脚点，协调双边利益平衡。

第三，法治原则。双方以国际法为准绳，以共同签署或缔结的国际条约为依据，构建合作法治机制。

第四，综合安全原则。双方共同保障的海上安全应涵盖经济、政治、军事、文化等各方面、各领域。

第五，和平协商原则。双方发生争议应通过和平协商方式沟通、磋商予以解决。

（三）基本内容

中新两国共建海上安全秩序保障合作机制的具体合作内容可以包括：

1. 设定公共管理航区；
2. 联合搜救的界定和行动；
3. 反海盗巡逻和行动；
4. 联合召开有关海洋生态研讨会；
5. 成立保护海上通道联合部队；
6. 联合进行多边海上救灾行动；

7. 开展环境保护和监测活动；

8. 联合开发海洋技术；

9. 指定保护港口、码头安全；

10. 确立地区海洋科学项目等。[1]

1　参考张洁：《海上通道安全与中国战略支点的构建——兼谈 21 世纪海上丝绸之路建设的安全考量》，载《国际安全研究》2015 年第 2 期。

第九章

马来西亚投资与贸易法律制度

一、马来西亚在"21世纪海上丝绸之路"中的地位与参与情况

（一）马来西亚在"21世纪海上丝绸之路"中的地位

马来西亚联邦简称马来西亚或大马，其国土面积30多万平方公里，总人口约3000万，相当于两个广东的面积、三分之一的广东人口。马来西亚是一个多民族国家，其中马来族约占51%，华人约占28%，印度人约占10%，其他各民族约占11%，总体上是马来人和华人居多。马来西亚的语言有多种，国语是马来语，英语为通用语，由于华人较多的原因，华语在马来西亚也广泛使用。马来西亚地处东南亚，具有临近马六甲海峡、辐射东盟、印度、中东市场等独特的地缘优势，处于东南亚核心区域，自古以来就是"海上丝绸之路"的必经之地和重要节点，连接着海上东盟和陆上东盟，并与中国海陆相通。马来西亚还扼守着具有巨大经济价值和军事价值的马六甲海峡，中国将近四分之三的进口石油都要经马六甲海峡运回，马六甲海峡被喻为中国能源的"海上生命线"，也是中国走向"蓝海"过程中的关键枢纽。此外，槟城港口、关丹港口、柔佛的丹绒勒巴斯港口等都是资质上乘的深水港，同样具备很大的战略价值。马来西亚是"东南亚国家联盟的创始国"之一，被称之为"在东盟诸国中地处咽喉要道"。马来西亚是一个新兴的多元

化经济国家,曾是农业国,后注重工业发展,自20世纪90年代起,经济发展较好,曾有"亚洲四小虎"之称。

马来西亚奉行独立自主、中立、不结盟的外交政策。马来西亚政府一向主张"全球温和主义",这一主张与我国提出的共建"21世纪海上丝绸之路"倡议的开放性、包容性具有一致性。马来西亚在"21世纪海上丝绸之路"中有着重要的地位与作用。

(二)马来西亚在"21世纪海上丝绸之路"的参与情况

马来西亚是"21世纪海上丝绸之路"的重要节点国家。中马两国自1974年5月31日建交以来,关系一直和谐,双方高层都非常重视与对方的友好关系与合作。2013年10月我国提出共建"21世纪海上丝绸之路"倡议,马来西亚积极响应,当作是可以借势发展的良机,力争从中有较大受益。2014年中马双边关系已提升为"全面战略伙伴关系"。自2015年起,马来西亚是东盟轮值主席国,在共建"21世纪海上丝绸之路"的过程中,马来西亚起到了推动东盟各方相互信任和协调纠纷的作用。近几年来,马来西亚与我国贸易往来增多,是我国重要海外劳务承包市场和重要贸易伙伴,也是中国在东盟国家中的第二大贸易伙伴。这为中马两国共建"21世纪海上丝绸之路"创造了有利条件。

二、马来西亚的法律传统与法治环境

(一)马来西亚的法律传统

马来西亚有着特殊历史背景,曾长期受英国的影响,不像其他国家有着自己固有的传统法律文化。1914年到1957年,英国对马来西亚的政治、经济、文化、军事和外交进行全面的统治,英国人的政治与法律对马来西亚产生了持久而深刻的影响。马来西亚总体上属普通法国家,司法体系"双轨并行",普通法为基础,伊斯兰法适用于穆斯林。世俗法院和伊斯兰法院地位并行,两者都有着不同的专有管辖权和管辖范围。

"二战"后,由于民族解放运动的兴起和殖民体系的瓦解,马来西亚于1957年宣布独立,当年颁布了第一部国家宪法,后改名为《马来西亚联邦宪法》。马来西亚宣布独立后对其法律进行了改革。1988年修改宪法,伊斯兰法院和世俗法院两者的关系有了重大改变，修改后的宪法规定高等法院对沙里阿法院管辖的任何案件均无管辖权，这有着非常重要的历史意义。20世纪90年代以后，马来西亚对宪法又进行了多次修改。1993年3月宪法修正案取消了各州苏丹的法律豁免权等特权。1994年5月的宪法修正案规定最高元首必须接受并根据政府建议执行公务。2005年1月宪法修正案把各州的供水事务管理权和文化遗产管理权移交中央政府。

（二）马来西亚的法治环境

《马来西亚联邦宪法》为马来西亚法治环境奠定了基础。马来西亚的司法体系以英国法为基础，司法机构独立于行政与立法机构。最高司法机构为联邦法院，联邦法院下设上诉庭、高等法庭和地方法庭，各州设地方法庭。马来西亚也设特别军事法庭和回教法庭（受回教法令管制）。

马来西亚于1957年就加入了《关税与贸易总协定》，是世界贸易组织（WTO）和东南亚国家联盟（简称东盟，ASEAN，1967年8月8日成立）的创始成员，这使其法治较早与国际接轨。马来西亚在法治建设方面，不断健全立法，完善各项法律制度。国家安定团结，政局稳定，法治环境总体上较好。

三、马来西亚外商投资法律制度

（一）外商投资法律体系

马来西亚虽然至今没有制定一部单独的外商投资法律或法规，其对外商投资和市场准入的规定，分散在不同时期国内制定的特定行业的法律法规、政策和指南之中，以及马来西亚签署的双边和多边经贸协定中与外商投资相关的国际法规范之中，但不影响其由此也形成较为完备的外商投资法律体系。

马来西亚1986年颁布的《促进投资法》（Promotion of InvestmentAct）是该国的一部重要的涉及外商投资的法律。该法旨在通过减免税负的方式来鼓励和促进马来西亚建立和发展工业、农业和其他商业企业，促进出口以及达到其他相关目的。该法规定投资优惠措施以直接或间接税负减免形式出现，直接税激励是对一定时期内所得税进行部分或全部减免；间接税激励则以免除进口税、销售税或消费税的方式来促进投资。

马来西亚 1965 年制定《公司法》，2016 年颁布新的《公司法》，引入一套适用所有公司的法律体制，简化了设立公众公司和私人公司的法律程序，鼓励私人公司与公众公司一样发展。该法除了规定各类公司及外国分支机构的设立、各类公司收购和转让的规范和程序等外，还规定了有关外商投资的相应规则。2010 年，马来西亚修订的《促进行动及产品列表》是外商投资的一项配套法律制度。马来西亚的《工业协调法》是一部重要的工业投资法律。马来西亚的《合同法》《公司法》《劳资关系法》《雇用法》及 1969 年雇员《社会保险法》等法律属于调整投资企业的内部关系的法，适用其所在辖区的所有雇用劳动者。马来西亚国内制定的涉及外商投资的特定行业的法律法规还有：1998 年制定的《特许经营法》（Franchise Act）以及 2012 年的修订法案、2010 年制定的《竞争法》（Competition Act）等。

马来西亚与中国签署的经贸协定可分为两类，一类是中马两国签署的双边协议，主要有：两国 1985 年 11 月 23 日在北京缔结的《关于对所得税避免双重征税和防止偷漏税的协定》[1]，这一协定成为最早的双边条约，生效于 1987 年 1 月 1 日；两国 1988 年 11 月 21 日签署《关于相互鼓励和保护投资的协定》；[2] 1999 年 5 月 31 日签署《中华人民共和国政府和马来西亚政府关于迈向 21 世纪全方位合作的框架文件》。进入 2000 年后，随着合作增多，2000 年 4 月 12 日两国又签署了《中华人民共和国政府和马来西亚政府就中国加入 WTO 的双边协议》；2003 年签署了《劳务合作谅解备忘录》及《旅游合作谅解备忘录》；2015 年 11 月 23 日签署了《关于加强产能与投资合作的协定》和《关于政府市场主体准入和商标领域合作谅解备忘录》等等。另一类是中马签署和加入的多边协议，主要有：中国和东盟十国于 2002 年 11 月 4 日共同签署《中国—东盟全面经济合作框架协议》，该《框架协议》是中国—东盟自贸区的法律基础，标志着中国与东盟的经贸合作进入了一个新的历史阶段。中国和东盟十国于 2009 年 8 月 15 日共同签署《中国—东

---

1 《中华人民共和国政府和马来西亚政府关于对所得税避免双重征税和防止偷漏税的双边协定》，来源：国家税务总局网站，载 https://www.chinatax.gov.cn/n810341/n810770/c1153105/5027000/files/11531056.pdf，最后访问时间：2023 年 8 月 24 日。

2 《中华人民共和国政府和马来西亚政府关于相互鼓励和保护投资协定》，来源：商务部网站，载 http://www.mofcom.gov.cn/aarticle/zhongyts/ci/200207/20020700032173.html/，最后访问时间：2023 年 8 月 24 日。

盟全面经济合作框架协议投资协议》，[1] 该协议旨在继续推进贸易和投资自由化，反对贸易和投资保护主义。中国和东盟十国于 2015 年 11 月 22 日正式签署《关于修订〈中国—东盟全面经济合作框架协议〉及项下部分协议的议定书》，此为中国—东盟自贸区升级谈判成果文件。中国和东盟十国及日本、韩国、澳大利亚、新西兰于 2020 年 11 月 15 日正式签署《区域全面经济伙伴关系协定》，该协定涵盖货物、服务、投资等全面的市场准入承诺，规定了投资保护、自由化、促进和便利化四个方面，包括承诺最惠国待遇、禁止业绩要求、采用负面清单模式作出非服务业领域市场准入承诺。马来西亚还加入了《服务贸易总协定》和《与贸易有关的投资措施协议》，该两项多边贸易协议是世界贸易组织（WTO）管辖的内容，旨在促进投资自由化，制定为避免对贸易造成不利影响的规则，便利国际投资。《与贸易有关的投资措施协议》的基本原则是：各成员实施与贸易有关的投资措施，包括市场准入的义务，不得违背关贸总协定的国民待遇和取消数量限制原则。

（二）外商投资主管部门

马来西亚目前并没有专门的政府机构对外商投资进行全面统一的管理，具体主管部门因投资行业和投资内容而异。主要投资管理部门有：

1. 马来西亚国家银行，也称马来西亚中央银行。该银行是马来西亚对外投资的主要管理机构，马来西亚重大的海外投资工业项目须得到其批准。

2. 马来西亚国际贸易和工业部。是管理外商投资的主要机构之一，主要负责马来西亚国际贸易和投资政策及工业发展规划的制定，促进制造业和服务业领域的国内外投资。其下属马来西亚投资发展局，全面负责制造业的吸引外资工作，主管马来西亚制造业领域和服务业领域的外商投资，开展项目管理、外籍员工数量及职位管理，以及企业税收优惠等工作。该部还设立马来西亚外商投资委员会，主要负责审批外资的持股比例，并负责除家具外的制造业外资申请业务。2009 年，马来西亚废除了外商投资委员会制订和实施的外商投资指引规则，规定有关马来西亚地方公司的股份交易、兼并和收购业务不再需要外商投资委员会的审批。外商投资委员会仅负责审核外国投资者从马来人及其他马来西亚土著人处并购资产价值超过 2000 万林吉特以

1　《中国—东盟全面经济合作框架协议投资协议》，来源：商务部网站，载 http://images.mofcom.gov.cn/www/accessory/200908/1250309222313，最后访问时间：2023 年 8 月 24 日。

上的项目。

3. 马来西亚投资发展局。外国公司可以在马来西亚设立代表处或区域办公室，代表处／区域办公室不受《公司法》规范，但通常需要获得马来西亚投资发展局的批准。

4. 马来西亚总理府经济计划署及国内贸易与消费者事务部等有关政府部门，负责其他行业投资的审批。如外资与土著持股比例变化的投资申请和PPP（政府与社会资本合作模式）项目的立项由经济计划署负责。

5. 需要特别审批的行业。目前以下行业的新设投资需要马来西亚相关部门和机构的特别审批。

（1）银行金融业。根据《1989年银行和金融机构法》，马来西亚中央银行负责对经营银行业、货币经纪业、折扣房产、信贷和金融分支机构、商业银行、存款机构和其他特定金融业务进行营业执照的审批和管理。

（2）建筑业。从事建筑业和建造业的投资者在进行公司注册或从事相关建设业务前，一般需要获得马来西亚建筑业发展局的许可。

（3）石油天然气行业。在马来西亚投资开发油气储备的外国投资者，进行公司注册时需要与马来西亚国家石油公司签署产量分成协议。

（4）批发零售业。外国投资者拟从事批发零售业、进出口企业和餐厅，在准备注册公司前，应当取得批发零售业委员会的许可。具有外资成分的分销商，需要从国内贸易和消费者事务部取得批发零售业许可，并且有外资成分的批发零售商的公司实缴资本金最低为100万林吉特。

（三）外商投资限制领域

马来西亚实行外资准入制度。

1. 外资准入的范围。

马来西亚政府持续出台政策吸引外资，鼓励和引导外国投资投向其出口导向性生产制造类企业、高科技领域以及一些新兴行业。目前能够享受优惠政策的行业主要有：半导体相关产业、光电科技、医药、医疗器材设备、纳米技术、农业生产和加工、橡胶制品、棕油产品、木材、纸浆制品、纺织、石油化工、钢铁、有色金属、可再生能源、非金属矿物制品、机械设备及零部件、交通设备及部件、电子电器、专业医学、科学测量仪器制造、相机及光学产品、塑料制品、酒店与旅游业、影视制作以及一些制造业相关的服务业。受马来西亚政府鼓励发展的行业，现在外国投资者均可以拥有100%的股权。

2. 限制和禁止的领域。

马来西亚从持股比例和雇用外籍人员等方面对不鼓励的行业直接进行了限制。马来西亚对外资投资范围的限制，主要集中在服务业领域。考虑到服务行业的特殊性，马来西亚在敏感服务行业的对外开放方面，仍然采取谨慎态度。除了国内较为成熟的服务行业外，马来西亚对外资规定了严格的限制条件。目前马来西亚限制外商在金融业、电信业、保险业、直销及分销、能源供应和供水等行业的投资，具体表现为严格限制外资的持股比例，并且在一定程度上限制外籍人员的聘用。在这些行业中，一般外商持股比例不能超过50%甚至30%。

（1）对银行业的投资限制。为了鼓励国内金融服务，马来西亚政府对外商参与金融服务持限制性政策。目前，外国投资机构允许拥有投资银行49%的股份，但外国商业银行的最高股份上限被控制在30%。外国商业银行必须作为马来西亚国内控制的分支机构才能开展业务。

（2）对保险业的投资限制。除伊斯兰金融外，外商投资马来西亚保险业股份超过49%时，必须得到政府批准；马来西亚政府允许现有的合资保险公司的外资股份经批准后提高到51%，但新进入的外国保险公司投资马来西亚保险业只能与本地保险公司合作，而且外资累计股权不能超过30%。

（3）对电信业的投资限制。马来西亚政府通过设定投资上限来限制外资进入电信业。外商最多只能收购现有固定电话业务30%的股份。另外，提供附加值服务的供应商的外资股份也被限制在30%以内。

（4）对分销与直销的投资限制。外商在马来西亚投资直销公司，该直销公司必须包含30%马来人股份，才能获得直销公司许可证。马来西亚政府严格控制外商申请多重直销许可证，在同等条件下，本地公司申请多重直销许可证只需缴纳150万林吉特（约合39.5万美元），而外资公司则需要缴纳500万林吉特（约合131.5万美元）。对于分销，马来西亚政府主要通过"外国参与分销贸易服务指导方针"中的本地成分要求进行规制，其中规定百货公司、超级市场以及高级商场必须保留至少30%的货架空间，摆放由马来西亚人所有的企业所生产的产品。

（5）对法律服务业的投资限制。马来西亚规定，外国律师事务所只能与当地律师事务所合伙开展业务，并且投资股份不得超过30%。外国律师不能从事马来西亚法律工作，不得加入当地律师事务所或使用其国际律师事务所的名称开展业务。外国律师提供法律服务的范围限于与其母国法和国际法相关的事宜。

（6）马来西亚禁止发展的行业还涉及烈性酒和烟草的生产、经营等。

3. 新开放的领域。

2009年4月起，马来西亚政府开放了8个服务业领域的27个分支行业，允许外商在这些领域进行投资，不设股权限制。这8个领域包括：计算机相关服务领域；保健与社会服务领域；旅游服务领域；运输服务领域；体育及休闲服务领域；商业服务领域；租赁服务领域；运输救援服务领域。

马来西亚政府为了更好地吸引外资，兑现其在国际协定中的承诺，在2012年又逐步开放了17个服务业分支领域的外资持股比例限制，允许外商拥有100%股权，主要涉及电讯业如服务商执照申请，教育业如国际学校、特殊技术与职业教育、私立大学，医疗行业如私立医院、独立牙医门诊，服务业如会计与税务服务、工程服务、法律服务。

从总的趋势来看，马来西亚主要将外商投资向制造业和高科技行业引导，鼓励外资投向出口导向性的工业部门以及设立研发中心。近几年来，马来西亚不断推出新的政策，进一步扩大开放的力度，开始鼓励外资向物流、农业以及旅游等服务部门。虽然外资准入在某些领域依然受到限制，但是马来西亚政府的政策措施依然显示出其在外国投资自由化的道路上所作出的努力。马来西亚政府不断地在放开外资准入的领域，并且通过这种手段将外资引入到急需发展的行业中去，既有利于马来西亚社会和经济的发展，也为投资者带来了大量优良的投资机会。

（四）外商投资方式

马来西亚对外商投资，规定了如下三种方式：一是直接投资，采用最多的直接投资方式是：合伙、有限责任合伙、外商独资有限公司、合资有限公司和外国公司分公司、外国公司代表处或区域办公室，本地注册的股份有限公司是外商在马来西亚开展业务最常见的公司形式。二是跨国并购，马来西亚2016年修订了《收购、合并和强制收购规则》，允许外商通过协议收购本地企业的股份或资产，对本地企业进行并购。三是股权收购，马来西亚股票市场向外国投资者开放，允许外商收购本地企业上市，对于直接投资和跨国并购的外商来说，均可以获得 100% 的股权；2009 年，马来西亚取消外资公司在马来西亚上市必须分配 30% 土著股权的限制，变为规定的 25% 公众认购的股份中，要求有 50% 分配给土著，即强制分配给土著的股份实际只有 12.5%。拥有多媒体超级走廊地位、生物科技公司地位以及主要在海外运营的公司可不受土著股权需占公众股份 50% 的限制。

外商在马来西亚从事任何性质的商业活动均须向马来西亚公司委员会进行登记、注册。

（五）外商投资优惠政策

1. 对外商投资持股和居留的优惠待遇。

马来西亚正在逐步放宽外商投资政策，已开始允许外资设立全资控股公司。外商在马投资后也可随时撤资。马来西亚允许外商收购本地注册企业股份，跨国并购当地企业。一般而言，在制造业、采矿业、超级多媒体地位公司、伊斯兰银行等领域，以及鼓励外商投资的五大经济发展走廊，外商可获得 100% 股份；马来西亚政府还先后撤销了 27 个服务业分支领域和上市公司 30% 的股权配额限制，进一步开放了服务业和金融业。

在马来西亚，只要投资 100 万美元便可获得永久居留权，外资企业中的高级专业人员可获 5 年至 10 年的居留权。为鼓励更多外国人到来，马来西亚还推出了"我的第二家园"计划，即在当地有 6000 美元存款即可带家人到马来西亚进行社会访问。

2. 对外商投资的税收减免优惠。

马来西亚对外商投资采取税收减免激励措施，分为直接税激励和间接税激励两种。直接税激励是指对一定时期内的所得税进行部分或全部减免；间接税激励则以免除进口税、销售税或国内税的形式出现。

（1）对不同地位的行业给予不同的税收优惠待遇。马来西亚规定对获得"新兴工业地位"称号的企业可享受为期 5 年的所得税部分减免，仅需就其法定收入的 30% 征收所得税。马来西亚的农业企业与合作企业，也可申请新兴工业地位或投资税务补贴。马来西亚规定对获得"多媒体超级走廊地位"称号的信息通讯企业可在新兴工业地位的基础上，享受免缴全额所得税或合格资本支出全额补贴（首轮有效期为5年），同时在外资股权比例及聘请外籍技术员工上不受限制。马来西亚规定对获得"运营总部地位"、"国际采购中心地位"和"区域分销中心地位"称号的企业除了100%外资股权不受限制以外，还可享受为期10年的免缴全额所得税等其他优惠。

（2）实行投资税务补贴。马来西亚1967年颁布的《所得税法》规定，投资者在土地开垦、农作物种植、农用道路开辟及农用建筑等项目的支出均可申请投资税务补贴和建筑补贴。考虑到农业投资计划开始到农产品加工的自然时间间隔，大型综合农业投资项目在农产品加工或制造过程中的资本支出还可单独享受为期5年的合格资本支出60%的投资税务补贴。该补贴可用于冲抵其纳税年法定收入的70%，其余30%按规定纳税，未用完的补贴可转至下一年使用，直至用完为止。享受新兴工业地位或投资税务补贴的资格是以企业具备的某方面优势为基础的，包括较高的产品附加值、先进的技术水平以及产业关联等。符合这些条件的投资被称为"促进行动"或"促进产品"。马来西亚政府专门制订了有关制造业的《促进行动及产品列表》。

（3）实行再投资税务补贴。马来西亚的再投资税务补贴主要适用于制造业与农业。马来西亚规定对运营12个月以上的制造类企业因扩充产能需要，进行生产设备现代化或产品多样化升级改造的开销，可申请再投资税务补贴。合格资本支出额60%的补贴可用于冲抵其纳税年法定收入的70%，其余30%按规定纳税。

（4）实行加速资本补贴。马来西亚规定对使用了15年的再投资补贴后，再投资在"促进产品"的企业可申请加速资本补贴，为期3年，一年享受合格资本支出40%的初期补贴，之后两年均为20%。除制造业外，加速资本补贴还适用于其他行业申请，如农业、环境管理及信息通讯技术等。

3. 对外商投资的地区鼓励政策。

为平衡区域发展，马来西亚出台对外商投资的地区鼓励政策。已陆续推出的"五大经济发展走廊"，基本涵盖了西马半岛大部分区域以及东马的两个州。马来西亚规定投资该地区的企业，均可申请5-10年免缴所得税，或5年内合格资本支出全额补贴。根据不同区域的实际情况，马来西亚联邦政府制定了不同的重点发展行业。

（1）伊斯干达开发区。位于马来半岛南端柔佛州，占地面积约2200平方公里。鼓励投资行业包括：旅游、教育、医疗保健、物流运输、创意产业及金融咨询服务等，重点推动服务业。

（2）北部经济走廊。位于马来半岛北部玻璃市州、吉打州、槟州及霹雳州北部区域，占地面积约 1.8 万平方公里。鼓励投资的重点行业包括：农业、制造业、旅游、医疗保健、教育及人力资源等。

（3）东海岸经济区。位于东海岸吉兰丹州、登嘉楼州、彭亨州及柔佛州的丰盛港地区，占地面积约 6.7 万平方公里。鼓励投资的重点行业包括：旅游业、油气及石化产业、制造业、农业和教育等。该经济区内 2012 年最受关注的项目是中马两国合作开发的马中关丹产业园区。

（4）沙巴发展走廊。位于东马沙巴州大部分地区，占地面积约 7.4 万平方公里。鼓励投资的重点行业包括：旅游业、物流业及制造业等。

（5）砂捞越再生能源走廊。位于东马砂捞越州西北部，占地面积约 7.1 万平方公里，砂州拥有丰富的能源资源。鼓励投资的重点行业包括：油气产品、铝业、玻璃、旅游业、棕油、木材、畜牧业、水产养殖、船舶工程和钢铁业等。

四、马来西亚对外贸易法律制度

（一）对外贸易法律体系

马来西亚实行自由开放的对外贸易政策，其对外贸易法律体系由国内制定法和国际双边或多边条约构成，基本完善。

1、马来西亚国内制定法。

马来西亚国内制定的主要对外贸易法律法规有：《海关法》（1967 年制定，1988 年修订）、《外汇管制法》（1969 年修正）、《商标法》（1976 年制定，1994 年、1997 年、1998 年、2000 年多次修订）、《专利法》（1983 年制定，2022 修正）、《自由贸易区法》（1990 年）、《反补贴和反倾销法》（1994年 4 月 28 日生效）以及《反补贴和反倾销实施条例》、《关税法》（1996年）、《工业设计法》（1996 年制定，2013 年修正）和《保障措施法》（2006年）等。马来西亚在出口管制上，为履行联合国《不扩散核武器条约》（1968 年 7 月 1 日）的相关义务以及就条约中所述物项建立国家出口管制制度而制定了一项关于战略物项出口的综合法律，即《2010 年战略贸易法》

（STA）。该法规定对战略物项（包括武器和相关材料）的出口、转运、过境和中介活动以及可能促进大规模杀伤性武器及其运载系统的设计、开发和生产的其他活动进行管制。

2、马来西亚政府签署的双边条约。

马来西亚政府与中华人民共和国政府签署的双边条约主要有：《民用航空运输协定》（1987年9月9日生效）、《海运协定》（1987年9月9日生效）、《关于相互鼓励和保护投资协定》（1990年3月31日生效）、《关于未来双边合作框架的联合声明》（1999年5月31日生效）、《关于对所得避免双重征税和防止偷漏税的协定》（1985年11月23日生效）、《关于在世界贸易组织技术性贸易壁垒协定领域合作谅解备忘录》（2004年5月28日生效）、《关于外交与国际关系教育合作的谅解备忘录》（2004年5月28日生效）、《关于扩大和深化经济贸易合作的协定》（2011年4月28日生效）。在中马贸易方面，两国都相互给予优惠待遇，相互鼓励和保护贸易往来。

3、马来西亚政府签署的多边条约。

马来西亚政府与中华人民共和国政府以及东南亚国家联盟成员政府签署的多边条约：《全面经济合作框架协议服务贸易协议》（2007年1月14日）和《中国—东盟产能合作联合声明》（2016年9月7日）等，更有先后于2017年11月14日提起、2020年11月15日正式签署、2022年1月1日正式生效的《区域全面经济伙伴关系协定》（RCEP）。该协定是在新冠疫情肆虐对世界经济造成严重冲击、单边主义和保护主义抬头的情况下，在包括中国、马来西亚在内的15方共同努力下成功签署的。RCEP区域内总人口数达23亿，约占全球人口数量的30%；GDP总量超25万亿美元，约占全球贸易总量25%。RCEP协定涉及的市场规模和经贸发展潜力巨大，超越了欧盟，成为世界上贸易额规模最大的自由贸易协定。该协定的生效，不仅将极大促进区域内经济贸易发展，对亚太地区以至世界经济也具有非常大的提振作用。

截至2021年4月，马来西亚还与韩国、日本、澳大利亚、新西兰、印度、巴基斯坦、智利、土耳其和中国的香港等国家或地区共签署了16个自由贸易协定，为自己构建了一个鼓励和保护自由贸易的国际法律框架体系。

（二）对外贸易主管部门

1. 马来西亚主管对外贸易的政府部门是国际贸易和工业部。其主要职责是：负责对外贸易规则和政策的制定与执行、配额管理，并负责一般产品、机动车辆的进出口许可证发放事务；拟定工业发展战略；促进双边或多边贸易合作；规划和协调中小企业发展；促进和提升私人企业界以及土著的管理和经营能力。

2. 马来西亚国际贸易和工业部于 2010 年 8 月 1 日成立了战略贸易秘书处。其主要职能包括：协调《2010 年战略贸易法》的执行；就与《2010 年战略贸易法》及其发展对马来西亚的影响有关的事项向部长和政府提供建议；与其他组织建立、维持和发展与战略贸易有关的合作；管制和监督出口、过境、转运许可证和中介人证书的签发，以及战略物项的使用及其相关事项。此外，在战略物项出口管制方面履行相关职责的政府机构还有：马来西亚原子能执照局、马来西亚通讯与多媒体委员会以及马来西亚卫生部下属的药品管理局。

3. 马来西亚国际贸易和工业部下属的对外贸易发展局。该局主要负责促进和推动马来西亚制成品和半制成品的对外出口，为马来西亚产品出口提供相关服务。此外，各行业产品的进出口许可证的发放主要由有关行业的管理部门负责，如农业部负责植物及植物产品，原子能许可局负责放射性物质及产生辐射的仪器，兽医服务局负责动物及动物产品等。

4. 马来西亚检验检疫局。为防止动物传染病、寄生虫病和植物危险性病、虫、杂草以及其他有害生物传入，马来西亚政府对进口动植物实施检验检疫。马来西亚检验检疫局成立于 2011 年，隶属于农业和农产品产业部，作为其下属的一个司，负责所有入境口岸（包括海港、机场、陆地口岸以及邮件和快递收发中心）、检疫站、建议设施的检验检疫工作以及颁发有关植物、动物、冷冻肉制品、鱼类、农产品、土壤和微生物等产品的进出口许可证。

5. 其他有关管理部门。马来西亚要求所有肉类、加工肉制品、禽肉、蛋和蛋制品必须来自经农业部兽医服务局检验和批准的工厂；所有进口产品必须获得兽医服务局颁发的进口许可证。所有向穆斯林供应的肉类、加工肉制品、禽肉、蛋和蛋制品必须通过清真认证，牛、羊、家禽的屠宰场以及肉蛋加工设备必须获得伊斯兰发展署的检验和批准。

（三）进出口管理制度

马来西亚虽然实行自由开放的对外贸易政策，进出口管理制度比较宽松，但部分商品的进出口仍要受到许可证或其他限制。

1. 关税制度。

关税，包括进口关税和出口关税，是马来西亚实施进出口管理的主要手段。（1）进口关税。2013 年，马来西亚最惠国税简单平均税率为 6%，农产品为 8.9%，非农产品为 5.5%。目前，马来西亚对大部分原材料、零部件和机械设备取消了进口关税，而对汽车等进口的奢侈品和涉及国内保护行业的产品适用高税率。根据马来西亚《海关法》规定，对个别特殊组织或特定产品缴纳进口关税，财政部长有权批准免除。根据《东盟自由贸易区协定》，自 2005 年 1 月 1 日起，马来西亚将东盟成员各类型整装车的进口关税降至 20%，拆散配件组装车和配件的进口关税减至零；将其他非东盟国家各类型整装车的拆散配件组装车及配件的进口关税分别降至 50% 和 10%。（2）出口关税。马来西亚主要对石油统一征收 20% 的出口关税，对野生动物、木材和棕榈油等产品征收 5%-30% 的出口关税。

2. 进口管理制度。

马来西亚对部分产品实行进口许可证制度。马来西亚将进口产品划分为四类：（1）禁止进口产品：1998 年马来西亚《海关禁止进口令》规定了 14 种禁止进口品，包括含有冰片、附子成分的中成药，45 种植物药以及 13 种动物及矿物质药。（2）实行进口许可的产品：需要许可证的进口产品，主要涉及卫生、检验检疫、安全、环境保护等领域，包括禽类和牛肉、蛋、大米、糖、水泥熟料、烟花、录音录像带、爆炸物、木材、安全头盔、钻石、碾米机、彩色复印机、一些电信设备、武器、军火以及糖精。马来西亚要求所有肉类、加工肉制品、禽、蛋和蛋制品进口必须获得兽医服务局颁发的进口许可证；所有牛、羊、家禽的屠宰场及加工设备必须获得穆斯林发展部的检验和批准。目前大约有 27% 的税目产品需要进口许可证。（3）实行临时进口限制的产品：包括牛奶、咖啡、谷类粉、部分电线电缆以及部分钢铁产品。有的产品要求符合一定特别条件后方可进口，包括动物、动物产品、植物及植物产品、香烟、土壤、动物肥料、防弹背心、电子设备、安全带及仿制武器等。（4）自由进口产品。

3. 出口管理制度。

马来西亚对出口产品实行分类管理制度。马来西亚将出口产品分为三类：（1）禁止出口产品。马来西亚《1988年海关令（禁止出口）》规定，包括禁止向海地出口石油、石油产品和武器及相关产品，禁止出口军火、珊瑚、海龟蛋和藤条等；2005年6月，马来西亚政府决定全面禁止出口橡胶木。（2）实行出口许可管理的产品。主要是短缺物品、敏感或战略性或危险性产品，以及受国际公约控制或禁止进出口的野生保护物种，包括动物及动物产品、大米、食糖、橡胶、纺织品和钢铁等。（3）自由出口产品。马来西亚规定，除个别国家外，大部分商品可以自由出口至任何国家。

第十章

菲律宾投资与公司企业法律制度

一、菲律宾在"21 世纪海上丝绸之路"中的地位与参与情况

菲律宾共和国简称菲律宾，位于亚洲东南部的菲律宾群岛上，地理位置得天独厚，历来是中国通过南海进入太平洋、印度洋的主要通道之一。菲律宾海岸线长约 18533 公里，总面积 29.97 万平方公里，北隔巴士海峡与中国台湾省遥遥相望，首都为大马尼拉市。2022 年，人口约 1.1 亿。在太平洋海上贸易航线上，菲律宾具有独特的战略地位。菲律宾是古代"海上丝绸之路"的重要枢纽；中菲经济往来历史悠久，明朝时期"郑和七下西洋"多次到达菲律宾。1975 年中菲建交后，两国关系不断向前发展。中国提出共建"一带一路"倡议后，菲律宾抓住这个重要契机提出了自己的基础设施发展计划。当前，菲律宾是共建"21 世纪海上丝绸之路"的重要节点国家。

菲律宾是中国在东盟的重要经济伙伴，菲律宾也很重视与中国的经济合作。近年来，菲律宾经济快速发展，也得益于中菲之间对外贸易的深度合作与发展。2015 年，中国与菲律宾双边货物进出口额 456 亿美元；2016 年，中国与菲律宾双边货物进出口额 472 亿美元；2017 年，中国与菲律宾双边货物进出口额 513 亿美元；2018 年，中国与菲律宾双边货物进出口额 557 亿美元；2019 年，中国与菲律宾双边货物进出口额 610 亿美元；2020 年，

中国与菲律宾双边货物进出口额 611 亿美元[1]；2021 年 1 月 -11 月，中国与菲律宾双边货物进出口额 744 亿美元，相比 2020 年同期增长了 199 亿美元，同比增长 36.6%[2]。虽然菲律宾在东盟成员中经济发展情况较好，但其基础设施一直是本国经济发展和吸引外国投资的重要桎梏。而基础设施建设需要大量资金，菲律宾政府自身无法解决。2015 年 12 月 31 日，菲律宾正式签署了《亚洲基础设施投资银行协定》，成为亚投行第 57 个创始成员。菲律宾是中国重要的贸易伙伴，也是"21 世纪海上丝绸之路"的重要参与国。

二、菲律宾的法律传统与法治环境

菲律宾最早的祖先是亚洲大陆的移民。[3]14 世纪前后，菲律宾出现了由土著部落和马来族移民构成的一些割据王国，其中最著名的是 14 世纪 70 年代兴起的苏禄王国。1521 年，麦哲伦率领西班牙远征队到达菲律宾群岛。1565 年西班牙殖民者占领菲律宾，统治长达 330 多年。1896 年菲律宾人民发动革命，1898 年 6 月 12 日，菲律宾宣布独立。但同年美国又发动"美西战争"从而占领了菲律宾。1942 年到 1945 年菲律宾被日本侵略者占领。"二战"结束后，菲律宾再次沦为美国殖民地。1946 年 7 月 4 日，菲律宾才重新获得独立。菲律宾曾经被西班牙和美国长期殖民统治，所以其法律发展也就深受西班牙和美国的影响，从而形成了融合了亚洲、西班牙和美国三种文化因素的独特法律制度。

在西班牙殖民统治期间，西班牙法律在菲律宾处于主导地位。西班牙在 19 世纪开始了法典编纂运动，产生了一系列重要法典。这些法典的适用范围除了西班牙本土，还包括菲律宾。美国占领菲律宾后，通过国会法案和菲律宾本地立法机构的行动形成了新的立法，所有的西班牙法、习惯和财产权与美国宪法、原则和制度不一致的都被取代。1946 年 7 月 4 日菲律宾共和国宣告成立后，开始了新的立法运动。尤为典型的是 1947 年其着手制定

---

1 《2015-2020 年中国与菲律宾双边贸易额与贸易差额统计》，来源：华经情报网，载 https://www.huaon.com/channel/tradedata/685236.htm，最后访问时间：2023 年 8 月 24 日。

2 《2021 年 11 月中国与菲律宾双边贸易额与贸易差额统计》，来源：华经情报网，载 https://www.huaon.com/channel/tradedata/774117.htm，最后访问时间：2023 年 8 月 24 日。

3 ［菲］格雷戈里奥·赛义德：《菲律宾共和国——历史、政府与文明（上册）》，吴世昌译，商务印书馆 1979 年版，第 27 页。

《菲律宾民法典》，逐步探索建立与自己的民族特性相一致的法律体系。[1]

三、菲律宾外商投资法律制度

（一）外商投资法律体系

菲律宾的外商投资法律体系包括宪法等不同效力层级的相关法律文件。《菲律宾宪法》第十二章第二条规定[2]，外国投资者在菲律宾可以取得农地所有权。第十二章第十一条规定："经营公用事业的特许、执照或任何其他形式的授权，只能授予菲律宾公民或根据菲律宾法律组织的、其资本百分之六十以上为菲律宾公民所有的公司或社团。但是这种特许或授权并不具有独占性质，其期限不得超过五十年，并且得由国会根据公共利益的需要予以修改、变更或撤销。国家鼓励全国公众参与公用事业的投资。外国投资者在任何公用事业公司董事会成员中的比例，不得超过他们在资本中所占份额的比例，这类公司或组织的一切行政管理人员必须是菲律宾公民。"[3]可见，外国投资者在公用事业公司的股份、任职和公司存续期限都受到限制。第十二章第十二条规定："国家鼓励优先雇佣菲律宾劳工，使用国内材料和本地生产的货场，并采取措施使之具有竞争力。"[4]可见，菲律宾要求外国投资为本地劳动力就业和素质提升服务。第十六章第十一条规定："（1）新闻媒介的所有权和管理权应只限于菲律宾公民，或全部由菲律宾公民所有和管理的公司、合作社或组织。公共利益需要时，国会应管制或禁止对商业新闻媒介的垄断，不允许成立旨在限制贸易或进行不公平竞争的联合体。（2）广告业对公众利益有影响，应以法律管制，以保护消费者利益并促进民众福利。广告业必须由菲律宾公民，或其资本百分之七十以上为菲律宾公民所有的公司或组织经营。外国投资者在广告公司董事会成员中比例不得超过他们在资本中所占份额的比例。广告公司的所有行政人员和管理人员应为菲律宾公民。"[5]可见，外

1　蒋军洲译：《菲律宾民法典》，厦门大学出版社 2011 年版，第 1-8 页。
2　《菲律宾法治指数升至全球第 97 位》，来源：菲律宾菲龙网，载 https://www.sohu.com/a/727179314_121687424，最后访问时间：2023 年 8 月 24 日。"
3　《菲律宾宪法》第十二章。
4　《菲律宾宪法》第十二章。
5　《菲律宾宪法》第十六章。

国投资者投资菲律宾广告业公司，股份和任职都受到严格限制。菲律宾规范外商投资的法律有：1987 年《综合投资法》（即第 226 号行政命令）及其相关的修改法案、1991 年《外国投资法》及其相关的修改法案，还有其他一系列法案。[1]

（二）外商投资形式

根据菲律宾 1991 年《外国投资法》及其他相关法律，外商在菲律宾可设立的企业形式如下图所示：

独资企业	独资企业是由个人全部出资、独享收益并承担全部责任的企业形式，须向菲律宾贸工部申请设立。
合伙企业	合伙企业由两名以上合伙人建立，具有区别于其合伙人的独立人格可以为有限责任或无限责任，在菲律宾证券交易委员会申请设立要求每名合伙人至少出资 3000 比索。
公司	公司根据《公司法》，由 5-15 名发起人设立，向菲律宾证券交易委员会申请注册，实缴资本至少为 5000 比索。
分公司	分公司是外国公司的延伸机构，不是独立法人，可以在菲律宾境内取得收入，注册时须向菲律宾境内汇入 20 万美元资本。
代表处	代表处代表母公司在菲律宾境内从事信息发布、联络、促销、质量控制之类的活动，不在菲律宾境内取得收入，注册时须向菲律宾境内汇入 3 万美元资本。
区域总部或区域运营总部	区域总部是母公司在该地区分公司、子公司及其他附属机构的管理沟通和协调中心。地区总部不允许在菲律宾获得任何收入，或以任何形式参与菲律宾当地任一分公司或子公司的管理，或代表它的母公司，或分公司、子公司，附属机构或任何其他公司在菲律宾开展何产品或服务的营销行为。

（三）注册资本

菲律宾《外国投资法》对以下几种情况有最低注册资本的要求。

---

[1] 具体包括：1995 年《经济特区法》、第 66 号总统令、共和国 8366 号法案、共和国 1797 号法案、《投资者租赁法案》《经济特区法案》、第 7721 号法案、1998 年《金融公司法案》、第 8762 号法案等。

在菲律宾经济区署（PEZA）所属的各类经济区、出口加工区和保税区内从事专业仓储业务	无论独资或合资，最低注册资本为 200 万美元。
投资于投资优先计划（IPP）范围之先锋领域	无论独资或合资，最低注册资本为 10 亿比索。
投资于菲律宾"国内企业"	如为外资所有，最低注册资本为 20 万美元；如为菲律宾人所有，无最低注册资本要求。

（四）税收优惠

根据菲律宾相关规定，所有的登记企业都在所从事的投资优先领域范围内享有以下税收减免：

1、所得税免税期。（1）开拓性企业自商业经营之日起 6 年，非开拓性企业自商业经营之日起 4 年，新登记企业应当完全减免政府征收的所得税。在符合法定条件时，所得税减免延期 1 年，但不得超过 8 年。（2）自商业经营之日起 3 年，登记扩建企业有权根据委员会可能确定的条款和条件，按扩建的比例，享受国家政府征收的所得税减免，但不再享受增殖劳动力成本扣除。

2、人工费的额外扣除。自登记之日起 5 年内，若符合法律的规定，可以给予相当于熟练和非熟练工人直接人工工资所得额 50% 的额外扣除，并且若位于欠发达地区，还可以翻番。

3、进口机械设备税款及关税减免和国产资本设备的税收抵免。对符合法定条件的购买进口或国产设备的行为可以减免税款，但这两种优惠措施已经不再适用。

4、承包商税收免除。登记企业应免于缴付承包的税款，无论是国税还是地税。

5、种畜及基因材料免税。企业注册或商业经营之日起 10 年内进口的种畜和基因材料都应免除所有税费和关税，条件是这种种畜和基因材料：（1）本地没有，或者不能以可比的质量和合理的价格从本地获取；（2）在登记活动中有合理的需要；（3）经委员会批准。

6、原材料税费及关税抵免。每家登记企业用于制造、加工或生产产品及形成部件的供应品、原材料和半成品，都应当享受税收抵免，金额相当于这些物品缴纳的国家内地税和海关关税,但国内采购的供应品、原材料和半成品在销售发票中要单列出来。

7、进口零部件税费及关税抵免。登记企业进口必要的供应品和寄售设备的备件,或者那些通过保税制造仓库免税进口的物品,都应当抵免应当缴纳的海关关税和国家内地税:(1)至少70%的产量出口;(2)这种零配件和供应零配件和供应品都只能按海关总署可能施加的条件,在登记企业的保税制造仓库里使用。

8、码头费及任何出口税、关税、进口税费减免。不管法律是否有相反的规定,登记企业出口非传统出口产品都应免除任何码头费及任何出口税、关税、进口税费。菲律宾外国投资法还对区域或地区总部或区域运营总部,对跨国公司设立区域性仓库,对出口加工区企业,都给予了不同的税收减免政策。[1]

(五)核准机关

根据菲律宾法律规定,在菲律宾注册企业的受理机构是:

证券交易委员会(SEC)	负责注册法人企业(5人以上)和合伙企业(3人以上)
贸工部(DTI)	负责注册商业名称(有效期5年)和注册独资企业(以个人名义办公司)
投资署(BOI)	负责注册优先投资计划下的享受优惠企业
菲律宾经济区署(PEZA)、苏比克湾管理署、克拉克发展署、卡加延经济区署菲弗德克工业署和三宝颜经济区署	负责注册其他享受优惠的投资促进代理机构
菲律宾中央银行(BSP)	负责外国投资注册(以资本回收和利润汇出为目的)

(六)产业政策和地区政策

1. 菲律宾的产业政策。

菲律宾的产业政策将所有投资领域分为三类,即优先投资领域、限制投

---

1 陈志波,米良:《东盟国家对外经济法律制度研究》,云南大学出版社 2006 年版,第 16-19 页。

资领域和禁止投资领域。

（1）优先投资领域。"2014 年 10 月 28 日，菲律宾投资署发布《2014年 -2016 年投资优先计划》，将制造业、农业和渔业、服务业（集成电路设计、创意产业和知识型服务、船舶修理、电动车、保养维修和飞机大修、工业废物处理）、经济低价房、医疗卫生业、能源、公共基础设施和物流业、公私伙伴合作项目等 8 大领域列入首选项目。"投资优先计划"规定投资者可能获得的补助政策将根据该企业对经济发展的实际贡献而决定。企业的所得税免税期限将基于以下因素：投资项目的净附加收益、创造工作机会、乘数递增效应、实际能力等。"[1]2015 年 4 月 6 日，菲律宾投资署发布《2014年 -2016 年投资优先计划（IPP）实施指南》，规定政府鼓励投资政策的具体准则。指南提出，2014 年 -2016 年 IPP 计划系三年滚动计划，以确保国内和外国投资者的连续性、一致性和可预测性。

（2）限制或禁止投资领域。菲律宾政府每两年更新一次限制外资项目清单，现行有效清单为 2015 年 5 月 29 日公布的第十版。其中规定，11 种行业不允许外资进入，部分领域外国人权益不得超过 20%，部分领域外国人权益不得超过 25%，绝大多数领域外国人权益不得超过 40%。2014 年 7 月，菲律宾国会通过了新的外资银行法修正案。此前法律规定，只允许外资银行购买或拥有本地银行 60% 的股份或设立分行，许多外商一直在呼吁菲律宾放开对外资银行的限制。修正案放开了外资银行准入和经营范围。菲律宾政府宣称，此举也是菲律宾迈向东盟经济一体化包括金融一体化的需要。

2. 菲律宾的地区政策。

（1）菲律宾将棉兰老岛地区专门列入投资优先计划。2013 年投资优先计划专列《棉兰老岛自治区特别清单》。

（2）经济特区鼓励政策。在菲律宾经济区署（PEZA）投资的外国企业享受相应的优惠政策。[2]

---

1 《菲律宾发布〈2014-2016 年投资优先计划实施指南〉》，来源：中国—东盟中心网站，载 http://asean-china-center.org/2015-04/08/c_134131944.htm，最后访问时间：2023 年 8 月 24 日。

2 《商务参赞谈做生意》，载《中国经贸》2010 年第 3 期。

四、菲律宾公司企业法律制度

菲律宾的公司企业法律制度主要包括《菲律宾民法典》中的合伙部分和《菲律宾公司法》相关规定。

（一）合伙法律制度

菲律宾合伙法律制度体现在《菲律宾民法典》第四编"债与合同"第九题"合伙"中，共四章：第一章"一般规定"，第二章"合伙人的义务"，第三章"解散和清算"，第四章"有限合伙"。中国合伙法律制度，主要包括两个部分：一是《民法典》中关于"个人合伙"的规定；二是《合伙企业法》[1]。

1. 合伙的概念和特征。

《菲律宾民法典》一千七百六十七条规定："根据合伙合同，两人或多人意图在他们之间分配利润而立约以金钱、财产或劳务共同出资。两人或多人也可以为从事一项职业成立合伙。"中国《合伙企业法》对合伙企业进行了列举式定义[2]。该定义未能揭示合伙的内涵。

从两国立法来看，菲律宾和中国关于合伙概念并无实质区别，都认为合伙是两个或两个以上公民根据合伙协议，各自提供资金、实物、工业产权，共同经营，并共负盈亏的组织。要成立合伙，都必须：第一，合伙人签订合伙协议，这是合伙人关于合伙成立的共同意志表达。第二，合伙人必须具备相应的民事行为能力，这是签订合伙协议和参与合伙经营的必要条件。第三，要有共同出资作为经营基础和对外负债担保，出资形式可以是资金、实物、工业产权和技术。第四，不存在公益合伙，合伙的存在都是为了一定的经济目的。当然，该经济目的必须合法。

---

1 《中华人民共和国合伙企业法》于 1997 年 2 月 23 日第八届全国人民代表大会常务委员会第二十四次会议通过，2006 年 8 月 27 日第十届全国人民代表大会常务委员会第二十三次会议修订。《合伙企业法》共六章，109 条。包括：总则；普通合伙企业；有限合伙企业；解散、清算；法律责任；附则。

2 《中华人民共和国合伙企业法》第二条："本法所称合伙企业，是指自然人、法人和其他组织依照本法在中国境内设立的普通合伙企业和有限合伙企业。"

2. 合伙的民事主体资格。

《菲律宾民法典》一千七百六十八条规定："合伙具有独立并且区别于各合伙人的法律人格。"[1]合伙企业具有独立人格，就像公司一样，一个合伙企业就是一个法律上的"人"，接受证券和交易委员会管理控制。

我国《民法典》取消了个人合伙，将个人合伙视为一种合同关系。合伙企业属于非法人组织，具备独立民事主体资格。

3. 合伙人的权利和义务。

《菲律宾民法典》第九题第二章规定了合伙人的义务。主要包括：第一，出资义务。第一千七百八十六条规定："各合伙人因允诺了出资而成为合伙的债务人"；第一千七百八十八条规定："合伙人允诺以一笔金钱出资却未能如此行为的，他自应履行其义务时起，对此等金钱所生的利息和合伙遭受的损害负有债务。"

第二，竞业禁止。第一千七百八十九条规定："劳务合伙人不能为自己从事营业，但合伙明确允许这样做的除外；劳务合伙人为自己从事营业的，资本合伙人可以将他逐出合伙，或使用劳务合伙人违反本规定可能取得的利益，而在这两种情形资本合伙人还均有权取得损害赔偿。"第一千八百零八条规定："资本合伙人不能为自己利益从事合伙所从事的营业种类的任何经营，但有相反约定的除外。违反此等禁止的任何资本合伙人应把他从自己的交易中产生的任何利润归入共同资产，而任何亏损则由他本人单独承担。"

第三，共负盈亏。第一千七百九十八条规定："合伙的亏损和利润应按协议予以分配。仅约定了各合伙人的利润份额的，亏损份额应按同一比例分担。"

《菲律宾民法典》第一千七百九十八条第二款规定："不能委托其中一合伙人指定各其亏损和利润份额。"第一千七百九十九条规定："排除一个或不止一个合伙人的任何利润或者亏损份额的约定无效。"

第四，知情权。第一千八百零五条规定："合伙账簿应保存于合伙的主营业地，但这受合伙人之间的任何协议约束；并且各合伙人在任何合理时间均有权接触到并可以检查和复制任何此等账簿。"第一千八百零六条规定：

---

1 《菲律宾民法典》第 1768 条。

"合伙人应依请求向任何合伙人、任何死亡合伙人的合法代表人或任何无行为能力的合伙人的合法代表人，提供所有影响合伙的事情的真实完全的信息。"

4. 合伙的解散和清算。

（1）合伙的解散。

《菲律宾民法典》第一千八百三十条、一千八百三十一条规定，合伙的解散事由包括自动解散和法定解散。第一千八百三十条规定了（1）未违反合伙人之间协议的：①协议中规定的确定期限届满和特定任务完成。②如果未规定确定期限和特定任务，诚信行事的任一合伙人明示想解散。③全体合伙人均未转让他们对合伙享有的利益或未使此等利益遭受负担其分别债务而明示想解散，此等意愿可以在任何确定期限届满或者特定任务完成之前或之后作出。④根据当事人之间的协议授予的权利，诚信地将任一合伙人逐出营业。（2）违反合伙人之间的协议的，如果情况不允许根据本条任何其他规定解散，任一合伙人在任何时间明示想解散。（3）任何事件导致实施合伙营业非法或成员在合伙中实施营业非法。（4）合伙人允诺把特定物出资于合伙，此等特定物在交付前灭失；以物出资的合伙人保留了其所有权，而仅向合伙转移了此等物的用益权或使用权的，在任何情形下此等物灭失；在合伙取得了物的所有权后发生灭失的，合伙并不因该灭失而解散。（5）任一合伙人死亡。（6）任一合伙人或合伙偿付能力丧失。（7）任一合伙人受民事禁止。（8）根据下一条规定的法院裁判。（1700a 和 1701a）。"一千八百三十一条规定："在下列情形，根据一合伙人的申请或根据对一合伙人的申请，法院应裁判合伙解散：（1）一合伙人在任何司法程序中被宣告为精神病人或一合伙人被证明精神不健全的。（2）一合伙人在任何其他方面变得无能力履行合伙合同中他应履行的部分的。（3）一合伙人实施有诸如对继续营业趋于不利影响的行为的。（4）一合伙人故意或经常违反合伙协议，或者一合伙人另外经营与合伙经营业相关的事项，以至于与该合伙人继续合伙营业不再合理可行的；（5）合伙仅能亏本继续营业的；（6）其他情况致使衡平解散的。"

我国《合伙企业法》规定："合伙企业有下列情形之一的，应当解散：（1）合伙期限届满，合伙人决定不再经营。（2）合伙协议约定的解散事由出现。（3）全体合伙人决定解散。（4）合伙人已不具备法定人数满三十天。（5）合伙协议约定的合伙目的已经实现或者无法实现。（6）依法被吊销营业执照、责令关闭或者被撤销。（7）法律、行政法规规定的其他原因。"

由上可见，《菲律宾民法典》对合伙的解散规定得更为细致，我国《合伙企业法》对合伙的解散的规定比较简略。

（2）合伙的清算。

合伙企业的清算可由法律或法律外原因导致，合伙企业可由下列原因导致清算：第一，合伙协议中的规定；第二，无合伙协议的，退伙人无过错，或最后一位合伙人为法人且没有破产，有权申请清算。

如果没有相反约定，合伙企业解散后，根据《菲律宾民法典》第一千八百三十九条规定，应适用下列原则：（1）合伙债务的清偿顺序：①合伙企业对外的债务优先于对各合伙人的债务的偿还。②对合伙人债务的偿还优先于应偿还的出资和利润。③合伙人的出资。④合伙人应得的利润。（2）应先用合伙企业的财产偿还合伙企业的债务，不足部分由各合伙人财产承担。（3）各合伙人应按《菲律宾民法典》第一千七百九十七条的规定偿还合伙企业的债务出资。（4）债权人及其代理人或法院指派的人有权要求强制执行上述财产。（5）合伙人所清偿的债务额超过其应当偿还的数额时，有权向其他合伙人追偿。（6）已死亡的合伙人的个人财产也可以用于偿还合伙企业的债务。（7）当合伙企业的财产和合伙人的财产由法院分配时，合伙企业的债权人应优先受偿。（8）如果一个合伙人破产，其财产应按下列顺序偿还：①自己的债务。②合伙企业的债务。③欠其他合伙人的出资。

我国《合伙企业法》第八十六到九十条对合伙企业的清算作出了规定。（1）合伙企业解散，应当由清算人进行清算。清算人由全体合伙人担任；经全体合伙人过半数同意，可以自合伙企业解散事由出现后十五日内指定一个或者数个合伙人，或者委托第三人，担任清算人。自合伙企业解散事由出现之日起十五日内未确定清算人的，合伙人或者其他利害关系人可以申请人民法院指定清算人。（2）清算人在清算期间执行下列事务：①清理合伙企业财产，分别编制资产负债表和财产清单。②处理与清算有关的合伙企业未了结事务。③清缴所欠税款。④清理债权、债务。⑤处理合伙企业清偿债务后的剩余财产。⑥代表合伙企业参加诉讼或者仲裁活动。（3）清算人自被确定之日起十日内将合伙企业解散事项通知债权人，并于六十日内在报纸上公告。债权人应当自接到通知书之日起三十日内，未接到通知书的自公告之日起四十五日内，向清算人申报债权。债权人申报债权，应当说明债权的有关事项，并提供证明材料。清算人应当对债权进行登记。清算期间，合伙企业存续，但不得开展与清算无关的经营活动。（4）合伙企业财产在支付清算费用和职工工资、社会保险费用、法定补偿金以及缴纳所欠税款、清偿债务后的剩余财产，依照本法第三十三条第一款的规定进行分配。（5）清算结束，清算人应当编制清算报告，经全体合伙人签名、盖章后，在十五日内向企业登记机关报送清算报告，申请办理合伙企业注销登记。

由上可见，我国对合伙清算的主体及程序的规定比菲律宾更为科学细致。但是，《菲律宾民法典》第一千八百三十九条第九款的规定在我国是空白："一合伙人变得偿付能力丧失的或其遗产不足偿债的，针对其分别财产的请求权应以下列顺序排列：（1）对分别债权人的负债。（2）对合伙债权人的负债。（3）因出资对合伙人的负债。"我们认为，《菲律宾民法典》此款规定是其高明之处。

5. 有限合伙。

《菲律宾民法典》在第九题第四章对有限合伙进行了规定。第一，有限合伙的界定。根据一千八百四十三条规定，有限合伙必须一个一般合伙人（普通合伙人）。第二，有限合伙的设立。根据一千八百四十四条规定，两个或两个以上的人想要组成有限合伙，必须签署、宣誓遵守一个文件，并向证券和交易委员会递交申请文件。该文件包括下列内容：合伙企业名称并注明"有限"，合伙企业的经营范围、主营业地，每个普通合伙人和有限合伙人的姓名、住址、合伙企业的期限、出资数额，每个有限合伙人的特别出资及时间、事由、归还时间，有限合伙人可得的利润份额及应得补偿，有限合伙人指定代理人的权利，当其他普通合伙人死亡、退休、患精神病或破产时，其他普通合伙人的权利，有限合伙人有权要求接受非现金作为出资回报的权利。第三，有限合伙人的权利。根据一千八百五十一条规定，在合伙关系存续的情况下，有限合伙人：有权在合理时间查看、复印保存在主营业地的合伙企业的账目；有权知道所有真实、全面的影响合伙企业生存与发展的信息；有权根据法院判决，要求合伙企业解散或破产；可以贷款给合伙企业并和合伙企业交易；在合伙企业解散或约定的解散合伙企业的期限到来时，提前 6 个月书面通知即可要求返还其出资。

我国《合伙企业法》第三章对有限合伙进行了规定。第一，有限合伙的界定。有限合伙至少应当有一个普通合伙人。这一点规定与《菲律宾民法典》规定一致。第二，有限合伙的设立。根据《合伙企业法》规定，有限合伙企业名称中应当标明"有限合伙"字样。合伙协议首先应载明下列事项：（1）合伙企业的名称和主要经营场所的地点。（2）合伙目的和合伙经营范围。（3）合伙人的姓名或者名称、住所。（4）合伙人的出资方式、数额和缴付期限。（5）利润分配、亏损分担方式。（6）合伙事务的执行。（7）入伙与退伙。（8）争议解决办法。（9）合伙企业的解散与清算。（10）违约责任。同时还必须载明：（1）普通合伙人和有限合伙人的姓名或者名称、住所。（2）执行事务合伙人应具备的条件和选择程序；（3）执行事务合伙人权限与违约处理办法。（4）执行事务合伙人的除名条件和更换程序。（5）有限合伙人入伙、退伙的条件、程序以及相关责任。（6）有限合伙人和普通合伙人相互转变程序。

要特别注意的是：第一，《菲律宾民法典》第一千八百四十五条和我国《合伙企业法》第六十四条都规定有限合伙人只能以财产和现金出资，不能用劳务出资。第二，我国《合伙企业法》第七十一条允许有限合伙人与合伙发生交易，并可以从事与有限合伙相竞争的业务，除非合伙协议另有约定。《菲律宾民法典》一千八百五十四条允许有限合伙人贷款给合伙和与合伙进行其他交易，但是没有允许有限合伙人从事与有限合伙相竞争的业务。这一点中国规定更为宽松自由。第三，《菲律宾民法典》第一千八百五十三条规定，一个合伙人既可以是有限合伙人又可以是普通合伙人，当然同时规定：必须在有限合伙证书中载明此事实，同时该合伙人享受一般合伙人所有的权利，受一般合伙人所有的限制约束。这一规定在我国也是空白。

（二）公司法律制度

《菲律宾公司法》规定的主要公司类型是股份公司，封闭公司、非股份公司、教育公司、宗教公司和外国公司作为特殊形式规定在《菲律宾公司法》中。我国《公司法》规定的主要公司类型是有限责任公司和股份有限公司。下面主要就两国股份公司的相关规定进行比较。

1. 公司设立。

《菲律宾公司法》对公司的设立有如下规定：第一，发起人。发起人应该是 5-15 个达到法定年龄的自然人，其中半数以上应该是菲律宾公民，发起人可为任何合法目的设立私公司，每一个股份公司的发起人至少要认购股本的一份股票。第二，公司存续期限。除非在期限到来之前延期，一个公司自成立之日起不应超过 50 年。公司可以在到期日之前通过修改公司章程来延续存在期限。除非有正当理由并有证券和交易委员会同意，公司不能早于到期日之前五年前延展期限。第三，最低股本。除特别法对此有要求，菲律宾《公司法》没有规定最低股本。第四，认购比例。在公司成立时，章程中规定的最少 25% 的股本应该被认购，并且认购总额中至少 25% 的份额应在认购日期或认购合同中约定的日期前被认购，已交付资本不能少于 5000 比索。第五，公司章程。所有依据菲律宾《公司法》设立的公司都应提交证券和交易委员会一份使用官方语言并由所有发起人签名、承认的公司章程。公司章程在内容上要包括：公司名称；公司成立目的；公司在菲律宾境内主营业地；公司的存在年限；发起人的姓名、国籍和地址；5-15 名董事；第一次常规董事选举之前代理董事的姓名、国籍和地址，股份公司还需注明股本数额、股票数额和面值、发起人的姓名、国籍、住址、认购数额、认购股票有无面值；非股票公司需要注明资本数额、设立人姓名、国籍、住所和每个设立人的出资；其他规定。第六，公司章程的修改。经半数以上的董事同意，并有持 2/3 以上认购股票额的股东投票或书面同意，可以修改公司章程。非股份公司需经 2/3 以上成员同意才可以修改公司章程。修改后的公司章程由证券和交易委员会审查通过后生效。如果不符合法律要求的形式或内容，证券和交易委员会应该给创立人一段合理的时间来修改公司章程。[1]

我国《公司法》第四章规定了股份公司的设立。第一，发起人[2]。菲律宾的要求是 5-15 人，两国规定不同。第二，公司存续期限。中国公司法未规定公司的存续期限。这一点与菲律宾不同。第三，最低股本。与菲律宾一样，中国也未对公司最低股本做出要求。第四，认购比例。[3]我国《公司法》对于募集设立方式要求发起人认购公司股份总数 35 以上，高于菲律宾 25%

---

1 米良、周麒:《东盟国家公司法律制度研究》，中国社会科学出版社 2008 年版，第 368-370 页。

2 《中华人民共和国公司法》第九十二条:"设立股份有限公司，应当有一人以上二百人以下为发起人，其中应当有半数以上的发起人在中华人民共和国境内有住所。"

3 《中华人民共和国公司法》第九十七条:"以发起设立方式设立股份有限公司的，发起人应当认足公司章程规定的公司设立时应发行的股份。以募集设立方式设立股份有限公司的，发起人认购的股份不得少于公司章程规定的公司设立时应发行股份总数的百分之三十五;但是，法律、行政法规另有规定的，从其规定。"

的规定。但是我国《公司法》未规定认购金额。第五，公司章程。[1] 第六，公司章程修改。[2] 这一规定与菲律宾公司法一样。

2. 董事任免。

菲律宾《公司法》规定，任何董事在任职公司至少拥有其公司股票的一份股份，并且董事会过半数成员应为菲律宾公民。任何被终审判决超过 6 年徒刑，在选举日或被任命前 5 年内违反本法者，不得当选为公司董事。除了公司法中的这些一般规定，特别法对某些种类的公司还有特别规定：银行金融机构董事会成员中至少 2/3 的董事应是菲律宾公民；农村信用社和注册投资公司的董事都应是菲律宾公民；国内航空运输公司的董事长、至少 2/3 的董事会成员和其他的管理人员应是菲律宾公民；投资机构的董事会半数以上的董事应是菲律宾公民，并且除非得到货币委员会的允许，任何投资机构的董事不得兼任其他银行的董事；大众传媒、商业电信、教育机构必须由菲律宾公民或菲律宾公司管理。董事的罢免由秘书按照总裁命令或按照股东的书面要求，在非股份公司按半数以上成员的书面要求，经 2/3 以上的股东或代表 2/3 以上认购股份额的股东，在非股份公司里 2/3 以上成员，在公司的常规会议或专门为此召开的会议上投票，即可罢免董事会成员。[3]

我国《公司法》并未要求董事必须持有公司股份，同时并未对董事国籍有限制性规定。我国《公司法》第一百一十七条规定，董事由股东大会选举产生。第一百一十六条规定，股东大会任免董事要经出席会议的股东所持表决权过半数通过。对比菲律宾公司法对董事任免须得到 2/3 以上的股东或代表 2/3 以上认购股份额的股东同意，菲律宾的规定要求更高。

1　《中华人民共和国公司法》第九十五条："股份有限公司章程应当载明下列事项：（一）公司名称和住所；（二）公司经营范围；（三）公司设立方式；（四）公司注册资本、已发行的股份数和设立时发行的股份数，面额股的每股金额；（五）发行类别股的，每一类别股的股份数及其权利和义务；（六）发起人的姓名或者名称、认购的股份数、出资方式；（七）董事会的组成、职权和议事规则；（八）公司法定代表人的产生、变更办法；（九）监事会的组成、职权和议事规则；（十）公司利润分配办法；（十一）公司的解散事由与清算办法；（十二）公司的通知和公告办法；（十三）股东会认为需要规定的其他事项。"

2　《中华人民共和国公司法》第一百一十六条第三款："股东会作出修改公司章程、增加或者减少注册资本的决议，以及公司合并、分立、解散或者变更公司形式的决议，应当经出席会议的股东所持表决权的三分之二以上通过。"

3　米良、周麒：《东盟国家公司法律制度研究》，中国社会科学出版社 2008 年版，第 372 页。

3. 董事会的权限和义务。

菲律宾《公司法》规定，董事会在行使职权时，不得超出具体权限范围。（1）管理公司日常事务。（2）在公司经营范围内决定或签订合同。（3）在章程规定的权限内行为。董事会同时负有如下义务：（1）忠诚义务。董事要为了公司最大利益来履行职责，不得从中谋取私利或者为实现私利而影响公司利益。（2）谨慎义务。董事在履行职责的过程中要谨慎、勤勉。

我国《公司法》对董事会的职权以及义务从积极和消极两个方面进行了更为详尽的规定。

董事会	（1）召集股东会会议，并向股东会报告工作；
	（2）执行股东会的决议；
	（3）决定公司的经营计划和投资方案；
	（4）制订公司的利润分配方案和弥补亏损方案；
	（5）制订公司增加或者减少注册资本以及发行公司债券的方案；
	（6）制订公司合并、分立、解散或者变更公司形式的方案；
	（7）决定公司内部管理机构的设置；
	（8）决定聘任或者解聘公司经理及其报酬事项，并根据经理的提名决定聘任或者解聘公司副经理、财务负责人及其报酬事项；
	（9）制定公司的基本管理制度；
	（10）公司章程规定或者股东会授予的其他职权。
董事、高级管理人员不得有下列行为	（1）侵占公司财产、挪用公司资金；
	（2）将公司资金以其个人名义或者以其他个人名义开立账户存储；
	（3）利用职权贿赂或者收受其他非法收入；
	（4）接受他人与公司交易的佣金归为己有；
	（5）擅自披露公司秘密；
	（6）违反对公司忠实义务的其他行为。

4. 公司的解散。

菲律宾《公司法》规定，公司解散的事由主要有：（1）公司章程规定的营业期限届满或公司章程规定的其他事由出现。（2）股东会决议解散公司。（3）公司合并要解散公司。

由于上述原因公司解散，将产生下列后果：（1）公司不能继续其设立时的经营范围，也就是说公司不能拥有或转让财产、不能签订合同、不能行使其许可证授权的权力、不能继续经营业务。（2）在公司解散后，公司还可以继续存在三年，但只能进行与清算有关的业务。（3）一般来说，三年的期限以后公司不能再作为诉讼主体，但如果与公司有关的诉讼在三年中还没有结束，可适当延长期限。[1]

我国《公司法》规定了公司解散的原因：（1）公司章程规定的营业期限届满或者公司章程规定的其他解散事由出现。（2）股东会决议解散。（3）因公司合并或者分立需要解散。（4）依法被吊销营业执照、责令关闭或者被撤销。（5）人民法院依照公司法第二百三十一条的规定予以解散。对比可见，我国《公司法》关于公司解散事由的规定囊括了菲律宾《公司法》的规定。同时，我国《公司法》第二百二十九条第四项和第五项规定了行政机关行为导致解散和在公司出现僵局时中小股东的解散权，在制度设计上显然更为科学合理。

1　米良、周麒:《东盟国家公司法律制度研究》，中国社会科学出版社2008年版，第376页。

第十一章

印度尼西亚投资与贸易法律制度

一、印尼在"21世纪海上丝绸之路"的地位与参与情况

印度尼西亚简称印尼位于亚洲东南部，横跨赤道，处在亚洲与澳洲之间，濒临印度洋和太平洋，是"21世纪海上丝绸之路"的海上枢纽。印尼国土面积191.3万平方公里，由1.7万个岛屿组成，有"万岛之国"之称；印尼海岸线长，海洋资源丰富，是东盟内最大的经济体。印尼总人口达2.71亿，是世界第四人口大国；约有300多个民族、742种语言和方言，官方语言为印尼语。印尼无国教，但规定一定要信仰宗教。印尼虽然不是伊斯兰国家，但为世界上穆斯林人口最多的国家，86%以上人口信奉伊斯兰教。大部分佛教徒为华人。印尼最大的民族是爪哇族，占全国人口总数的42%；其次是巽他族，占14%；再次是马都拉族，占7.5%；华人有1000多万人，是仅占全国人口约4%的少数族群，但他们的经济地位较高，具有颇大影响力。有着110多年历史的印尼中华商会是印尼最大的商会组织，许多华裔大企业家和华人社团的领导人是这个组织的会员，他们对经济领域、文化领域、华人社会有着巨大的影响。印尼中华商会自成立以来，对中国与印尼的经济发展以及两国人民之间的友好往来作出了巨大贡献。

2013年9月7日，习近平主席在哈萨克斯坦首次提出共建"一带"（即

"新丝绸之路经济带")[1] 倡议。2013 年 10 月 3 日，习近平主席在印尼首次提出共建"一路"（即"21 世纪海上丝绸之路"）倡议。[2] 印尼高度认同这个倡议，并用实际行动积极响应，起到了支点的作用。共建"21 世纪海上丝绸之路"倡议对于印尼来说，既是一个合作发展的机会，又是一个新的挑战。

2014 年，印尼总统佐科·维多多基于共建"21 世纪海上丝绸之路"倡议，引申出把国家建设成"全球海洋支点"的战略构想。该战略涵盖了五大内容：一是重建印尼的海洋文化；二是维护和管理海洋资源；三是建设海上高速公路；四是发展海洋外交；五是加强海上防卫力量。[3] 接着，佐科总统在东亚峰会上再次表达了"世界海洋支点"的理念。在博鳌亚洲论坛上，两国元首再次交流了双方的发展理念，商讨了双方的合作事宜，双方互相认同。随后即于 2015 年 3 月 26 日在北京双方签署了《中国和印尼关于加强两国全面战略伙伴关系的联合声明》。2016 年 3 月两国发表联合声明，决定首先在海上基础设施建设上开展合作，同意携手创建海洋发展平台。之后，又发表了关于今后 5 年经济贸易合作计划的公开声明，在共建"21 世纪海上丝绸之路"和"世界海洋支点"上达成共识。中国已着力在印尼推进基础设施建设，扩大对印尼地区建设的投资。

2016 年 1 月"雅万高铁"奠基，2018 年 6 月全面开工。"雅万高铁"连接印尼首都雅加达和第四大城市万隆，全长 142.3 公里，正线已开启全面铺轨。这是中国与印尼两国合作建造的东南亚第一条最高设计时速达 350 公里的高速铁路。高速铁路的施工全过程都是按照中国标准进行，并融入印尼"本土化"的尖端技术。[4]"雅万高铁"项目的顺利建成，意义重大。一是"雅万高铁"是中国印尼合作建设"一带一路"的"旗舰"工程，是中国首个全系统、全要素、全产业链在海外建设的项目；它是印尼建设史上的里程

———

1 《习近平发表重要演讲吁共建"丝绸之路经济带"》，来源：共产党员网，载 https://news.12371.cn/2013/09/07/ARTI1378545162025750.shtml?from=groupmessage&ivk_sa=1024320u，最后访问时间：2023 年 8 月 24 日。

2 习近平：《中国愿同东盟国家共建 21 世纪"海上丝绸之路"》，来源：共产党员网，载 https://news.12371.cn/2013/10/03/ARTI1380775753976614.shtml，最后访问时间：2023 年 8 月 24 日。

3 《印尼总统佐科在东亚峰会上提出海洋轴心理论》，来源：商务部网站，载 http://www.mofcom.gov.cn/article/i/jshz/new/201411/20141100799683.shtml，最后访问时间，2023 年 8 月 24 日。

4 《中印尼合作建设的雅万高铁试验运行圆满成功》，来源：环球网，载 https://world.huanqiu.com/article/4AUpfqJbuNp，最后访问时间：2023 年 8 月 24 日。

碑，也是中国印尼共建"一带一路"高铁项目的丰碑。在印尼的影响下，想要修建高铁的国家越来越多。二是"雅万高铁"建成通车后，将极大提升印尼各地区互联互通的能力，为当地社会经济发展注入强劲动力，促进铁路沿线地区的经济发展。三是随着"雅万高铁"建设的推进，印尼的经济走廊、工业园区、水电站等工程建设也如火如荼地进行，中国印尼建立了政治、经济、人文和海洋合作为基础的"四轮驱动"合作系统。2021年两国贸易额已超过1200亿美元。[1]

2022年11月，应印尼总统佐科·维多多邀请，我国国家主席习近平赴印尼巴厘岛出席二十国集团领导人第十七次峰会。11月16日，两国元首在亲切友好气氛中举行双边会晤，就中印尼双边关系、当前形势及有关重要问题交换意见，就加强中印尼全面战略伙伴关系和共建中印尼命运共同体达成新的重要共识。

二、印尼的法律传统与法治环境

（一）印尼的法律传统

印尼的法律渊源主要包括：习惯法、伊斯兰教法、荷兰法。[2]印尼在历史上受荷兰的殖民统治达三百年之久，其法律制度深受欧洲大陆法系特别是荷兰法的影响。印尼的法律文化呈多元化的特点，其法律体系主要由三个方面构成：一是习惯法、伊斯兰教法和荷兰法三者融合而成的刑法体系；二是以习惯法和伊斯兰教法为主的民法体系；三是以荷兰法为基础的商法体系。由于历史原因，印尼法律系统比较复杂，在家庭、婚姻、继承等方面实行伊斯兰教法，在世俗领域如行政、商业、刑事方面学习荷兰法。随着各种世俗法律法规的制定，印尼的法律虽然受到伊斯兰教法的影响，但其整体偏向以成文法为特征的大陆法系。

---

1 《命运与共，合作共赢》，来源：央视网，载 https://news.cctv.com/2022/10/04/ARTIGfciU7xxm
FLEFgwEzVKH221004.shtml，最后访问时间：2023年8月24日。

2 杨眉主编：《印度尼西亚共和国经济贸易法律指南》，中国法制出版社2006年版，第21页。

（二）印尼的法治环境

1954年8月7日，印尼独立，并开始实行西方立法、行政、司法"三权分立"的民主共和国制度。印尼坚持立法先行，有一套完整的海洋管理制度，并且通过立法下放了一些海洋管理权力，建立专业管理部门积极参与周边国家或地区的合作。

印尼法律形式主要有：宪法、会议决议、人民代表大会通过的法律、具有替代性或临时性的行政法规、一般行政法规、总统法令、地方性法规、部长法令和印度尼西亚参加的国际条约。[1]印尼现在参加了包括投资、环境、劳动者、人权等多方面的国际公约。据统计，印尼已经加入了100多个国际公约。印尼和中国缔结的双边条约有《中华人民共和国交通部和印尼共和国海运部的航行协定》《关于促进投资和保护的协定》等。

印尼的法律体系大体上完善，但存在有些法律的可操作性不强、法与法之间有冲突等问题。印尼的税收种类多，虽然对中小企业有优惠政策，工资成本相对也较低，但总体投资成本较高。

三、印尼外商投资法律制度

为吸引外商投资，中国印尼都建立了比较完善的外商投资法律制度体系。从时间上来看，印尼外商投资立法的时间更早。从市场准入看，我国对于外资准入更为宽松，相关的规定更加具体。

印尼实行开放政策，以欢迎的态度，让更多的外资进入本国市场。印尼1967年制定《外国投资法》（Foreign Investment Law），1968年制定《国内投资法》（Domestic Investment Law），2007年颁布新的《投资法》（2007年第25号法案），将上述两法合二为一。印尼新《投资法》强调国内公司与外资公司应享受同等待遇；对在印尼进行投资的法律形式、投资待遇、经营领域、投资者权利、义务和责任以及投资鼓励政策等方面作出了具体规定。印尼还对外商投资企业自用设备免征进口关税，对出口产品的原材料实行退税，对特定行业和大规模投资所得税进行减免。为应对新冠疫情挑战，印尼于2020年11月出台《综合性创造就业法》，对《投资法》进行了进一步修

1　陈兴华主编：《东盟国家法律制度》，中国社会科学出版社2015年版，第224页。

订；2021 年 3 月推出与《投资法》相配套的《关于投资清单的 2021 年第 10 号总统条例》，列明"优先发展的行业"，取代原有的投资负面清单，在重点投资领域取消或放宽股权比例等对外商投资限制。

（一）投资行业

根据新《投资法》，印尼对外商投资的行业较为宽松，除了武装暴力方面的特殊部门外，外商可以自由投资。另外，政府可以根据形势需要适当调整相关法规和政策，以总统令的方式对其进行相应调整和确定，在不损害自身国家利益和公共利益、个人合法利益的前提下，最大化限度地利用外资。

印尼 2014 年 4 月发布的《禁止和有条件开放的投资行业目录第 39 号总统决定》中，7 大类共计 20 个行业宣布禁止投资，主要包括大麻栽培、濒临灭绝的野生动植物名单中登记的鱼类捕捞、公立博物馆和历史文化遗迹、对环境有害的 4 种化学工业、化学武器等，其他农林业、海洋渔业和健康类行业是有条件开放的投资行业。

印尼由于经济发展后劲不足，缺乏一定的竞争力，采取了一些保护本国企业的措施，因而许可的市场范围比中国窄。比较中印两国关于外资参与领域的立法，中国的禁止或限制的范围较小，印尼限制的范围较广。

（二）外资政策

为了扭转外资进入难的局面，印尼政府作出了很多努力，外资政策不断调整。首先，放宽外商投资进入的地区，以前只能在当地经营的行业现在可以让外商投资参加。其次，为了吸引更多的外资，印尼政府开放了之前没有开放过的领域，如陆路交通客运站等，这大大提高了外商的投资兴趣。最后，提高外商投资的控股比例，连基础设施项目的控股比例也增加了。但是，依然有完全禁止的类别，如赌博业、特殊的化学品、交通设施等。

（三）投资方式

根据印尼新《投资法》（2007 年第 25 号法案）规定，外商在印尼的投资方式，主要包括合资、独资、外资并购和合作开发。在印尼设立合资企业，规定比较严格，对外商投资限制较大。外商也可以设立独资企业，但是不能涉及的领域较多。外商还可以通过购买上市公司的股票实现并购，但也有诸多限制。印尼的石油开采是外商争相投资的领域，因为本国技术的落后，合作开发是印尼最重要的利用外资的方式。

四、印尼对外贸易法律制度

印尼国会 2014 年 3 月通过新《贸易法》，1934 年颁布的《贸易法》同时废止。新《贸易法》对对外贸易、出口发展、贸易保护以及政府的监管职责等方面作出明确规定。为防止外国商品涌入本国市场，该法赋予政府更多权力，通过关税和非关税壁垒限制进出口。该法显示政府管理渗透到了贸易领域的方方面面。

（一）贸易管理体制

印尼新《贸易法》第十四章是关于贸易管理体制的规定，第九十三至九十六条都具体规定了中央政府和地方政府对贸易管理的要求，例如，国家层面应该履行什么样的职责，有什么样的职权，都规定得非常具体且细致。地方政府除了履行自身职责外，它们也是对外贸易的事务主管人，应当积极履行职责，为印尼的贸易经济作出应有贡献。

印尼设立了专门调整贸易事务的国家机关，即印尼国家贸易委员会，委员会的成员非常多，只要和外贸事务相关的部门都属于它的成员，还包括专家和学者。它的职责非常明确，宏观方面，它协助制定国家层面的贸易政策和规章制度，微观方面，它会直接协助解决具体的贸易问题，包括对内和对外的。

同时，为了更好地管理外贸事务，印尼还设立了具体的政府部门，即印尼贸易部，下属各个司，具体负责各类具体事务，分工明确。通过工作实践，为政府决策部门收集实际信息，以便作出合理正确的决策。它可以制定具体的进出口产品明细，以及一些具体的行政事务。2007 年底印尼采取进出口单一窗口制度，简化了贸易管理程序。

（二）货物进口管理机制

根据印尼新《贸易法》规定，一般来说货物的进口只能由贸易部批准的进口商进行。该法第二十四条对于进口许可证的发放作出明确规定，从事贸易业务的经营者须持有贸易部部长签发的贸易许可证。部长可授权或委派地方政府或特定的技术机构授予许可证，亦有权免除业务经营者办理贸易许可证的要求。

印尼政府对进口商进行了详细的分类，综合类的分为一级和二级，基于产品的不同，又分为指定、生产、进口及私人代理四种。印尼政府只承认进口商为唯一合法的主体，全权负责其进口的货物等。对于进口的产品，印尼政府也实施严格的分类管理制度。例如，对于印尼的主要农产品和相关农产品的加工产品，实行分配管理的方式，只有被批准的本土企业有享受该金额的资格，在本土企业和自然环境保护的基础上，一些农产品和臭氧消费物质受到了进口限制，以上产品的进口数量每年在印尼政府部长级会议上根据国内生产量和消费量决定，通过印尼许可制度具体实施。[1]

中印两国限制进出口货物的方式类似，以分配和许可证来限制，同时还可以利用关税制度，确保贸易的进行。如果没有出口许可证，那么任何企业和个人都是不能开展对外贸易的，就算是外资企业，也必须是生产性外资企业才能进行货物出口，其他则不行。如果想开展对外贸易，需先依法办理工商登记及其他相关手续。对于自由进出口的货物，买卖双方必须先办理海关申报手续，没有申报的则无法入关。

（三）贸易法律体系

印尼新《贸易法》共十九章一百二十二条，对国内、对外、边境、国际贸易合作等作出了具体的规定。印尼是 WTO 的一员，也是东盟的成员，WTO 和 ASEAN 贸易协定也构成了印尼的贸易法律体系的重要部分。下面，我们把印尼的贸易法律体系与我国进行比较：

---

1 《对外投资国别（地区）指——印度尼西亚》，来源：商务部网站，载 http://www.mofcom.gov.cn/dl/gbdqzn/upload/yindunixiya，最后访问时间：2023 年 8 月 24 日。

1. 海关监督管理法律制度

中国、印尼两国海关法比较表

国别	海关法立法时间	修改年份	章节和条数	主要内容
中国	1987 年	2000 年 2013 年 2016 年 2017 年 2021 年	9 章 102 条	对船舶运输、入境物品、关税、海关事务保证等进行了详细规定
印尼	1995 年	2006 年	18 章 118 条	海关职权、进出口货物的现场管理制度、仓库保管制度、关税制度、异议和申报制度、刑事责任等

在货物进出口监督管理方面，中国与印尼的流程相似，货物进出口的报关等资料需要保管 3 年以上，以便海关随时查验。而印尼要求的保管年限是 10 年，相关资料一样都不能少，要求比我国更加严格。

2. 关税法律制度

中国、印尼关税制度比较表

国别	涉及法律	立法时间	修改时间	执行机构	计算方式
中国	海关法 进出口关税条例 海关进出口税则	1987 年 2000 年 1985 年	/	海关总署	从价税制度为主，从量税制度为辅
印尼	海关法 关税法	1995 年	2007 年	关税总局	同上

中国和印尼关税的计算是实行从价税制度，我国是以商品交易时的价格或国家工作人员根据商品评价决定，印尼是以报关单位登记之日有效的税率和规定的海关价格为基础计算的，但对大米、糖类等少数进口产品实行从量税制度。当然，这些都必须严格按照法律规定处理。

3. 反倾销和反补贴的法律制度

中国、印尼反倾销、反补贴制度比较表

国别	涉及法律	立法时间
中国	反倾销条例 反补贴条例 保障措施条例	2001 年 2004 年
印尼	反倾销税和反补贴税条例 海关法 反倾销委员会相关工业贸易部民法令 贸易法	1996 年

　　印尼在《反倾销税和反补贴税条例》中详细规定了处理反倾销的机构、程序、措施等内容。一直以来，印尼贸易方经常利用反倾销的特点，使用反倾销补救措施，对我方进行贸易调查和处理，使我方遭受到了巨大的损失。这一点必须引起我方特别注意。

第十二章

印度投资、贸易与公司企业法律制度

一、印度在"21 世纪海上丝绸之路"中的地位与参与情况

印度共和国简称"印度",是南亚次大陆最大的一个国家。其"一面靠山,三面环海",北面是喜马拉雅山脉,南边是印度洋。其东北边与中国、尼泊尔和不丹接壤,东边与缅甸为邻,东南边与斯里兰卡隔海相望,西北边与巴基斯坦交界。孟加拉国夹在其东北部国土之间。印度的地理位置非常重要。

我国与和印度都是发展中国家,是世界上的人口大国(2022 年 6 月印度人口达 13.9 亿人),两国是相邻国家,一直以来,冲突与合作相伴而行。中华人民共和国成立以后,印度是第一个与中国建交的非社会主义国家。1954 年两国总理实现互访,共同倡导了"和平共处五项原则"。1976 年两国恢复互派大使后,双边关系逐步得到改善和发展。我国和印度在对外关系上都主张和平和主权独立的方针,都在大力发展本国经济。进入 21 世纪以来,两国的的地区和全球影响力不断上升,缓和双边关系,促进经济文化合作逐渐成为两国共识。应印度共和国总统普拉纳布·慕克吉邀请,中华人民共和国主席习近平于 2014 年 9 月 17 日至 19 日对印度进行国事访问。习近平主席会见了印度总统普拉纳布·慕克吉,同总理纳伦德拉·莫迪举行会谈。2014 年 9 月 19 日在新德里发表《中华人民共和国和印度共和国关于构建更加紧密的发展伙伴关系的联合声明》,中印双方确定建立"紧密的发展

伙伴关系"。

然而，印度对我国提出的共建"21世纪海上丝绸之路"倡议，没有明确表示加入，双方在边界等问题上的分歧以及在海洋方面的利益冲突仍很难在短期内解决。好在两国在缓和关系和促进合作上已达成初步共识，可以预期，两国关系在未来一段时期内总体维持稳定，能够建立起相互合作共同发展机制。

二、印度的法律传统与法治环境

（一）印度的法律传统与法治环境

印度是世界四大文明古国之一。公元前4世纪，孔雀王朝统一印度，开始推行佛教，并向外传播。约公元前188年，孔雀王朝覆灭，古印度从此不断遭受外族、外国以及外来文化的入侵，古印度文明逐渐消亡在历史的长河之中。古印度法是婆罗门教法与佛教法长期融合而产生的，以《摩奴法典》为代表。《摩奴法典》是古印度宗教、哲学和法律汇编，以维护神权政治和等级特权为宗旨，具有浓厚的宗教和种姓特征。后世学者将古印度法和各国仿照这种法制定的法律统称"印度法系"。现在这些仿制古印度法的国家，包括印度在内均已不再采用，此法系基本上已成为历史，但有些习惯法还保留有《摩奴法典》的痕迹。

17世纪末，印度各地封建王公割据，莫卧儿王朝陷入分裂。18世纪中后期，英国乘机进入印度，开办东印度公司，掠夺税收和巨额财富。1757年英国在普拉西战役中获胜，标志着英国征服印度开始。1757年以后印度逐步沦为英国殖民地。第二次世界大战后，英国丧失了对一些殖民地的控制。1947年6月，英国颁布《蒙巴顿方案》，实行印巴分治，并承认印度独立。1950年1月26日印度宣布成立共和国，同时成为英联邦成员。在英国的长期殖民统治下，印度的法律体系深受英国的影响，体现出鲜明的普通法系特点。印度独立后不断推行法律改革，主要是完善自己的法律体系、整理独立前的法律、对属人法进行法典化编纂等。

印度的宪法规定，印度为联邦民主共和国，实行英国式议会制，公民不分种族、性别、出身、宗教信仰和出生地点，在法律面前一律平等。[1]印度是多民族国家，各大宗教在印度都有信徒，其中印度教教徒占总人口80.5%，其他有伊斯兰教、佛教、基督教等，符合宗教教义的法律在人身尤其婚姻家庭方面对各教的教徒有一定影响。[2]

印度不仅是 WTO 成员，还参加了许多区域贸易合作组织。包括：亚太贸易协定、南亚区域合作联盟、孟印斯缅泰次区域经济合作组织、湄公河—恒河合作计划、南亚自由贸易区、环印度洋地区合作联盟等。[3]同时，印度也借助与各大世界主要贸易大国或地区签订双边自由贸易协议来加强国际经贸联系。印度与南盟各国、日本、韩国、马来西亚、新加坡、芬兰等签了自由贸易协议，与欧盟、印度尼西亚、澳大利亚、新西兰、海湾阿拉伯国家合作委员会、美国、俄罗斯等国家和地区的自由贸易合作也在积极准备或谈判中。中印两国签订了《双边投资保护协定》《避免双重征税协定和两国银行合作谅解备忘录》《经贸合作五年发展规划》[4]。

三、印度外商投资法律制度

根据世界经济论坛《2020 年全球竞争力报告》，印度在调查的 37 个主要国家和地区中，排第 30 位。印度地理位置优越，连接中东、东非、南亚和东南亚，地广人多，政局相对稳定，市场潜力巨大。[5]

（一）外商投资的主管部门

印度政府中主管国内外投资的部门主要是商工部下属的投资促进和政策部。在外资审批中，属于"自动生效"程序审批的外资项目直接报备印度储

---

1 《印度国家概况》，来源：外交部网站，载 https://www.fmprc.gov.cn/web/gjhdq_676201/gj_676203/yz_676205/1206_677220/1206x0_677222/，最后访问时间：2023 年 8 月 24 日。

2 《印度国家概况》，来源：外交部网站，载 https://www.fmprc.gov.cn/web/gjhdq_676201/gj_676203/yz_676205/1206_677220/1206x0_677222/，最后访问时间：2023 年 8 月 24 日。

3 《对外投资合作国别（地区）指南——印度》，来源：商务部网站，载 http://www.mofcom.gov.cn/dl/gbdqzn/upload/yindu.pdf，最后访问时间：2023 年 8 月 24 日。

4 《对外投资合作国别（地区）指南——印度》，来源：商务部网站，载 http://www.mofcom.gov.cn/dl/gbdqzn/upload/yindu.pdf，最后访问时间：2023 年 8 月 24 日。

5 1、2、3 参见《对外投资合作国别（地区）指南——印度》，来源：商务部网站，载 http://www.mofcom.gov.cn/dl/gbdqzn/upload/yindu.pdf，最后访问时间：2023 年 8 月 24 日。

备银行，不属于"自动生效"程序审批的外资项目，或超出印度政府有关规定的外资项目的审批由现在隶属财政部的"外国投资促进委员会（FIPB）"负责[2]。

（二）鼓励外商投资与限制的行业

印度目前鼓励外商投资的行业包括基础设施、具有出口潜力的项目、能大量雇佣劳动力的项目等。

印度限制外商投资的行业包括电信服务业、保险业、私人银行业、航空服务业、基础设施投资、房地产业、广播电视转播等。禁止外商投资的行业包括核能、博彩业、风险基金、烟草业等。外商投资如超过政府规定投资比例上限，需获得有关政府部门的批准。[3]

除了投资领域有一定限制外，印度在持有股份比例、审批难易程度等方面对外国投资者有一些不同限制。例如，某些行业的外资公司可以是全资外资公司，某些项目可以经自动生效程序很快获批。

（三）外商投资的优惠政策

投资鼓励措施方面，针对外资的优惠政策不是很多。印度对外国投资者和本国投资者一样，根据投资地点、投资力度等给予一定优惠。例如，投资在落后地区如印度东北部各邦、锡金、克什米尔等可以根据各地具体情况享受长达10年免税、50%-90%的运费补贴、设备进口免税，落后地区合资企业10年内减征所得税25%，投资额在2.5亿卢比以上的项目享有最高600万卢比投资补贴及3%-5%的利息补贴。2015年印度政府颁布外商直接投资政策，大幅放宽15个关键行业直接投资的管制，如国防、电信业、银行业、建筑业、传媒业、单品牌零售业、民航业等。2006年印度颁布《特殊经济区法》，对在特殊经济区的经营单位给予了许多优惠。例如，在特殊经济区的经营单位购买经营必需品无需获批免交关税，前5年利润免税，制造业除需许可产业外允许100%外资，提供申请一站式服务等。目前印度已有173个特殊经济区。不过其特殊经济区与中国经济特区有本质区别，规模较小，不要求具有综合开发和社会发展功能，部分单一投资项目也可申请成为特殊经济区。[1]

从税收优惠待遇来看，我国曾经给予外资企业优惠于内资企业的税收政策，目前根据《企业所得税法》，内外资企业均缴纳统一的所得税；印度对外资企业的税收政策根据其各个年度的经济发展需要而有所变化，对不同领域或依据利润高低给予不同的税收优惠待遇。总体而言，印度税收优惠政策较我国复杂，我国对外资的税收待遇更优惠。

（四）利用外资的方式

我国和印度都是发展中国家，在经济发展战略中一向重视对外开放利用外资。两国的利用外资制度因各自法律传统、国内生产状况、国家发展战略等有一定细节上的区别。印度在利用外资的方式上制度较我国复杂。两国都重视吸引外国直接投资，外国直接投资在我国利用外资的方式上居首位，但印度与我国比较还重视对外借款。

（五）外商投资的领域

从吸引外资的领域来看，我国和印度都非常重视从政策上指导外商投资方向，随着经济发展，两国的外商投资领域都在逐步扩大。在改革开放早期，我国为了规范外商投资行为，针对不同的外商投资方式，分别制定了《中外合资经营企业法》、《中外合作经营企业法》和《外资企业法》。经过几十年的发展，我国国情和国际关系发生了不同程度的变化，急需新的上位法来统一规范外商投资行为。2019 年 3 月 15 日，十三届全国人大二次会议通过《外商投资法》，成为我国外商投资领域统一遵循的上位法律性文件，《中外合资经营企业法》、《中外合作经营企业法》和《外资企业法》相应废止。《外商投资法》的颁布意味着我国在中国特色社会主义新时代已经决心进行更高层次高水平的对外开放。我国允许外商投资的领域比印度宽泛，例如银行业的对外开放。但在我国，外国投资结构较不合理，劳动密集型的产业比重偏大，技术密集型的偏低。

---

1 《对外投资合作国别（地区）指南——印度》，来源：商务部网站，载 http://www.mofcom.gov.cn/dl/gbdqzn/upload/yindu.pdf，最后访问时间：2023 年 8 月 24 日。

（六）外商投资的主要风险

外商到印度进行直接投资的主要风险有：

1.投资成本高的风险。印度由于基础设施落后、房地产价格大涨等原因，外国投资者在印度投资的成本居高不下。

2.用工签证难的风险。印度对外商投资企业使用外国员工的入境签证需要通过比较复杂的程序，用工签证难会影响企业的正常运作。

3.税收风险。印度对税收的监管制度比较多；企业很容易在税收上出问题。

4.宗教冲突风险。印度人口的宗教信仰不单一，容易发生宗教冲突，从而影响企业经营。

5.同行竞争风险。外国投资者往往共同看好某个领域或某个行业，出现集中投资现象，从而产生恶性竞争，带来很大风险。

故此，建议我国企业在印度投资时，首先，充分了解印度实际情况、市场需求和已先进入印度的中资企业的投资状况；其次，应聘请当地的熟练的专业律师，采取各种措施规避风险；最后，应尽量寻求多一层的保障措施，例如向国际投资保险机构投保等。

四、印度对外贸易法律制度

印度对外贸易法律制度的完善推动了印度对外贸易持续增长。目前最大的贸易伙伴是中国、美国、阿联酋、沙特等。其主要出口产品有石油、珠宝、交通设备等，进口产品主要有原油和成品油、电子产品、黄金等。值得注意的是，印度是全球服务贸易发展较快的国家，以计算机和信息服务、通讯服务、金融服务等为主。[1]

（一）印度对外贸易法律体系

我国和印度都是 WTO 成员，对外贸易法律的制定都遵循 WTO 的规定，都重视签署双边或多边自由贸易协议。印度签署的贸易协定已基本覆盖各大

---

1 《对外投资合作国别（地区）指南——印度》，来源：商务部网站，载 http://www.mofcom.gov.cn/dl/gbdqzn/upload/yindu.pdf，最后访问时间：2023 年 8 月 24 日。

洲重要经济体。印度与南盟各国、日本、韩国、马来西亚、新加坡、芬兰等签了自由贸易协议，与欧盟、印度尼西亚、澳大利亚、新西兰、海湾阿拉伯国家合作委员会、美国、俄罗斯等国家和地区的自由贸易合作也在积极准备或谈判中[1]。

印度的立法继承了英国立法技术的特点，倾向于就特定历史时期特定问题作出对应解决措施。因此其《对外贸易法》并非面面俱到，只涉及一般商品的进出口管理，其他外贸常见问题如反倾销、反补贴等规定在其他法规中。总体而言印度对外贸易法律体系没有一个核心法律，而是就特定问题单独立法的一个逐步拓展和完善的延展式的体系。

印度对外贸易法律体系包括1992年《对外贸易法》、1993年《外贸（管理）规则》、1962年《海关法》、1975年《关税法》、《外贸政策（2015-2020）》等，印度商工部（Ministry of Commerce and Industry）是印度国家贸易主管部门，其下设商业部和产业政策与促进部两个分部[2]。

（二）进出口许可证管理制度

印度与我国对进出口都采取了许可证制度。印度的许可证制度规定在《对外贸易法》《涉外贸易（规定）细则》，我国的许可证制度主要规定在《货物进出口管理条例》《货物进口许可证管理办法》《货物出口许可证管理办法》《货物自动进口许可管理办法》中。总体而言，印度的许可证制度较详细，程序规范性很强，而且重视对许可证制度的立法，使其确立为稳定的成文法律。我国的许可证制度概括性规定较多，实际适用中较难单独作为操作规范。例如，印度规定了特殊许可证，我国尚未明确规定。

在印度进行贸易营业活动，必须进行工商登记。印度政府将进出口产品分为禁止类、限制类、专营类和一般类，限制类产品采取许可证管理，例如对活动物、牛肉及牛内脏、活鱼、鸟蛋、纺织品等实行进口许可证管理；对个别产品如石油、大米、小麦、化肥、棉花、高品位铁矿砂等实行国有外贸企业专营管理。禁止进口的产品有野生动物及其制品、象牙、动物油脂类产品、危险品等；禁止出口的产品包括为稳定国内物价而禁止的豆类、小麦、

1、2　《对外投资合作国别（地区）指南——印度》，来源：商务部网站，载 http://www.mofcom.gov.cn/dl/gbdqzn/upload/yindu.pdf，最后访问时间：2023年8月24日。

面粉、食用油等。[1]

（三）进出口检验制度

印度检验法律制度主要包括 1986 年《印度标准局法》、1987 年《印度标准局规则》、1963 年《出口（质量控制及检验）法》等。印度标准局负责进口产品质量检验，印度商工部下属的印度出口检验委员会（EIC）负责出口检验。[2]

（四）海关管理制度

印度海关管理法律主要是《海关法》和《海关关税法》。进口商品要缴纳基本关税、附加关税和教育税。政府有权对进口商品征收反倾销税和保障措施税。

（五）限制贸易制度

印度与我国的限制贸易规则较相似。区别主要是，印度限制贸易范围包括"利用在监犯人作为非法劳动力"，我国没有此项；对知识产权保护，印度规定在《外贸政策（2015-2020）》的限制贸易范围中，而我国规定在《对外贸易法》其中一章中。

五、印度的公司企业法律制度

印度《公司法》是参照英国公司法制定的。并购方面的法律主要是《竞争法》。外国投资者在印度设立的公司企业与本地公司企业地位同等。

（一）审批程序

印度对外国投资的企业设立实行核准主义。印度对外商直接投资设立公司的审批程序较严格，有一定的设立条件，设立程序也比内资企业的设立复杂得多，较为繁琐冗长；设立公司需要 10 项批准，平均需要 90 日。而在我国设立外商投资企业相关批准有 6 项，平均需要 1 个月。外商在印度投资设

1、2 《对外投资合作国别（地区）指南——印度》，来源：商务部网站，载 http://www.mofcom. gov.cn/dl/gbdqzn/upload/yindu.pdf，最后访问时间：2023 年 8 月 24 日。

立公司企业，一般都必须获得有关政府部门批准才能营业。不过有例外，就是自动准入途径。属于"自动生效"程序审批的外资项目直接报备印度储备银行即可。

（二）公司企业形式

外国投资者在印度投资首先要选择符合印度法律的主体形式，可以采用独资或合资设立私人有限公司、并购本地企业、收购本地上市公司等方式。

（三）出资比例

印度对外国投资的出资比例有较严格的规定，投资期限较长，最长达60年。近年有比例提高的趋向，但都限制在一定行业或领域里面。对于银行、资源开发等领域仍规定了较低的外资比例。[1]

对于外商投资比例，中印两国都有较详细的法律规定，但印度对股权比例的要求比我国严格，一般要求印方要掌握控股权。

六、印度商事争端解决机制

印度司法体系由最高法院、各邦高级法院和地方法院的三机制构成，特别法院法庭有税务法院、消费者赔偿法庭、债务偿还法院、行业法庭等。虽然有比较完善的体系，但效率低下，程序冗长。地方法院是大部分争端的初审法院，违反基本权利的案件在相应的高等法院和最高法院审理，民事、刑事及经济争端视其程度和罚金在有地区管辖权的法院审理。[2]

印度《1908年民事诉讼法典》规定了由往复地区（reciprocating territory）上级法院作出并在地方法院存档的判决可在印度获得执行。根据印度政府通报，新加坡、马来西亚、英国、新西兰、我国香港地区和斐济为往复地区。[3]对于其他国家和地区，若印度地方法院审理的案件可以由外国法院通过的判决处理，则该判决在印度可以获得执行。

对于仲裁和调解，印度《仲裁法》适用于通过印度法律认定且其中一方

1　《对外投资合作国别（地区）指南——印度》，来源：商务部网站，载 http://www.mofcom.gov.cn/dl/gbdqzn/upload/yindu.pdf，最后访问时间：2023年8月24日。
2　参见张忞煜：《印度司法制度的变迁及其影响》，载《南亚研究季刊》2021年第4期。
3　参见张忞煜：《印度司法制度的变迁及其影响》，载《南亚研究季刊》2021年第4期。

是外国人或外国公司人员的国际商事争端。[1]《1996年裁决和调节法》规定的快速解决措施适用于仲裁地在印度的国际商事仲裁、根据《纽约公约》和《日内瓦公约》执行印度之外的仲裁地作出的国际商事仲裁协议和裁决。根据印度法律，不能使用仲裁只能通过诉讼解决的争端包括：与公共权利有关的争端、有刑事犯罪性且需使用《外汇管制法》裁决的争端、由法定机构颁布有效知识产权的争端、超过当事人意志的税收争端、根据《1956年公司法》停止营业的争端、涉及破产的争端。至于执行程序，某判决只要经印度法院认定为可执行就可获得执行。被认定可执行后当事人可提交执行申请。

印度是《承认及执行外国仲裁裁决公约》(The New York Convention on the Recognition and Enforcement of Foreign Arbitral Awards，以下简称《纽约公约》) 的缔约国，国际仲裁可以在印度获得执行。对于投资条约带来的争端解决，目前印度已与82个国家签订了《双边投资促进与保护协定》(BIPA)，其中72个已经生效执行。[2] 印度与一些国家签订的自由贸易协定、优惠贸易协定、综合性经济合作协议等规定了相应投资争端解决机制，总体讲，对于中国企业投资印度的投资争端依据印度国内司法途径解决或进行国际仲裁，或者按照联合国国际贸易法委员会调解规则进行调解，如果争端在6个月之内不能解决，则将争端移交仲裁进行裁决。印度公司法对跨国公司提供了与国内法同样的保护，跨国公司遇到问题可诉诸法院。

---

1 参见张忞煜：《印度司法制度的变迁及其影响》，载《南亚研究季刊》2021年第4期。
2 《印度推迟重谈现有＜双边投资保护协定＞计划》，来源：商务部网站，载 http://in.mofcom.gov.cn/article/ztdy/201303/20130300064354.shtml，最后访问时间：2023年8月24日。。

第十三章

巴基斯坦投资、贸易与公司企业法律制度

一、巴基斯坦在"21 世纪海上丝绸之路"中的地位与参与情况

巴基斯坦伊斯兰共和国，简称"巴基斯坦"，位于南亚次大陆西北部，与中国、印度、伊朗和阿富汗等多国毗邻，南濒阿拉伯海。海岸线长 980 公里，国土面积 796095 平方公里（不包括巴控克什米尔地区）。全国有旁遮普、开伯尔－普什图赫瓦、俾路支、信德 4 个省和伊斯兰堡首都特区。首都为伊斯兰堡。巴基斯坦 2021 年人口达 2.25 亿。巴基斯坦也是"21 世纪海上丝绸之路"的必经之地。巴基斯坦国教是伊斯兰教，对我国与其他伊斯兰国家的关系起着重要纽带作用。

巴基斯坦与我国有着传统友谊。两国于 1951 年 5 月 21 日建立了正式的外交关系。从此中巴两国一直保持着相互尊重的友好关系，在多个领域开展了较为深入的合作。2011 年两国建交 60 周年之际，我国时任总理温家宝访问巴基斯坦，并与巴总理发表了联合声明，确定 2011 年为"中巴友好年"，两国将开展政治、经贸、军事、文化等多个领域的纪念活动。尔后，两国又确定 2015 年为"中巴友好交流年"，我国外交部长王毅到巴基斯坦参加

"中巴友好交流年"启动仪式，巴基斯坦还特意发行了一套纪念邮票。2015年4月，习近平主席对巴基斯坦进行正式访问，两国签署《中华人民共和国和巴基斯坦伊斯兰共和国建立全天候战略合作伙伴关系的联合声明》。[1]确定中巴两国建立高规格的"全天候战略合作伙伴关系"。

2013年10月我国提出共建"21世纪海上丝绸之路"倡议时，巴基斯坦迅速作出了响应并积极参与。目前中巴在推进"21世纪海上丝绸之路"建设已上经取得重大进展，"中巴经济走廊"的建设全面铺开。中巴经济走廊北起新疆喀什，南至巴基斯坦由中国援建的印度洋出海口瓜达尔港，整个走廊的投资额为460亿美元，是一条包括公路、铁路、油气和光缆通道在内的贸易走廊，是"21世纪海上丝绸之路"建设的重要组成部分。[2]2015年8月，"中巴经济走廊新疆·克拉玛依论坛"成功举办，巴中两国数十位高级政要出席，发布了《新疆克拉玛依宣言》，促成一大批项目合作，仅商业项目的总价值即超过100亿人民币。

"中巴经济走廊"有四大建设要开展，首先是瓜达尔港建设。从瓜达尔港到新疆喀什的陆路只有2400多公里，但从瓜达尔港到上海的水路则要9000多公里，作为"一路"（"21世纪海上丝绸之路"）和"一带"（"新丝绸之路经济带"）的交汇点，瓜达尔港的建设是重点。第二是基础设施（包括公路、铁路等方面）建设，其中包括中巴公路巴基斯坦境内到喀喇昆仑山的路段建设。第三是能源（包括煤炭、风能、太阳能、核能等方面）建设。第四是特区建设。针对巴基斯坦能源极度短缺的国情，"中巴经济走廊"在设计之初就确定将能源电力项目作为建设重点和优先方向。交通基础设施项目是中巴经济走廊框架内继能源项目之后的另一大类项目，担负着打通走廊物理大动脉的重要职能。中巴经济走廊早期开工的一些工程项目已经完工，比如煤炭开发、公路建设、瓜达尔机场等，还有分别在巴南、北的两条高速公路。[3]

1　参见张智：《从喀什到瓜达尔港长达3000公里460亿美元打造中巴经济走廊》，来源：华夏时报网，载https://www.chinatimes.net.cn/article/48017.html，最后访问时间2023年8月24日。

2　参见《"中巴经济走廊是"一带一路"旗舰项目》，来源：人民网，载http://world.people.com.cn/n1/2017/0609/c1002-29329961.html，最后访问时间2023年8月24日。

3　参见《"中巴经济走廊是"一带一路"旗舰项目》，来源：人民网，载http://world.people.com.cn/n1/2017/0609/c1002-29329961.html，最后访问时间2023年8月24日。

二、巴基斯坦的法律传统与法治环境

（一）巴基斯坦的法律传统

公元前 3000 年左右，古印度河文明产生于巴基斯坦境内。公元 14 世纪后期，突厥人帖木儿攻入巴基斯坦印度河流域，占领了德里。后裔巴布尔 1526 年建立莫卧儿帝国，管辖印度中北部和巴基斯坦东部部分地区。1757 年后，巴基斯坦随印度沦为英国殖民地。1940 年 3 月，全印穆斯林联盟通过了关于建立巴基斯坦的决议。1947 年 6 月，英国颁布"蒙巴顿方案"，实行印巴分治：印度教徒居多数的地区划归印度，穆斯林占多数的地区归属巴基斯坦。同年 8 月 14 日，巴基斯坦宣告独立，国土包括东、西巴基斯坦两部分。1956 年 3 月 23 日，巴基斯坦伊斯兰共和国成立，仍为英联邦成员，1971 年 3 月，东巴基斯坦宣布成立孟加拉人民共和国，同年 12 月孟加拉国正式独立。

在英国殖民统治时期，巴基斯坦的法律体系深受英国法的影响，其法律制度和司法体制是普通法系和伊斯兰教法的大融合。巴基斯坦的刑事诉讼法和民事诉讼法体现了普通法系的特点，司法判决中重视判例。巴基斯坦的法律又有很强的宗教性，伊斯兰教作为国教这一宪法原则要求全国法律不能违背伊斯兰教义。伊斯兰教法特色突出表现在巴基斯坦的家庭法、刑法以及司法系统等领域。

（二）巴基斯坦的法治环境

巴基斯坦 1947 年独立后，政府更迭频繁，长期处于军事统治和民主选举政府相互博弈的不稳定状态。不同政府颁布的法律难免彼此冲突，导致今天的巴基斯坦法律体系某些地方缺乏一致性和协调性。

巴基斯坦的主要法律渊源有 1973 年宪法、国会制定的法律、依据国会法律颁布的规章制度、省级法案、根据省级议会的法案颁布的规章制度。除此以外，有时总统可以作出法令，法令与法律有同等效力，其生效和限制条件如同国会法案一样，需要国会在某特定时期批准，否则法令失效。巴基斯坦的民法和刑法很大程度上已经法典化，并且在贸易、进入、投资、税收等经济领域出台了大量成文法律法规，一般大多数商事活动受成文法和民事法庭管辖，因此商事活动所依靠的法律环境仍是具有稳定性和可预见性的。

巴基斯坦实行政府、议会和法院西方三权分立制度，在联邦制下，各省有一定自治权。巴基斯坦的 1973 年宪法规定了言论、新闻、信仰等自由，不过也授予政府依据伊斯兰教义、国家安全或特定情况下限制公民权利的权力。

巴基斯坦奉行独立和不结盟外交政策，重视签订国际条约和自贸协定。巴基斯坦与 46 个国家（包括我国）签订了投资保护协定，与 52 个国家签订了避免双重征税协定（包括我国）。[1] 至 2015 年，已与我国、斯里兰卡、马来西亚、伊斯兰发展中八国集团（Group of Eight Islamic Developing Countries）等国家和组织签订了自贸协定。

三、巴基斯坦外商投资法律制度

近年来，巴基斯坦政府非常积极开展吸引外商投资和对外合作。鉴于巴基斯坦自身的投资环境仍存在较多问题，包括电力短缺、基础设施建设落后、通货膨胀、政局动荡等，巴基斯坦政府制定了较为宽松、自由的投资政策，推行了减少管制、私有化、提供优惠待遇和服务等一系列经济改革措施，以增强吸引外资方面的竞争力。2012 年，巴基斯坦颁布《特殊经济区法》，确保经济和投资政策的连续性，为外国投资者提供进口设备免税、收入税减免等优惠措施，鼓励外国投资者在巴发展制造业，降低在巴经商成本和增加出口。2015 年，巴基斯坦总统签发了该法的修正令，进一步改善投资环境，区内企业可享受在巴出售产品免税的优惠。2016 年，巴基斯坦进一步修订完善该法，规定免除经济特区开发商及入驻企业进口设备、机械等产品关税，并享受 10 年的所得税减免。

目前巴基斯坦主要外资来源为美国、英国、阿联酋，三国占巴基斯坦吸引外资总额的半数以上，油气开发、食品、石油提炼和金融四个领域占利用外资总额的 90% 以上，其他吸引外资的主要领域包括贸易、纺织业、化工、

---

1 《对外投资合作国别（地区）指南——巴基斯坦》，来源：商务部网站，载 http://www.mofcom.gov.cn/dl/gbdqzn/upload/bajisitan.pdf，最后访问时间 2023 年 8 月 24 日。

制药、建筑、交通等。[1] 我国对巴基斯坦的投资逐年增多，2014 年我国对巴投资出现量的飞跃，直接投资流量达 10.14 亿美元，比 2007 年我国对巴投资总额 1.08 亿美元增长了 10 倍。2006 年 11 月，在巴基斯坦第二大城市拉合尔成立了海尔——鲁巴经济区，是我国商务部批准设立的首批"中国境外经济贸易合作区"之一，也是巴基斯坦政府批准建设的"巴基斯坦中国经济特区"，是中巴五年规划重点项目之一，主要发展小家电、发电设备、汽车摩托车及配件、化工及包装印刷业等产业。[2]

（一）鼓励外商投资的政策

巴基斯坦投资局是巴基斯坦政府对外国投资进行管理的主管部门。巴基斯坦政府公布了一系列鼓励外商投资的政策，即使政府部门政策没有与法律同等的约束力，但一经公布通常不再修改，故此有较高可信度。巴基斯坦以往的投资政策一贯得到较好的执行。为保障这些改革，《经济改革促进和保护法（1992 年）》是其中一项重要的法律。

（二）外商投资形式

从外商投资的形式看，巴基斯坦视外国投资者与本国投资者地位同等，无论是外国还是本国投资者，进行工商业活动均要按照注册的投资形式进行，这些形式包括独资、合伙和股份有限公司，还可以采用绿地投资、并购、建设—经营—转让（BOT）等方式投资。

巴基斯坦制定的相关法律、政策有：新《公司法（2016 年）》、1997 年《公司（法院）规则》、2001 年《私有化委员会法》、1976 年《外国私人投资（促进与保护）法》1992 年《经济改革保护法》以及一些投资政策和私有化政策等。其中涉及外资并购安全、国有企业投资并购、反垄断、经营者集中的法律主要是：2010 年《竞争法》、2007 年《竞争（并购控制）条例》、2001 年《投资委员会法令》。根据巴基斯坦法律和政策，中国移动通信有限公司于 2007 年以 4.6 亿美元收购了巴基斯坦 Paktel 移动通信公司 88.88% 的股份，随后基本实现了对该公司全资控股。

1　《对外投资合作国别（地区）指南——巴基斯坦》，来源：商务部网站，载 http://www.mofcom.gov.cn/dl/gbdqzn/upload/bajisitan.pdf，最后访问时间 2023 年 8 月 24 日。

2　《对外投资合作国别（地区）指南——巴基斯坦》，来源：商务部网站，载 http://www.mofcom.gov.cn/dl/gbdqzn/upload/bajisitan.pdf，最后访问时间 2023 年 8 月 24 日。

（三）登记即可的准则主义

巴基斯坦的外国投资者设立公司基本是实行"登记即可"的准则主义，对于一般外商投资公司的设立条件没有特别要求。之所以采取这种做法，是因为巴基斯坦建国时间较晚，建国后政局多变，经济基础较薄弱，基础设施缺乏，人口受教育水平不高，许多制造业、服务业等领域生产力不发达，政府资金缺乏，长期依赖外国和国际组织的无偿援助和投资支持。

四、巴基斯坦对外贸易法律制度

（一）对外贸易法律体系

巴基斯坦的对外贸易法律体系尚不完善，国内立法欠缺较多，主要依赖参加国际条约和签署双边或多边贸易协定。巴基斯坦是关税总协定和世界贸易组织的成员之一，也是南盟自由贸易区成员之一；与我国、马来西亚、斯里兰卡签署了自由贸易协定，与伊朗、伊斯兰发展中八国集团、毛里求斯和印尼签署了优惠贸易协定，与阿富汗签署了转口贸易协定。2012年11月，巴基斯坦获得欧盟超普惠制待遇。

（二）进出口管理制度

巴基斯坦在进出口管理制度方面，将出口产品分为禁止类、限制类、限价类、一般类。其中部分禁止类产品出口需取得主管部门许可，限制类产品出口需符合政府规定的要求。进口产品分禁止类、限制类、一般类。禁止类商品包括违反伊斯兰教义的相关产品。进出口商品检验检疫法律主要有《巴基斯坦动物（进出口动物及制品）检疫法》和《巴基斯坦植物检疫法》。[1]

---

1 《对外投资合作国别（地区）指南——巴基斯坦》，来源：商务部网站，载 http://www.mofcom. gov.cn/dl/gbdqzn/upload/bajisitan.pdf，最后访问时间 2023 年 8 月 24 日。

（三）海关管理制度

巴基斯坦在海关管理制度方面，规定海关隶属于巴联邦税收委员会（FBR），主要法律有《海关法》《进出口法》和《海关细则》等。为保护国内产业，巴基斯坦政府有权对进口货物征收反倾销税和调解关税。[1]

五、巴基斯坦公司企业法律制度

巴基斯坦目前执行的是新《公司法（2016年）》。殖民统治者英国在1908年制定了《公司法案》，引入了公司治理等多项重要制度。1913年，英属印度通过了《公司法案（1913年）》。巴基斯坦1947年独立后仍然采用《公司法案（1913年）》。1959年巴基斯坦成立了公司法委员会负责起草符合当代需要的公司法。公司法委员会在1960年提交了公司法草案。最终英国人主持制定的《公司法案（1913年）》被巴基斯坦自己制定的《公司法（1984年）》取代。2016年11月，巴基斯坦联邦政府内阁正式批准通过新《公司法（2016）》。新《公司法（2016）》是对1984年《公司法》的修订与完善，是巴基斯坦商事立法的里程碑，具有重大历史意义。新《公司法（2016年）》根据全球经济新变化和挑战，吸收了世界各国的立法与实践经验，增加了规范化、便利化和与国际接轨的新规定。

（一）公司组织形式

巴基斯坦的公司组织形式有三种：一是独资；二是合伙；三是公司。独资即个体经营，指自然人以自有资金从事某种经营活动，在设立上没有正规程序要求。合伙是两个或两个以上的自然人或组织根据合伙合同成立的经济组织，合伙各方对合伙企业盈亏负全部责任。公司是法人实体，有股份有限公司和有限责任公司之分。有限责任公司分为私营有限公司和公众公司。公众公司又分为上市公司和非上市公司。在巴基斯坦，私营有限公司股东至少为2名，最多不超过50人。私营有限公司董事人数至少为2名，除特定规

---

1 《对外投资合作国别（地区）指南——巴基斯坦》，来源：商务部网站，载 http://www.mofcom.gov.cn/dl/gbdqzn/upload/bajisitan.pdf，最后访问时间 2023 年 8 月 24 日。

定情况外,董事须为公司股东。而与此不同的是,巴基斯坦公众公司至少应有 7 名股东,股东人数没有上限,公众公司必须有至少 3 名董事,除特定规定情况外,董事须为公司股东。外国企业在巴基斯坦也可以三种组织形式进行经营,即独资、合伙或公司。

巴基斯坦的公司主管部门是证券与交易委员会。从巴基斯坦公司法看,公司设立除了金融领域须经审批,其他设立均采准则主义,即符合法律要求即可登记设立。根据 2016 年新公司法,公司注册流程大大缩减并且透明高效,在一天之内就可以拿到注册证书;公司注册环节乱收费和中介牟利现象得以遏制,经营成本得以降低。

(二)限制外商投资的项目

巴基斯坦限制外商投资的项目,包括较小型电站、城市燃气热力供排水管网、铁路旅客运输公司、公路旅客运输公司、电信公司等。禁止外商投资的基础设施主要有:特定类型的电站、空中交通管制、邮政快递、自然保护区建设经营、危害军事设施安全和使用效能的项目等。即使是鼓励类的投资项目,仍个别对外商有一定限制,如核电站、电网、铁路干线路网、民用机场、航空运输公司、综合水利枢纽等的建设和经营。对于农林渔业、通用航空公司、国际海上运输业务等只能使用合资、合作方式。

(三)外资企业的经营方式

从外资企业的经营方式来看,在巴基斯坦,外国投资者与本国投资者法律地位基本一致,受相同法律规范。大型项目要采用国际公开招标方式确定承包商。巴基斯坦承包工程市场管理较宽松,外国投资者承包工程只需在巴基斯坦工程理事会注册,允许外国自然人承包项目。

六、巴基斯坦商事争端解决机制

外国投资者在巴基斯坦发生商业纠纷与其他国家的争端解决机制相似,包括仲裁、诉讼和其他方式如调解。实践中,重大商务合同均会有仲裁条款并选择新加坡或伦敦等地仲裁。外国投资者可以在合同中规定仲裁条款。巴基斯坦法律允许合同当事人在合同中自由约定合同准据法,可以选择外国法。

巴基斯坦仲裁的法律有 1940 年《仲裁法》、2011 年《承认及执行（仲裁协议和外国仲裁裁决）法》、2011 年《国际投资争端仲裁法》。1940 年《仲裁法》主要规定国内仲裁，2011 年《承认及执行（仲裁协议和外国仲裁裁决）法》主要是为实施《纽约公约》而公布，没有规定详细仲裁细则。[1] 2011 年《国际投资争端仲裁法》是为了实施《解决国家与他国国民投资争端公约》（以下简称《华盛顿公约》）而颁布。没有仲裁条款的，可以向有管辖权的法院提起诉讼，适用法律视合同具体情形确定。

根据巴基斯坦 1908 年《民事诉讼法》，外国判决在巴基斯坦原则上会得到承认。根据该法第十三条，外国判决是终局的，除非：（1）由没有管辖权的法院作出。（2）不是按照案件事实作出。（3）从程序上看，是建立在对国际法的错误观点或拒绝承认本应适用的巴基斯坦法律基础上作出。（4）获得该判决的诉讼程序违反自然正义。（5）通过欺诈获得。（6）诉讼主张违反巴基斯坦法律规定。

巴基斯坦和我国均为《纽约公约》的缔约国，根据该公约，我国的仲裁裁决会得到巴基斯坦的承认和执行。

七、中巴海上安全秩序法律保障合作机制的构建

"21 世纪海上丝绸之路"沿线国家总体上经济逐步发展和政局相对稳定。不过，南亚地区是恐怖主义较活跃地区，其中巴基斯坦的安全形势相对较紧张。随着"21 世纪海上丝绸之路"的推进，我国和巴基斯坦联合构建双边海上安全合作机制非常必要。

中巴两国海上安全机制构建时，我国应注意与巴基斯坦的战略进行对接，深化与巴基斯坦的安全合作，依靠沿海港口尝试建立海上安全战略支点。

中巴两国应构建海上安全预警机制，加强预警信息交流，促进安全情报的互通。

我国要借助巴基斯坦的地缘优势参与印度洋事务，联合保障海上航道安

1　杨陶：《巴基斯坦承认和执行涉外仲裁裁决制度探析》，载《仲裁研究》2023 年第 51 辑。

全。在非传统安全领域，我国与巴基斯坦同处相近海域，在联合打击恐怖主义方面，两国可制定双边和多边反恐协定，可进行联合反恐军事演习，可尝试建立联合反恐部队。在联合打击海盗方面，可合作加强海上海盗监控。在海上资源开发方面，两国可以联合进行开发，并加强海洋环境保护合作。

第十四章

意大利投资与公司企业法律制度 [1]

一、意大利在"21世纪海上丝绸之路"中的地位与参与情况

（一）意大利在"21世纪海上丝绸之路"中的地位

意大利是欧洲的重要交通枢纽之一，同时也是古代丝绸之路的终点。而在21世纪的今天其又成为"丝绸之路经济带"与"21世纪海上丝绸之路"的交汇点。作为中国在欧洲的重要贸易伙伴，意大利在"21世纪海上丝绸之路"建设过程中占据着十分重要的地位，无论是从政治、经济、文化，还是从地理角度上看，意大利都扮演着极其重要的角色。随着共建"21世纪海上丝绸之路"倡议的推进和中意两国经贸合作的加深，越来越多的中国企业到意大利进行投资。然而，由于意大利法律体系复杂，加上语言障碍的困扰，中国企业很难真正了解、熟悉当地法律，在经营中遭遇了法律纠纷，造成了重大损失。作为中国在欧盟的重要朋友和贸易伙伴，意大利在构建"21世纪海上丝绸之路"中地位如何？对共建"丝绸之路经济带"与"21世纪海上丝绸之路"倡议的反应如何？其法律传统和法治环境如何？其法律制度和我们国家有什么重大区别？对我们国家法律的完善有什么启发？中国企业

1　本章同时系广东省党校（行政学院）系统2019年度哲学社会科学规划项目《"一带一路"背景下中国与意大利外商投资法律制度比较研究》（编号：19FX02）的研究成果。

到意大利进行投资贸易需注意哪些法律风险？这些都是在我国与意大利紧密合作、共同共建"21 世纪海上丝绸之路"过程中需要解决的关键问题。

古丝绸之路连接着罗马和长安，是罗马与大汉朝这两大东西方历史文明古国之间的贸易通道。意大利既是古丝绸之路的终点，同时也是古丝绸之路和海上丝绸之路的融汇之处。它在"21 世纪海上丝绸之路"上也是必不可少的重要国家。无论是从政治、经济、文化，还是从地理角度上看，意大利都是极其重要的角色。

1. 从政治上看，意大利积极参与"21 世纪海上丝绸之路"建设并取得成果无疑会在欧洲大陆起到一种示范效应，在一定程度上增强欧洲各国参与中国提出的共建"一带一路"倡议的信心和决心。意大利是北约、欧盟、八国集团和联合国等重要国际组织的成员，同时也是全球经济的第九大国，欧洲四大经济体之一。2019 年 3 月 23 日，中意两国发表《中华人民共和国和意大利共和国关于加强全面战略伙伴关系的联合公报》，确立了中意两国的"全面战略伙伴关系"，双方成立中意政府委员会进行交流合作，以不断增进政治互信，加强互利合作，推动双边关系走在中欧关系前列。两国领导人已达成共识，未来将对接中国共建"一带一路"倡议与意大利国家发展战略，推动相互合作不断迈上新水平。中意两国之间共同参与"21 世纪海上丝绸之路"建设，不仅会给意大利带来再次复兴的机会，同时也会推动中意乃至中欧之间关系的发展，促进欧亚大陆的共同繁荣。

2. 从经济角度看，作为世界经济大国之一的意大利在共建"21 世纪海上丝绸之路"中具有举足轻重的作用。意大利经济发达，技术先进，其经济的主要支柱是对外贸易，近几年进出口贸易总额稳居世界前十位，对外贸易额占 GDP 的 40% 以上。意大利在欧洲大陆是仅次于德国的制造业中心，特别是在环保、农业、高科技、可持续城镇化、食品药品卫生监管以及航空航天等领域，具有较强的优势。其先进的机械电子设备对中国产业升级也有重要意义。一直以来，意大利是工业强国，与中国经济的方式和结构可以形成互补，在农业、高端制造业、环保产业、文物保护、城镇化建设、中小企业创新发展等领域开展双方合作具有良好的条件和广阔的发展未来。世界金融危机后意大利持续经济低迷、回涨缓慢，仅靠欧盟内部市场很难振兴意大利经济，加强与作为世界第二大经济体的中国进行合作则成为意大利经济复苏的重要战略选择。因此，积极参与"21 世纪海上丝绸之路"建设也成为意大利与中国这两大文明古国共图经济发展的大好机遇。

　　3. 从文化角度看，意大利是欧洲文化摇篮和文艺复兴发源地，同时也是中西方文化的交流中心。意大利积极参与"21世纪海上丝绸之路"建设对中意两国乃至中欧之间文化、科技、教育等方面的交流合作具有重要意义。中国与意大利都是世界文明的源头，两国有着悠久的友好交往史，为东西方人民的相互了解和世界文明的进步做出了巨大贡献。元朝时的旅行家马可·波罗、明朝时的传教士利玛窦、清朝时期的画家郎世宁都是两国文化交流过程中的重要历史人物。1970年，新中国与意大利正式建交，两国之间的文化交流更加频繁，双方通讯社、报社互派记者，文化、科技、教育、新闻、体育交流不断扩大。1978年10月，两国签署"中意文化合作协定"，之后双方分别实现了许多重要的文化交流项目。到了21世纪的发展新阶段，两国文化交流与合作更加深入和频繁。2010年10月，意大利举办"中国文化年"系列活动。2010年10月，中意签署协议，确定中国国家博物馆同罗马威尼斯宫国家博物馆互设长期展馆，已举办一系列高水平的文物展。2014年6月，两国文化部签署《关于建立文化合作机制的谅解备忘录》。2015年5月至10月，米兰世博会（EXPO MILAN 2015）的成功举办，为双方的深度合作搭建良好平台。中国是本届世博会最大的外国展馆群，习近平主席亲自为中国国家馆录制欢迎视频。世博会期间，中方举办创新论坛、农业食品经贸论坛、丝绸之路旅游日、省区市主题周（日）、企业日等活动1500多场，占世博活动总量的近二分之一。20多个中方地方代表团访问世博会和意大利中北部地区，共达成200余项合作意向。2017年2月，两国举办中意文化合作机制首次全体会议。2019年3月，习近平主席访问意大利期间，双方举办中意文化合作机制第二次全体会议，并宣布于2020年互办旅游文化年。2019年4月，意大利总理孔特率团来华出席了第二届"一带一路"国际合作高峰论坛。2021年9月7日，国家主席习近平同意大利总理德拉吉通电话时指出：中意关系拥有深厚历史根基，两国在合作中互利共赢，在文化上相互欣赏，在困难时互帮互助。中方愿同意方一道，把握好新时期"中意全面战略伙伴关系"正确发展方向，坚持相互尊重，维护中意友好，深化互利合作，为不同制度、不同文化国家发展关系树立榜样。双方应以共建"一带一路"合作为引领，推动各领域合作走深走实。双方应共同办好2022年中意文化和旅游年活动，特别是要相互坚定支持办好2022年北京冬奥会和2026年米兰冬奥会，以此为契机加强两国冰雪运动和产业合作。希望意方为推动中欧关系健康稳定发展发挥积极作用。

因此,"21 世纪海上丝绸之路"既是中意两国经济合作之路,也是文化交流之路、文明对话之路。中意两国在共建"一带一路"倡议下开展文化交流合作,有利于促进东西方不同文明不同文化的融合发展,有利于构建两国乃至中欧各国合作的民意基础,激发中华民族和意大利民族之间的认同感、凝聚力、自尊心和创造力,并最终形成政治互信、经济融合、文化包容的利益共同体、命运共同体和责任共同体。

4.从地理角度看,意大利位于地中海中心位置,国土主体是亚平宁半岛。它是连接北欧、南欧、中欧和非洲等其他大洲的重要交通枢纽,同时也是"21 世纪海上丝绸之路"进入欧洲世界的大门,也是南下北非的支点。意大利是欧洲大陆港口最多的国家,拥有 148 个大大小小的港口(其中有24 个为主要商业港口,3 个为国际港口)。意大利是欧洲第二大海运大国,海运系统非常发达,具有完善的国际港口系统、物流平台。意大利也具有得天独厚的海运优势,在海上丝绸之路中扮演着重要角色,中意双方在货物运输、港口基础设施建设方面都有很大的合作空间。中意两个文明古国通过海上丝绸之路在几千年后再度携手、再次对话,无疑将成为实现两国发展的重要契机和强大动力。

(二)意大利在"21 世纪海上丝绸之路"中的参与情况

意大利政府、企业、社会媒体和民间组织积极响应和参与"21 世纪海上丝绸之路"。主要体现在以下几个方面:

1.意大利政府积极响应并支持共建"21 世纪海上丝绸之路"倡议,视共建"21 世纪海上丝绸之路"为其重要合作机遇,愿借力该倡议构想,不断提升中意各领域合作的广度和深度,携手打造两国政治文化交流的新平台和经济发展的增长点。

(1)政府高层表态支持。2014 年 6 月,意大利总理马泰奥·伦齐在来华访问时表示对中国提出的构建"一带一路"倡议非常认同,希望中方加大对意大利投资。次年 7 月,塞尔焦·马塔雷拉总统在与中国公共外交协会李肇星会长会见时表示:"意大利支持'一带一路'伟大构想,愿发挥独特优势,积极参与'一带一路'建设,欢迎中资企业来意投资兴业。欧亚大陆上生活着全球 60% 的人口,贸易总额也占世界的 60%。当前,中国的'一带一路'倡议给包括意大利在内的欧亚各国带来经济机遇"[1]。2016 年 6 月，意大利驻华大使谢国谊在接受新华社记者采访时表示："'一带一路'倡议为两国合作带来了新的动力，意方希望在这一倡议中发挥作用，并积极参与其中。在中国'21 世纪海上丝绸之路'的倡议引领下，意大利地缘优势可使其成为中国产品进入欧洲大陆的天然门户，并在道路基础设施建设方面发挥其作用"[2]。2017 年，意大利总理真蒂洛尼来华出席"一带一路"国际合作高峰论坛。2018 年 1 月 30 日，一场以中国共产党十九大之后意大利如何抓住"一带一路"、"21 世纪海上丝绸之路"倡议所带来的机遇为主题的论坛在罗马举行。期间多名意大利政要高度赞赏十九大报告中关于中国对外开放的论述，认为意大利应积极参与"一带一路"、"21 世纪海上丝绸之路"倡议以更好地实现本国发展。本次论坛名为"中国共产党十九大后的新丝绸之路——意大利的机遇"，与会并发言的意大利外交部副部长温琴佐·阿曼多拉首先阐述了自己对"一带一路"倡议的理解。他说："'一带一路'倡议是一个致力于复兴'丝绸之路'的计划。它是建立在高效而且紧密的政治和经济联系之上的，与意大利的未来密切相关。而在中国共产党十九大上，这个国际多边主义的计划被正式写入党章，从而得到了全面升级，这体现了中国领导层对世界的解读。"2019 年 1 月 25 日，意大利总理孔特在罗马总理府会见国务委员兼外长王毅时表示，意方高度重视意中关系，期待同中方密切高层交往，深化经贸、投资、能源等合作，将意中关系提升至新的水平。意方高度重视"一带一路"合作，愿同中方共同努力，不断开辟两国新的合作增长点。2019 年 3 月 22 日，国家主席习近平在罗马同意大利总统马塔雷拉举行会谈。马塔雷拉钦佩中国发展成就，赞赏中方奉行开放战略，看好意中合作前景，愿以意中"全面战略伙伴关系"建立 15 周年和明年建交 50 周年为契机，拓展两国经贸、投资、科技、创新等各领域互利合作。意大利和中国曾位于古代的丝绸之路两端，这是我们两国密切联系的纽带。意大利支持习近平主席倡导的共建"一带一路"倡议，相信这将有利于欧亚大陆互联互通和共同发展，使古老的丝绸之路在当代焕发新的活力。意方愿加强同中

---

1 《意大利总统表示支持"一带一路"建设》，来源：新华网，载 http://www.xinhuanet.com/world/2015-07/24/c_1116030250.htm，最后访问时间：2023 年 8 月 24 日。

2 《意大利驻华大使："一带一路"为意中合作带来新动力》，来源：新华网，载 http://www.xinhuanet.com//world/2016-06/03/c_1118987039.htm，最后访问时间：2023 年 8 月 24 日。

方文化旅游领域交流合作[1]。2019 年 4 月，意大利总理孔特来华出席第二届"一带一路"国际合作高峰论坛。2021 年 9 月 7 日，国家主席习近平同意大利总理德拉吉通电话时，德拉吉表示意中关系发展良好，意方高度重视意中全面战略伙伴关系，希望同中方加强双边各领域合作，共同办好意中文化和旅游年活动。

（2）签署双边合作框架。2014 年至今，中意双方签署了《关于加强经济合作的三年行动计划 2014—2016》[2]《中华人民共和国文化部和意大利共和国文化遗产、活动和旅游部关于建立中意文化合作机制的谅解备忘录》《中华人民共和国环境保护部与意大利共和国环境、领土与海洋部关于环境伙伴关系的联合声明》[3]《2015—2019 年文化合作执行计划》[4] 等多项合作协议。特别是 2019 年 3 月，中国和意大利签署了《关于加强全面战略伙伴关系的联合公报》《关于共同推进丝绸之路经济带和 21 世纪海上丝绸之路建设的谅解备忘录》[5]，意大利由此成为"七国集团"（G7）中，第一个正式加入"一带一路""21 世纪海上丝绸之路"倡议的西方发达国家。

（3）积极加入由中国主导的亚洲基础设施投资银行。2015 年 3 月，意大利财政部宣布意大利将与德国、法国一起加入亚投行。意大利期望通过参与亚投行和"一带一路"的建设项目，加大对亚太地区的出口贸易，为本国经济的复苏增添强大动力。

2. 意大利企业已经普遍认识到"21 世纪海上丝绸之路"是沿线国家和地区间实现互惠双赢、共同发展的良好机遇，纷纷把目光投向了中国市场和企业，并在不断寻找合作的机会。这几年，虽受欧洲债务危机、国际金

---

1 《习近平同意大利总统举行会谈》，来源：外交部网站，载 https://www.fmprc.gov.cn/web/gjhdq_676201/gj_676203/oz_678770/1206_679882/xgxw_679888/，最后访问时间：2023 年 8 月 24 日。

2 《中意关于加强经济合作的三年行动计划 2014—2016》，来源：外交部网站 https://www.mfa.gov.cn/web/gjhdq_676201/gj_676203/oz_678770/1206_679882/1207_679894/201406/t20140612_9352365.shtml，最后访问时间：2023 年 8 月 24 日。

3 中华人民共和国环境保护部与意大利共和国环境、领土与海洋部关于环境伙伴关系的联合声明》，来源：中央政府门户网站，载 https://www.gov.cn/xinwen/2014-11/01/content_2773880.htm，最后访问时间：2023 年 8 月 24 日。

4 《中意 2015—2019 年文化合作执行计划》，来源：文化和旅游部网站，载 https://www.mct.gov.cn/whzx/whyw/201903/t20190321_837877.htm，最后访问时间：2023 年 8 月 24 日。

5 《中意关于共同推进丝绸之路经济带和 21 世纪海上丝绸之路建设的谅解备忘录》，来源：求是网，载 http://www.qstheory.cn/zhuanqu/bkjx/2019-03/24/c_1124274932.htm，最后访问时间：2023 年 8 月 24 日。

融动荡和新冠疫情的多重因素影响，两国经贸合作仍保持较快发展，并形成强强联合、高端引领的新态势。据中国外交部网站发布的统计数据："目前，意大利是中国在欧盟的第四大贸易伙伴，中国是意大利在亚洲的第一大贸易伙伴。2020年，双边贸易额为551.85亿美元，同比增长0.4%。我对意出口329.38亿美元，同比下降1.7%，进口222.48亿美元，同比增长3.8%。2021年上半年，双边贸易额达349.4亿美元，同比增长46.5%。其中我对意大利出口194.6亿美元，同比增长31%；自意大利进口154.8亿美元，同比增长72.2%。近年来，中国企业及金融机构积极参与意大利私有化进程，以并购、入股、合资等方式与意企业开展了良好合作，主要项目包括：2008年，中联重科2.71亿欧元收购全球第三大混凝土机械制造商意CIFA集团；2013年中国石油天然气集团公司42亿美元收购意埃尼集团（Eni）东非公司28.57%股权；2014年国家电网斥资21.01亿欧元收购意存贷款银行全资能源网子公司CDP RETI35%股权；2015年，中国化工集团以71亿欧元收购意倍耐力公司26.2%股权；2016年，苏宁控股集团有限公司以2.7亿欧元收购国际米兰70%股权。截至2019年2月底，意在华投资项目共计6134个，实际使用投资73.6亿美元。2018年，意对华新增投资项目276个，实际使用投资2.3亿美元。截至2019年2月底，中国对意直接投资存量23.8亿美元，主要涉及能源、高端制造、化工、体育等领域。[1]"2021年5月，第四届进博会意大利线上推介会成功举办。本场推介会由中国国际进口博览局和意大利手工业及中小企业联合会主办，"意大利制造"计划推进协调办公室、中国驻意大利大使馆经商处、意大利驻上海总领馆，以及近百位企业代表线上参会。可以看出，意大利企业正利用共建"21世纪海上丝绸之路"的发展机遇，与中国企业开展多渠道、多层次合作，互联互通，实现平等互利、合作共赢。

3. 意大利社会媒体和民间组织积极响应和参与"21世纪海上丝绸之路"建设。"2014年，意大利《欧亚》杂志社主编科斯塔先生专门撰写《丝绸之路》一书，高度赞赏认可中国友好发展理念，号召欧洲各国加强与中国的学

---

[1]《中国同意大利的关系》，来源：外交部网站，载 https://www.mfa.gov.cn/web/gjhdq_676201/gj_676203/oz_678770/1206_679882/sbgx_679886/，最后访问时间：2023年8月24日。

习互鉴和互利合作"[1]。2015 年 3 月 30 日，意大利影响最大也是发行量最大的综合财经类报纸《24 小时太阳报》发表题为"丝绸之路的复兴"的文章，解读中国共建"一带一路"倡议。"2015 年 7 月在威尼斯由意大利文化优先协会与丝绸之路城市联盟共同发起举办首届'丝绸之路城市合作论坛"，这是中国公布《推动共建丝绸之路经济带和 21 世纪海上丝绸之路的愿景与行动》百天之后，中意两方的民间机构发起组织的为'一带一路'建设服务的专题论坛"[2]。2016 年 3 月，意大利摩德纳华商会与中国网络电影节组委会和吉利国际文化传媒有限公司签约，合作拍摄主题与"一带一路"沿线国家相关的系列电影。2016 年 4 月，意大利都灵储蓄银行（CRT 基金会）基金会与都灵大学中国研究中心（TOChina 学会）学会在罗马联合举办"一带一路与意大利"研讨会，会议围绕"一带一路"的意义、意大利如何在"一带一路"中发挥自己的优势和特长、中意如何加强互联互通等问题进行了探讨。2018 年 6 月，"一带一路"中国意大利企业对接会 28 日在意大利米兰举行，约 400 名来自两国政府、企业、智库及媒体的代表出席活动，就如何在"一带一路"框架内对接合作进行了探讨。正如中国驻意大利大使馆临时代办郑璇在对接会上发言所说，共建"一带一路"倡议源于中国，但机会和成果属于世界；中意友好伴随着丝路驼铃一路走来，历久弥坚；两国"全面战略伙伴关系"的发展不仅让两国人民生活更美好，也为国家间发展友好关系树立了典范；中意两国携手推动各领域合作不断向前。2021 年 10 月，由意大利林琴国家科学院与罗马第三大学、中国政法大学、罗马第一大学和博洛尼亚大学为庆祝中华人民共和国与意大利共和国建交 50 周年共同举办的"'一带一路'沿线的现代化和全球化：中意法学领域交流与合作"主题国际研讨会通过视频方式举行，意大利前司法部长、路易斯大学理事会主席塞维丽诺教授以及二十多位中意法学领域的专家学者出席研讨会并发言。

事实证明，意大利在构建"21 世纪海上丝绸之路"中占据了十分重大的战略地位、发挥着极其重要的作用。中意合作开展"21 世纪海上丝绸之路"建设具有巨大的必要性和可行性。

---

1 马赛、周龙：《"一带一路"连接中意未来》，载《光明日报》2014 年 9 月 17 日，第 8 版。
2 宋亚：《共舞"一带一路"》，载《甘肃金融》2015 年第 4 期。

二、意大利的法律传统与法治环境

"根据比较法学通行的法系划分理论，意大利属于大陆法系国家，其法律制度溯源于罗马法的法律文化传统，带有明显的大陆法系特点"[1]。意大利现行各项法律制度完善、执法严格、司法公正，是现代意义上的法治国家。

（一）意大利的法律传统

意大利作为大陆法系国家的最主要代表，其法律制度史也是大陆法系发展史。其发展大致可分为以下几个历史时期：习惯法向成文法发展时期（大约从公元前八世纪起至公元前450年止）、市民法的发展与万民法的兴起并逐渐融合时期（大约始于公元前三世纪，终于公元前27年）、古罗马法学的发达时期（大约从公元前27年始至公元三世纪止）、法典编纂时期（大约从三世纪延续至六世纪中叶）、罗马法与日耳曼法的融合时期（大约从五世纪至九世纪）、罗马法学的复兴时期（十二世纪到十六世纪）、接受和吸收法国法典的时期（十八世纪到十九世纪）[2]。

意大利法律体系的特点有以下几个：

1. 全面继承罗马法，不是照搬照抄，在实体和程序的规定上同古代罗马法有了很大不同。五大罗马法学家的法学著作和法律解释具有同等法律效力。意大利法律吸收和借鉴了罗马法学家推动法律发展的一整套技术方法，划分公法和私法；吸收了许多罗马私法的原则和制度，特别是直接间接与保护私有财产和调整商品所有者之间的关系有关的原则和制度。

2. 实行法典化。意大利以法典编纂作为法律统一和法制建设完成的标志，建立了以宪法、刑法、刑事诉讼法、民法（民商合一）、民事诉讼法为主体，以其他单行法为辅助的成文法体系。补救措施包括：解释法律、参考"判例"、修改法律和颁布单行法。

3. 明确立法与司法的分工，强调成文法的权威，不承认法官的造法权能。成文法具有优先效力；法官解释法律的任务只限于阐明法律条文的意思，遵守法律条文的原意，而不能创造法律；不承认判例的正式效力。

1　费安玲：《在法学溯源中汲取智慧》，载《北方法学》2015年第5期。
2　徐炳：《大陆法系是怎样形成和发展起来的》，载《河北法学》1985年第2期。

4.欧盟法对意大利具有的重要影响。意大利是欧盟的创始成员国之一，根据《马斯特里赫特条约》和《里斯本条约》，欧盟法的效力等级比成员国的一般法律要高，甚至还高于各成员国宪法。并且，欧盟法适用于各成员国及其公民与法人，不必通过国内立法转换。欧盟在货币、外贸、关税政策等方面具有完全的自主权。欧洲法院拥有更大权力，可以就各成员国相关的法律与欧盟法律是否冲突进行裁决。意大利在这些方面接受欧盟法规的统一管辖。

（二）意大利的法治环境

意大利作为现代意义上的法治国家，具有健全的法律制度和良好的法治环境。

1.意大利《宪法》

意大利《宪法》全面和具体体现了资产阶级民主原则，于 1947 年 12 月 22 日经意大利制宪会议通过，1948 年 1 月 1 日起施行。宪法分为三部分：基本原则、公民的权利和义务、共和国国家结构。其主要内容有：

（1）宣布主权属于人民，由人民用合法的方式，在合法的范围内行使国家权力，公民在法律上一律平等。保护公民的各项自由，包括人身、住宅、迁徙、通信、宗教、言论、出版、讲授、和平集会、结社、组织政党和请愿等自由。禁止建立法西斯政党和秘密团体。

（2）明文规定维护私有财产，保障经营自由。

（3）规定了议会制原则，建立两院制议会；总统由两院联席会议选举产生；议会集体行使立法权。在法定条件下，总统有权将法律交付全民公决；总统对政府的任命必须获两院信任，总理对议会负责，议会可以提出不信任案。

（4）强调地方自治和地方分权。明确规定全国省区行政区划，列举地方政府权力；设立权力较广泛的宪法法院，处理中央与地方的法律法令是否违宪的争议，国家机关之间、中央与省、省与省之间关于职权的争议以及对总统和政府部长的控告。

（5）明文规定各项司法原则。包括：法官只服从法律，法律不溯及既往，无罪推定，刑事责任个别化，辩护权利不可侵犯，以及非经合法程序不得逮捕审判等。

（6）保障劳动者的某些权利。宣布国家以劳动为基础，公民享有劳动权，劳动者有权获得相应报酬的权利；有组织工会和罢工的权利，但应在调整此项权利的法律范围内行使；男女同工同酬[1]。

2. 意大利的政治制度

根据《意大利共和国宪法》，意大利实行立法、行政和司法的西方三权分立制度。主要有以下几个国家机构：

（1）议会。分为众议院和参议院。"自1963年4月第四届大选起，众议院设630个议席，参议院设315个议席。众议员和参议员由选民直接选举产生。年满18岁、享有政治权利的公民都有权参加众议员的选举，众议员当选资格须年满25岁。参加参议员选举的选民必须年满25岁，其中年满40岁才有当选资格。卸任的共和国总统是终身参议员。总统还有权任命5名在科技、文艺、社会等方面有突出贡献的公民为终身参议员。众、参议员均任期5年。在正常情况下，每5年举行一次大选。立法职能由两院集体行使。两院的职能主要有：审议批准法案、国家预算和决算，监督政府，选举共和国总统，批准政治性国际条约，决定战争状态、大赦和特赦等。议案必须在两院都获得通过[2]"。

（2）总统。意大利共和国总统是其国家元首。凡年满50岁并享有政治权利的公民，均有资格当选总统。总统由众、参两院联席会议以秘密投票方式选举产生，任期7年，可以连选连任。主要职权有：向两院提出咨文；宣布新议院的选举；批准政府提交两院的法律草案；颁布法律，发布具有法律效力的法令；依宪法规定宣布举行全体公民投票；依法律任命政府官员；任命和接受外交代表，必要时经两院事先授权，批准国际条约；统帅武装部队，担任最高国防委员会主席，根据两院决议宣布战争状态；在听取两院议长的意见后，解散两院或其中一院。总统担任全国最高司法委员会主席。总统犯罪时，由众、参两院联席会议提出控告，由宪法法院判决。

（3）政府。作为最高行政机关，政府内阁是国家权力的核心，由总理及各部部长组成，由执政的政党或政党联盟的议员担任。总理是政府首脑，主持内阁会议，领导整个政务工作，对政府总政策负责。内阁会议由总理、副

1　潘汉典：《意大利共和国宪法》，载《环球法律评论》1982年第6期。
2　王亚宏：《意大利议会简介（上）》，载《山东人大工作》2006年第6期。

总理和各部部长组成，是政府的集体议事和决策机构。各部部长对内阁活动负集体责任，并对各主管部门的活动负个人责任。总理和部长在执行职责时犯罪，由众、参两院联席会议决定起诉送交法院惩办。

政府各部根据总理及其内阁的总政策执行管理职能。总理组阁时确定各部的设置，第二次世界大战后，每届内阁大体保持在 20 个部左右。此外还有为管理或处理某些特殊事务而设置的部和协调部际关系的委员会。意大利政府设有 3 个辅助机构：①国家经济和劳动委员会，是政府和议会在经济和劳工方面的咨询机构，由经济界、劳工界的代表和专家组成。其主席由总统直接任命，其余 79 名成员由总理提名，总统任命。②国务委员会，是最大的法律、行政咨询机关和行政司法机关，它有权就各种问题向政府提出意见，但不享有法案创制权。国务委员会主席和 28 名小组委员会主席以及 74 名其他成员均由内阁会议提名，总统任命。③审计院，主要监督政府资金的管理使用，并享有财务方面的行政司法权。

（4）司法组织。意大利设有宪法法院、行政法院和普通法院。由最高司法委员会领导和管理全国司法行政。

宪法法院成立在 1955 年 12 月 15 日。其职能包括：监督和裁决普通法律规定合宪性问题；裁决国家各权力机关之间、中央和地方之间、地方和地方之间在权限范围方面的冲突；审理依宪法规定对总统和部长提出的控告案。

行政法院系统由国务委员会、审计院以及地方行政法院组成。国务委员会受理中央机关与地方政府、行政机关与公民个人之间的行政诉讼案件，受理地方行政法院的上诉案件，并依宪法规定享有裁判权。审计院一方面行使财政监督职能，另一方面受理公民对政府机关、公务员有关财政方面的上诉案件。普通法院系统则由治安法官、地方法官、地区法院、上诉法院和最高法院构成。治安法官只享有一定的民事管辖权，其他各级法院分级受理案情轻重不同的民事、刑事案件。上一级法院是下级法院的上诉法院，最高法院拥有最终审判权。

"最高司法委员会由意大利共和国总统任主席，并主持工作。最高法院的首席院长和总检察官是当然成员，其余成员 2/3 从普通法官中选出，1/3 由议会从大学常任法学教授和有 15 年经验的律师中选出。司法部长在遵从最高司法委员会的前提下，管辖某些司法行政事务"[1]。

（三）意大利参与的国际条约及中意双边条约

1. 意大利作为世界经济第九大国，积极参与国际经济事务，开展国际投资与贸易，加入的国际条约或协定主要有以下几个[2]：

签署年份	相关条约或协定	中国加入时间
1958 年	《关于承认和执行外国仲裁裁决公约》（The New York Convention on the Recognition and Enforcement of Foreign Arbitral Awards）简称《1958 年纽约公约》	中国政府 1987 年 1 月 22 日递交加入书，该公约 1987 年 4 月 22 日对中国生效。
1965 年	《关于解决国家与其他国家国民之间投资争端公约》（Convention on the Settlement of Investment Disputes Between States and Nationals of 0ther States），简称《1965 年华盛顿公约》	中国于 1990 年 2 月签署，1990 年 7 月批准加入该公约。
1985 年	《多边投资担保机构公约》（Convention Establishing the Multilateral Inyestment Guarantee Agency，MIGA 公约）简称《汉城公约》	中国于 1988 年 4 月 30 日向世界银行递交了对该公约的核准书，从而成为多边投资担保机构的创始会员国。
1994 年	世界贸易组织的法律框架各项协议，由《建立世界贸易组织的马拉喀什协议》及其四个附件组成。附件包括《货物贸易多边协定》《服务贸易总协定》和《与贸易有关的知识产权协定》，分别称为附件 1A、附件 1B 及件 1C；附件二为《关于争端解决规则与程序的谅解》；附件一为《贸易政策审议机制》；附件四是诸边协议。	2001 年 12 月 11 日，中国正式加入世界贸易组织。

2. 1970 年 11 月 6 日中意两国正式建交。建交以来，两国进行了友好往来，开展多方面交流合作。2004 年，两国建立"全面战略伙伴关系"。梳理

1　王亚宏：《意大利议会简介（上）》，载《山东人大工作》2006 年第 6 期。

2　《意大利共和国概况》，来源：中国人大网，载 http://www.npc.gov.cn/zgrdw/npc/wbgwyz/wsgz/2009-05/06/content_1501243.htm，最后访问时间：2023 年 8 月 24 日。

两国建交以来签订的主要双边协议及文件包括 [1]:

中意关于两国建立外交关系的联合公报（1970 年 11 月）

中意文化合作协定、中意科技合作协定（1978 年 10 月）

中意空间科学技术合作议定书（1984 年 3 月）

中意领事条约（1986 年 6 月）

中意关于民事司法协助的条约（1991 年 5 月）

中意经济合作协定（1991 年 5 月）

中意关于和平利用与研究宇宙空间方面进行合作的协定（1991 年 7 月）

中意关于建立全面战略伙伴关系的联合公报（2004 年 5 月）

中意成立中意政府委员会的联合声明（2004 年 5 月）

中意知识产权合作协定（2004 年 6 月）

中意航空工业合作谅解备忘录（2004 年 6 月）

中意科技合作联合声明（2008 年 11 月）

中意 2010 年在意举办"中国文化年"联合声明（2009 年 7 月）

中意投资合作谅解备忘录（2009 年 7 月）

中意高技术领域合作谅解备忘录（2009 年 7 月）

中意旅游合作谅解备忘录（2009 年 7 月）

中意关于建立文化合作机制的谅解备忘录（2014 年 6 月）

中意环境伙伴关系联合声明（2014 年 10 月）

中意 2015-2019 年文化合作执行计划（2015 年 4 月）

中国和意大利关于加强经贸、文化和科技合作的行动计划（2017 年 -2020 年）（2017 年 5 月）

中意政府委员会第八次联席会议共同文件（2017 年 12 月）

中意关于开展第三方市场合作的谅解备忘录（2018 年 9 月）

中意政府委员会第九次联席会议共同文件（2019 年 1 月）

中意关于加强全面战略伙伴关系的联合公报（2019 年 3 月）

中意关于共同推进丝绸之路经济带和 21 世纪海上丝绸之路建设的谅解备忘录（2016 年 3 月）

通过梳理意大利的法律传统和当代法治环境，我们发现意大利法律文化源远流长，它不仅是现代法治文明的发源地，同时也是现代化的法治国家，

1　宋亚:《共舞"一带一路"》，载《甘肃金融》2015 年第 4 期。

有着完善的法律制度，中国企业通过"21 世纪海上丝绸之路"在意大利进行投资贸易有良好的法律保障。意大利也是西方社会中与我国建交最早的国家之一，与我国签署了多项法律合作协议。中意两国开展"21 世纪海上丝绸之路"建设有良好的法律基础和制度保障。

三、意大利外商投资法律制度

为了保障"21 世纪海上丝绸之路"倡议的实施落地和顺利推进，以便我国企业能够更好地掌握意大利外商投资法律制度，促进中意两国经贸往来，达到互利共赢目的，有必要对我国与意大利外商投资法律制度进行深入的比较研究，以期达到相互借鉴吸收、完善我国相关法律法规、为中国企业投资意大利提供法律支持的效果，从而进一步完善我国相关的法律、法规，促进"21 世纪海上丝绸之路"沿线国家间投资便利化、自由化。

（一）外商投资法律体系

中国有专门涉及外商投资方面的法律，即《中华人民共和国外商投资法》（以下简称《外商投资法》）。该法于 2019 年 3 月 15 日十三届全国人大二次会议表决通过，并于 2020 年 1 月 1 日起开始施行。它是一部统一的外商投资领域的基础性法律。它的颁布实施意味着原外商投资法律体系的三部法律（《中外合资经营企业法》《外资企业法》《中外合作经营企业法》）同时废止。新法实行高水平投资自由化便利化政策，保护外商在我国投资的合法权益，构建法治化、便利化、国际化的营商环境，实现高水平高质量的对外开放，为中国推动新一轮经济增长和改革开放提供有力的法制保障。

意大利并未单独设立针对外商投资的专门法律，相关规定散见于《民法典》《民事诉讼法典》《农业法典》《工业贸易法典》《财政法典》《银行法》《税法》《劳工法》《竞争和公平交易法》以及各个行业领域的具体法令当中。但值得我们关注是 2009 年 12 月《里斯本条约》生效后，意大利作为欧盟的重要成员国，其外资政策统归欧盟负责。欧盟第 1219/2012 号法规也对成员国与非欧盟国家缔结的双边投资协定的效力作出过渡安排，即在欧盟与相关国家谈判缔结双边投资协定之前，成员国单独缔结的投资协定继续有效。目前，我国与欧盟正就双边投资协定进行商谈，还未达成协议，这就意味着 1985 年 1 月两国签订的《中意关于鼓励和相互保护投资协定》仍然有效。意大利将和外国政府缔结的各项双边投资协定视作互惠条约,据此给予外资对等国民待遇,同时双边投资协定作为外资方面的"专门法",效力高于意大利国内法有关规定。因此,意大利根据《中意关于鼓励和相互保护投资协定》给予其境内的中资企业对等国民待遇,在意大利境内设立和运营的中资企业必须遵守意大利的各项投资方面法律及普遍适用于本国与外国企业的相关监管规定。

(二)外商投资管理机构

我国负责管理外商投资的机构主要是商务部下属的外国投资管理司。其主要职能包括:宏观指导和综合管理全国吸收外商投资工作;起草吸收外商投资的法律、法规、参与拟订《外商投资产业指导目录》、拟订向外商转让资产、股权、经营权以及相关的兼并、承包、租赁工作有关的政策等。

意大利外商投资管理机构主要是经济发展部,具体由产业政策、竞争力和中小企业司负责,职能包括实施吸引外资的有关政策和项目和具体协调工作。意大利引资和企业发展署虽作为专门负责引进外资的国家机构,但它以公司名义运营,向潜在投资者提供一系列信息咨询服务,负责吸引外资专项资金的使用管理。值得我们关注的是,2012 年底,为提高吸引外资能力和水平,意大利经济发展部成立"意大利之窗",负责协调意政府各部门工作,简化行政审批流程,为外商投资者提供一站式服务。意大利外贸委员会、引资和企业发展署、对外投资公司等促进机构,均有义务配合"意大利之窗"的工作,在意大利各部门之间产生联动机制。"意大利之窗"成立后首先将推动行政审批程序的简化。意大利原国内审批程序极其繁杂,中央政府、各大区、各市均拥有审批权限,从事制造业的企业仅仅为了通过环保门槛就需要 6 次审批,已经严重影响外国企业投资积极性。"意大利之窗"将推动对外资企业的"单一窗口"服务,企业一次申请可完成中央到地方三级审批,同类审批一次完成,这样一来将大大简化审批程序,帮助企业迅速"落地"。

(三)外商投资准入制度

近年来,我国深入推进高水平对外开放,不断放宽外资准入。中国外资准入管理已经由"产业目录时代"进入"负面清单时代"。2017 年至 2020年,我国连续 4 年修订全国和自贸试验区负面清单,外资准入特别管理措施分别由 93 项、122 项减至 33 项、30 项,在金融、汽车等领域推出了一批重大开放举措，为外商投资提供了更加广阔的发展空间。鼓励外商投资的行业有高新技术投资，农业新技术综合开发，能够提高产品档次以及行业竞争能力，能够开发西部地区等多个领域，限制外商投资的行业是技术水平落后的，不利于国家环境保护的，以及属于国家保护性开采的特种矿产资源等，禁止外商投资的行业主要是一些危害国家安全的敏感性行业。农业、制造业、增值电信、文化等七大领域进一步放宽准入，包括 5G 组件在内的先进制造、高新技术、现代服务业等领域投资成为鼓励外商投资方向。2020 年1 月，外商投资法及实施条例施行，对外资全面实行准入前国民待遇加负面清单管理制度，加强外商投资促进工作，保护外商投资合法权益，优化外商投资环境。2020 年，在全球跨国投资大幅下滑的背景下，我国吸引外资1493.4 亿美元，稳中有增，保持世界第二位。可以说中国随着《外商投资法》《外商投资准入特别管理措施（负面清单）》《自由贸易试验区外商投资准入特别管理措施（负面清单）》《鼓励外商投资产业目录》等法律法规的落地实施，更高水平的对外开放格局正在成型。

意大利作为发达国家，在外资准入方面的开放程度较高。"外资企业享受国民待遇，与意大利本土企业在税收和优惠政策方面享受相同待遇。但意大利政府有权在两种情况下做出禁止外资企业对国防工业、飞机制造等行业企业的并购措施：基于国家经济利益和战略利益优先的原则和意大利企业在相对国受到歧视性对待"[1]。另外，意大利在银行、保险、航空、电信、钢铁等行业领域存在某些限制外资的特殊规定：

1. 外资进入银行业的规定。首先，意大利在市场准入和营运监管方面对欧盟成员国和非欧盟成员国银行进行区别对待，对欧盟成员国银行适用较为宽松的政策，一般由其所在国的中央银行进行延伸监管，意大利央行不作特殊规定。对于非欧盟成员国银行在意大利设立分支机构，意大利制定了一些特殊规定。如在意大利开办首家分行需经意大利财政部批准，并征得意大利外交部和中央银行的同意。意大利主管部门在批准授权时将考虑双边市场准入的对等条件。具体要求包括："第一，资金投入不得低于意大利中央银行规定的标准（650 万欧元）；第二，非欧盟国家银行在意大利设立代表处需报意大利中央银行审批，如在收到设立代表处申请后 60 天内不提出异议，

---

1 《企业对外投资国别（地区）营商环境指南（意大利）》，来源：中国国际贸易促进会网站，载 https://www.ccpit.org/italia/a/20220103/20220103zzws.html，最后访问时间：2023 年 8 月 24 日。

代表处即可开业；第三，非欧盟国家银行在意大利设立第一家分行，应报请意大利中央银行、外交部和经济财政部批准。在对申请进行审查时，意大利强调双方国家市场准入的对等性、可经营业务范围的对等性；第四，第一家分行获准开业后，业务网点的延伸相对容易些，无论是在同一城市或在另一城市设立新网点，只要报意大利中央银行备案即可；第五，如获准开业，非欧盟国家银行意大利分行在营运监管和税务政策上，享有意大利商业银行的同等待遇，只是在中长期信贷的发放比例上需遵守另外的规定。第六，无论是本国的还是外国的非银行公司不得购买超过 15% 的意大利银行股份"[1]。

2. 外资进入保险业的规定。一是在意大利设立人身和财产保险机构和公司必须得到意大利政府主管部门的许可；二是意大利政府的批准依据在很大程度上取决于意大利保险类公司在国外所受的"对等待遇"；三是必须在意大利当地指定总代理人；四是在意大利开设保险公司的外资企业必须具有从事保险业经营 10 年以上的时间。

3. 外资进入航空业的规定。意大利对外国资本进入其航空业市场的限制主要是针对非欧盟国家投资者，非欧盟国家公司不得在意大利经营国内航线的客货运输。欧盟国家航空公司进入意大利市场的审批程序同意大利本国投资者。欧盟航空经营者在意大利从事航空服务受意大利空运限制的约束，只能作为国际航空服务的延伸和补充。经营航空线的个人、代理商或公司需经意大利政府的批准，外方在公司中的股份不得超过 49.5%。在地面服务和地面设施管理方面，还没有对外资开放，仍然由意大利企业（国有控股企业）经营和管理。意大利法律还规定，参股意大利航空运输的外国企业董事长和 2/3 的高级管理者必须是意大利公民。

4. 外资进入电信业的规定。一般情况下，对外国投资者没有特殊业绩要求，但意大利对电信行业外资公司的业绩要求与开业许可挂钩。目前还没有外资进入像意大利电信公司这样的基础电信服务业。进入意大利电信服务业市场的主要是增值电信和网络服务（如宽带服务）、手机通讯服务等。这几年来，我国华为公司和意大利的业务取得重大突破，已经成为意大利主流运营商重要的合作伙伴。

5. 外资进入钢铁业的规定。意大利是欧洲煤钢共同体（1951 年成立）6个成员国之一。意大利认为，钢铁产业是本国的支柱产业和战略性产业，而

---

[1] 沈尧新、刘卫军:《意大利中央银行对银行业的监管》，载《国际金融》2001 年第 1 期。

且当时这些国家大多在汽车、船舶制造及机械行业是领先的。为了保持领先水平，必须保证原材料的供应。这个逻辑现在也适用，任何影响钢铁产业发展的因素，都会影响相关的行业。由于意大利企业难以与中国、巴西、印度等钢铁企业在普通钢铁产品上竞争，所以其产品主要已经转向特殊钢材产品和高端产品。对于钢铁行业，来自欧盟国家的外资已经进入，如原属于意大利伊利集团的特种钢厂已经出售给德国的泰深集团（Thyssen Krupp），但非欧盟国家还未能进入，法律没有对该行业作出特别限制。

（四）外商投资促进政策和优惠措施

中国外资优惠制度是经过相关的外商投资立法不断实践，逐步形成和发展的。这些优惠制度主要出现于全国人大常委会制定的法律当中，也会出现在区域性法规当中，在地方性政策法规中也会体现这些优惠政策。总的来说，中国外商投资的优惠制度涉及的范围较广，主要包括：税收优惠、土地使用优惠、外汇管理优惠、劳务费用优惠等。《鼓励外商投资产业目录》积极鼓励外商投资更多投向现代农业、先进制造、高新技术、现代服务业等领域，充分发挥外资在传统产业转型升级、新兴产业发展中的作用。这表明新时代我国在坚持内外资国民待遇这一基本原则的同时，注重实施高效、精准、灵活的外资促进政策。有利于有效提升利用外资质量，更好地发挥外资对供给结构升级的促进作用，推动经济高质量发展。

意大利无专门针对外商投资企业的优惠措施，本国及外商投资企业均可申请获得以欧盟2007—2013融合政策为框架、欧盟区域发展基金（European Regional Development Fund）以及欧盟社会基金（European Social Fund）等欧盟结构性基金为主要资金来源的项目和享受鼓励在意中南部欠发达地区新建工厂、扩大再生产、重振工业区以及技术研发创新等多个方面的优惠政策措施。"另外，意大利为所有企业（包括意大利企业和在意大利经营的外国企业）投资与扩大投资提供了广泛的优惠政策，包括免税、低息贷款和政府信贷担保等"[1]。多种类型的优惠政策都针对商业活动的主要需求，体现特定目标，如雇工、培训、研发增置新设备、技术改造、扩大规模、新建工厂等。

根据以上比较分析，笔者提出如下建议：

---

1 翟志华：《我国企业所得税税收优惠政策的改革》，载《南京审计学院学报》2004 年第 2 期。

第一，进一步完善《外商投资法》及其实施条例，让其内容更加明确，在实践中具有更强的操作性，充分保障外商投资合法权益，并组织立法机关、司法机关、政府部门、法学理论界的专家学者加大向社会各界宣传解读，让本国和外国社会组织、企业法人和普通民众准确理解、把握外商投资法的核心要义、各个条文的内涵，让外商投资法真正深入人心，执行到位，顺利实施。

第二，借鉴意大利经济发展部成立"意大利之窗"的经验，成立我国负责协调各部门工作的"单一窗口"服务式的外资审批机构，以简化行政审批流程、提高审批效率，通过减少审批材料、压缩审批时限、网上办理等方式进行优化。"单一窗口"服务式的外资审批机构应公开申请材料、合格条件和办理流程等，推动审批事项的公开透明，增强来华投资企业对审批结果的可预期性，推动外资企业来华投资的便利化、快捷化。

第三，加大对"21世纪海上丝绸之路"上各国外商投资法律制度研究力度，以适应未来沿线国家经贸合作不断加强、投资贸易往来不断深入的发展趋势。意大利是中国在欧盟的第五大贸易伙伴，中国是意大利在亚洲的第一大贸易伙伴。但国内对意大利法律进行深入的学者寥寥无几，国内有关意大利投资贸易法律的专著也凤毛麟角。而中国企业去意大利投资又面临语言不通、法律不懂、文化差异的困境，难免因不必要的法律风险和纠纷遭到损失。我们建议国家组织法律界的专家学者对包括意大利在内的"21世纪海上丝绸之路"沿线各国家的投资、贸易、争议解决机制进行梳理，形成各国投资贸易法律指南或手册，为中国企业参与"21世纪海上丝绸之路"提供法律支持，为"21世纪海上丝绸之路"的顺利开展保驾护航。

四、意大利公司企业法律制度

近年来，中国企业在意大利开设新公司、开展并购业务，从事贸易、制造、餐厅、酒店、酒吧等行业，为意大利经济注入了复苏的活力。但同时也出现了一些问题，例如由于企业对当地法律不够了解导致违约现象频发、受到欺诈导致经济利益受损等。因此，有必要对中意两国公司企业法律制度进行比较研究，对中国企业通过"21世纪海上丝绸之路"投资意大利提出法律风险规避的建议。

（一）法律体系不同

我国现行的企业法体系主要包括：《民法典》《公司法》《个人独资企业法》《合伙企业法》《外商投资法》《破产法》《票据法》《证券法》《会计法》《反不正当竞争法》《商标法》《专利法》《企业所得税法》《个人所得税法》《税收征管法》《增值税暂行条例》《劳动法》《劳动合同法》等。

意大利实行民商合一的法律体系。《意大利民法典》规定了自然人之间、法人之间及自然人与法人之间的财产关系，为私有财产提供保护的同时还对继承、所有权、债务、劳动等方面进行了法律阐述。当然，《意大利民法典》也是规范一切公司和商业行为的根本法律，意大利有关公司企业法律法规均以民法典为基准。另外，各个领域的其他法律规定由单独立法令形式进行补充。

（二）商事组织类型不同

我国商事活动主体包括：个人独资企业、合伙企业、公司等，而公司分为有限责任公司和股份有限公司两个种类。

意大利商事组织的主要类型包括：一般合伙、有限合伙、有限责任公司、个人独立有限责任公司、简易有限责任公司、股份集团有限责任公司和合作社等。其中，股份集团有限责任公司和有限责任公司是意大利最普及的两种公司形式。

（三）公司设立条件不同

我国 2013 年 12 月修改的《公司法》中，将注册资本由实缴登记制改为认缴登记制，放宽注册资本登记条件，降低了公司设立门槛，取消对公司注册资本最低限额的限制。公司设立向所有的市场主体放开，注册资本不因公司形式的不同而有不同的要求，公司股东（发起人）可以不受注册资本多少的影响自主决定设立有限责任公司或者股份有限公司。另外，除法律、行政法规以及国务院决定对有限责任公司或者股份有限公司的注册资本实缴另有规定外，取消有限责任公司股东或者发起设立的股份有限公司的发起人的首次出资比例和最长缴足期限。2018 年修改的公司法也取消对公司货币出资的比例限制。有限责任公司股东或者股份有限公司的发起人可以用货币、实物、知识产权、土地使用权等可以用货币估价并可以依法转让的非货币财产的一种或者几种出资，出资方式不再作任何限制，公司注册资本可以不用货币出资。2023年公司法修改，针对有限责任公司，在明确股东5年限期实缴出资（第47条）之基础上，进一步设置董事会催缴出资（第51条）、股东失权（第52条）、抽逃出资的民事责任（第53条）、股东提前缴纳出资（第54条）等规定。针对股份有限公司，此次修订在引入授权资本制（第152条、第153条）的同时，明确发起人应当在公司成立前全额缴纳股款（第98条），并细化类别股发行的相关规则（第144条至第146条）。

意大利法律规定有限责任公司，必须持有经过公证的公开契约并且资产不能少于1万欧元。有限责任公司可以由单一人员成立，该人员也叫唯一配额持有者。对于此类情况，公司的总资金必须在成立时一次性注入。公证过的契约需要在公司成立后20天内与公司注册的主要资料一起归档。当公司契约满足与所有法律规定的要求时，注册完成，公司从而具有法人效力。为了完成公司成立全过程，公司的总资金需要在公司启动之时已现金的形式存入。与此相关，除了认购的性质，相当于公司总资产的25%需要由配额持有者以现金、保险单或银行担保的方式转入一个经过公证的安全银行账户。对于单一股份持有者的情况，公司的所有资金必须在公司成立之时全额注入。股份集团有限公司必须持有经过公证人公证的公开契约且集资金额不少于12万欧。除了银行以及保险公司外，开设公司不需要经过政府相关部门的授权。包含公司运作的次要细则需要作为公司契约的组成部分附着在契约中。公司总资金完全被认购、至少等价于公司总资金的25%、需要存入公司账户、得到相关的许可。在公司成立之时，公司的所有股份都被股东认购。董事会要对没有划入公司账户的金额有关的股东制定融资期限。公证后的契约需要在告示后的20天内和公司注册的主要文件一起存档。股份集团有限公司必须包含至少两个股东。

（四）公司管理机构不同

我国公司法规定公司管理机构包括股东会、董事会和监事会，股东会是公司的最高权力机构和决策机构。而意大利公司法规定了三种公司管理规范类型：一是传统制度，包括董事会（唯一董事）、股东大会与监事会。该制度的特性为由于管理者与监事会明确分离而更加保证对股东利益的保护。非上市公司以及无义务起草统一报表公司的财务可由监事会审计。法律规定由一家会计师事务所审查公司企业财务。该制度在公司章程没有作出明确规定时自动适用。二是双重制度，包括至少由两名成员组成的管理会以及至少由三名成员组成的监督会。管理会负责管理公司，监督会负责批准资产负债表、监督管理会的行为并且一年至少向股东大会汇报一次。管理会的成员由监督会任命。公司财务的审计由审计师进行，但上市公司的财务由公司之外的独立会计师事务所进行。按一般属于股东大会的事项则移交给监督会，从而减少股东干预。三是单一制度，由经股东任命的董事会及董事会内部的监督委员会组成，该监督委员会的职责是监督管理且其权力非常类似于传统制度下的监事会。这种情况下的审计工作由一位经特别指派的会计师完成，如果是上市公司则由会计师事务所完成。该管理规范制度的主要目的为施行管理机构与监督机构之间更容易、更快捷地信息交流。

通过比较研究两国公司企业法律制度，我们建议中国企业赴意大利开展投资并购、开设分支机构、创办新公司等业务时注意以下几个问题：

第一，深入了解意大利公司企业法律制度和所投资行业企业的具体情况。聘任我国和意大利专业的法律事务所和会计师事务所联合对如公司设立、并购程序、所投资并购的目标行业企业进行详细的尽职调查，尽可能全面了解该公司企业的资产、财务、债权债务等情况，根据调查的结果和相关法律确定有利的商业策略、适合的投资方式、创办公司企业的类型等业务活动。

第二，做好风险管理，防范投资合作的风险。中国企业在意大利开展经贸投资、劳务合作往来、承包工程等业务过程中，要特别注意前期的调查、分析、评估各类风险，事中做好风险防控和管理工作。企业可以利用金融、保险和其他专业风险管理机构对项目或贸易客户及相关方的资信进行调查和评估，对当地政治风险、商业风险、法律风险分析和规避，对项目本身实施的可行性分析等来保障企业利益。

第三，了解意大利的外资准入制度、对预投资领域产业政策进行分析。如前文所述，意大利关于外资准入的限制是以负面清单形式加以规定的，也就是说除特定领域外，其他行业没有外资准入的限制（这些受限行业包括银行、保险、航空、电信、钢铁、能源、国防等）。除了解投资是否受限外，也要积极了解欧盟和意大利对投资领域是否有特定的优惠政策等。

第四，注意国内审批程序。根据我国法律规定，中国企业进行海外投资时，必须经过我国有关机关的批准或者备案，如发改委，商务部等，并在国家外汇管理局进行备案。如果是国有企业，还需要经过国资委等部门批准。

在国内审批这个程序上，一定要提前准备材料，将该程序所用的时间预先计算到收购交易中，以免延误收购进程或者造成不必要的违约。

第五，重视谈判签约过程以及后续法律文件的管理。在与意大利方谈判的阶段，文化上和沟通方面的问题经常会导致双方之间的不信任，使得一些本来可以被轻易化解的问题尖锐化，甚至可能导致双方交涉的停滞，可以考虑聘任可信任的当地专业机构对谈判签约予以协助。在正式进行谈判协议签订过程中，要特别注意与协议有关的风险问题，如收购协议是否需要审批方能生效，交割条件是否满足交易安全，是否违反东道国的强制性法律，债权债务等潜在风险是否已经得到妥善处理，争议方式解决的途径是否合适等。

第十五章

我国香港特区投资、贸易与 公司企业法律制度

一、我国香港特区在"21 世纪海上丝绸之路"中的地位与参 与情况

香港，简称"港"，全称中华人民共和国香港特别行政区（简称"香港特区"），位于中国东南海岸，区域范围包括香港岛、九龙、新界和周围 262 个岛屿，地理位置得天独厚，气候四季如春。自古以来，香港就是中国的领土。1997 年 7 月 1 日，中国政府对香港恢复行使主权。"一国两制"是中国政府的基本国策。香港回归后，实行"港人治港"和高度自治政策。在全球经济秩序中，香港扮演着国际金融中心及内地与世界市场联通的关键角色。

2017 年 7 月，国家发改委和广东香港澳门三地政府在香港共同签署了合作框架协议[1]，该协议提出了国家政策的贯彻落实、合作模式的革新，推动建立合作与双赢的关系，共同建设粤港澳大湾区[2]。2019 年 2 月，中共中央、国务院公布了《粤港澳大湾区发展规划纲要》（以下简称《纲要》）。《纲要》

---

[1] 合作框架协议是指 2017 年 7 月 1 日，时任国家发展和改革委员会主任何立峰、广东省省长马兴瑞以及香港特别行政区行政长官林郑月娥、澳门特别行政区行政长官崔世安共同签署了《深化粤港澳合作推进大湾区建设框架协议》。

[2] 柯静嘉：《粤港澳大湾区投资合作的法律机制及其构建》，载《广东财经大学学报》2018 年第 5 期。

指明了香港的发展方向和目标，包括巩固加强其在金融、航运、贸易领域的中心地位，建设亚太区国际法律及解决争议服务中心等四项发展目标。

二、香港的法律传统与法治环境

（一）香港的法律传统

1841 年至 1997 年期间，英国将其普通法（或称英美法）传统移植到香港。1997 年香港回归后，其法律成为中国法律的组成部分，但中国承诺香港依然可以保持原有的法律传统，在法系上，香港法仍属英美法系，判例法的传统仍将维护，主要法律来源仍是判例。《香港特别行政区基本法》（以下简称《香港基本法》）第八条明文规定："香港原有法律，即普通法、衡平法、条例、附属立法和习惯法，除同本法相抵触或经香港特别行政区的立法机关作出修改者外，予以保留"，另外《香港基本法》第八十六条亦明文规定："原在香港实行的陪审制度的原则予以保留。"根据"一国两制"原则，香港特区的法律制度有别于中国内地。香港地区有着长期的法治传统、高效率和公平的司法制度，以及丰富的专业法律人才，使香港可以成为国际性法律服务中心。在粤港澳大湾区建设中，其重要性不言而喻[1]。

（二）香港的法治环境

在评价香港营商环境的综合指标中，法治是最关键的因素之一。香港法治得益于"一国两制"的制度安排，以普通法形式在香港回归后继续发挥维护香港繁荣稳定和自由安全的理性角色。香港法治排名一直位居世界前列。

香港地区实施的法律制度，以普通法为依归，以成文法例作为补充[2]。一是全国性法律，在香港特区实施的全国性法律载于《基本法》附件三。二是《香港基本法》，它是由全国人民代表大会依据《中华人民共和国宪法》制定，并于 1997 年 7 月 1 日在香港特区成立时实施。香港立法机构必须以《香港基本法》为依据制定法律，不能与其相抵触。三是普通法和衡平法，

---

1 刘遵义：《"一带一路"倡议与香港角色》，载《前沿科学（季刊）》2017 年第 11 期。

2 《香港便览 -- 香港法律制度》，来源：香港特区政府网站，载 https://www.gov.hk/sc/about/abouthk/factsheets/docs/legal_system.pdf，最后访问时间：2023 年 8 月 24 日。

该类法是由法官创设的法，是以判例形式见于香港或普通法适用地区的高级法院的判决，法院可以参考普通法适用地区的司法判例，终审法院和司法机关可以邀请其他普通法适用地区的法官参审。四是香港制定的成文法，香港本地制订的成文法载于《香港法例》中，香港法例包括条例和附属法例，对于条例实施的细节而制订的法例为附属法例，如《公司条例》为条例，《公司（董事报告）规例》为附属法例。五是中国习惯法，部分中国习惯法适用于香港，如《新界条例》和《婚生地位条例》中也有相关承认中国习俗或传统礼仪的规定。六是国际法，包括国际条约和协议，涉及交通、人权、海洋污染、投资贸易工业等类别的国际条约或协议。

香港特区设立终审法院。终审法院司法管辖权包括：（1）民事司法管辖权，受理源自上诉法庭或原讼法庭的上诉提交终审法院的案件；（2）刑事司法管辖权，处理根据《香港终审法院条例》第3部提出的上诉案件，具体包括上诉法庭的最终决定和原讼法庭的最终决定（不包括陪审团的裁决或裁定，并且此项决定是不能向上诉法庭提出上诉的案件）。终审法院的法官由首席法官和常任法官组成。首席法官是根据司法人员推荐委员会推荐，由行政长官推荐委任，并以司法机构之首负责管理司法机构以及执行其他的合法职能。常任法官也是由行政长官推荐委任，若上诉法庭法官或原讼法庭法官获委任为常任法官，则其不能再担任原法庭的法官。非常任法官是指非常任香港法官或获委任为其他普通法适用地区法官的法官[1]。

香港特区设立高等法院，设原讼法庭和上诉法庭。高等法院具有无限民事和刑事管辖权[2]。原讼法庭司法管辖权包括民事案件、刑事案件、海事案件司法管辖权。上诉法庭民事司法管辖权包括：对原讼法庭或区域法院的民事判决或命令的上诉；由法律赋予上诉法庭的司法管辖权。

香港特区设立区域法院。区域法院由2名或2名以上的法官组成，行政长官可委任或派驻区域法院司法常务官、副司法常务官、助理司法常务官、书记、翻译人员等法院工作人员。区域法院具有有限民事和刑事司法管辖权。民事司法管辖权主要有如下几类：（1）关于合约、准合约和侵权行为诉讼；（2）关于可追讨的罚金、开支或同类索求的任何诉讼；（3）关于收回土地和土地权益所有权案件；（4）根据《婚生地位条例》第六条所规定的婚

1 1997年《香港终审法院条例》第I部第3条-第7条（2024年修订）。
2 1998年《高等法院条例》第II部第3条（2023年修订）。

姻诉讼；（5）法例所规定其他诉讼案件。刑事司法管辖权包括由律政司根据《区域法院条例》第七十五条规定合法提出的一切控罪和依据《劳资审裁处条例》第四十一条规定可由区域法院处置的罪行[1]。

香港特区设立裁判法院。裁判法院的裁判官处理简易程序定罪而判罚的罪行和交付区域法院或高等法院原讼法庭审判的可公诉罪行。若某罪行罪名成立可能判处不超过港币 1 万元的罚款或 6 个月监禁的，可以适用简易程序。可公诉罪行若按简易程序审理的，特委裁判官可对被告人判处 6 个月的监禁和港币 5 万元的罚款；常任裁判官可对被告人判处 2 年监禁及港币 10 万元罚款[2]。少年法庭审理除杀人案件的 10 岁以上的儿童或少年人的任何罪行的检控[3]。

香港特区设立死因裁判法庭。死因裁判法庭审理以下案件：有人因意外或暴力而死亡；有人在可疑情况下死亡；有人突然死亡；在香港境内发现尸体或从外地运入尸体。

香港特区设立土地审裁处。土地审裁处主要司法职能包括：（1）根据法例所规定的呈交审裁处的任何申索，厘定政府或有关机构须给予受影响业权人的赔偿额；（2）裁定有关大厦管理的争议事件；（3）裁定不服差饷物业估价署署长的决定而提出的上诉，并裁定不服房屋署署长就物业的现行市值所作评估而提出的上诉；（4）裁定所有涉及《业主与租客（综合）条例》（第七章）的事宜。

香港特区设立劳资审裁处。劳资审裁处解决雇员与雇主之间的纠纷，包括违反雇佣合约某一条款而提出的申索，也有追讨解雇代通知金、薪酬等个案。

香港特区设立小额钱债审裁处。小额钱债审裁处负责审理因合同、准合同或侵权行为而提出的违约赔偿申索案件，即申索钱额低于港币 75000 元的案件。审裁处的聆讯不拘泥形式，并且可传召任何证人，要求其交出相关的文件或物件等，当事人均不能由律师代表[4]。

香港特区设立淫亵物品审裁处。淫亵物品审裁处主要职能是裁定物品是否淫亵或不雅，或裁定公开展示的事物是否不雅，以及将物品评定类别。在

1　1997 年《区域法院条例》第十四条、第三十二条（2019 年修订）。
2　1997 年《裁判官条例》第 7D 条、第 91、92 条（2024 年修订）。
3　1973 年《少年犯条例》第 3A 条（2022 年修订）。
4　1976 年《小额钱债审裁处条例》第五条（2020 年修订）。

评定类别，会考虑如下因素：（1）一般合理的社会人士普遍接受的道德礼教标准；（2）物品或事物整体上产生的显著效果；（3）该物品或事物是否具有真正目的，或其内容是否只是掩饰等五项因素。在评定过程中，审裁处也可以接纳专家的意见。

除了上述各司法机关外，还有根据不同条例设立的审裁处，这些裁判处处理对不服有关的行政决定提起上诉的案件。

香港特区继续实行陪审团制度。适用于谋杀、误杀等极严重的刑事罪行和涉及诽谤或恶意检控等诉讼的民事案件。在死因裁判案件中，裁判官可以根据案件的情况决定是否需要陪审团参加研讯[1]。陪审团制度是香港法律制度最重要特点之一。一般情况下，陪审团由 7 人组成，9 人组成为例外。陪审员由合资格的香港居民担任，他们必须具备行为能力、精神健全、无失聪失明情形，并具有良好品格等条件。陪审团的裁决以多数裁决为原则，若陪审员人数不足 5 人，则陪审团的裁决必须一致。若同一次开庭过程中，在案件审结前未作出裁决，法庭充分认为陪审团无法达成意见一致的，且不能达成多数裁决的，可解散陪审团，另行重新选任陪审团。

香港特区政府内设律政司。律政司是特区政府的一个行政部门。律政司的首长称为司长，经行政长官提名，由中央人民政府委任，他是行政长官、政府等部门机构的首席法律顾问，现也是行政会议[2]成员。律政司负责刑事检控工作以及政府作为民事诉讼被告人的案件。律政司组织机构设置包括七个科别以及司长办公室，六个科别分别由一名律政或政务专员负责。律政司司长办公室主要提供法律和行政辅助，协助处理有关行政会议及立法会相关事项。（1）民事法律科。该科包括五个组别，分别由副民事法律专员负责。如民事诉讼组，下设两个分组，律师代表政府处理民事诉讼或公法案件的有关事务；法律意见组对一般的民事法律事宜提出法律意见。（2）国际法律科。该科下设两个组别，由副国际法律专员负责。条约法律组向政府提供国际贸易法、国际劳工公约等有关国际公法的法律意见，并对国际协议的谈判工作发表意见。司法互助组，对国际刑法和刑事国际司法合作事宜提供法律

---

1 《陪审团》，来源：香港特区司法机构网站，载 https：//www.judiciary.hk/zh/jury/jury.html，最后访问时间：2023 年 8 月 24 日。

2 按照基本法，行政会议是协助行政长官决策的机构。行政会议每周举行一次会议，由行政长官主持。行政长官在作出重要决策、向立法会提交法案、制定附属规和解散立法会前，须征询行政会议的意见。

意见。(3)法律草拟科。该科负责草拟香港法例,并审阅非政府条例草案和附属法例,确保香港法例印行本反映现行法例情况。(4)宪制及政策事务科。该科分为政策事务分科和宪制事务分科。其中政策事务分科下设3个组别,对政府订立的政策是否符合法律原则提供意见;宪制事务分科下设基本法组、人权组、中国法律组、政制发展及选举组。各分科组别有不同职责。如中国法律组主要职责是对内地法律问题和香港与内地签订的安排进行拟稿并提供意见。(5)刑事检控科。由刑事检控专员负责,下设政策及政务、裁判法院、上级法院、商业罪案四个分科以及特别职务。该科负责在审讯中代表香港特区进行检控和处理上诉案件。该科对涉及刑事法律范畴的立法建议也向政府决策机构提供指引和协助。(6)维护国家安全检控科。由维护国家安全检控专员负责,负责危害国家安全犯罪案件的检控工作和相关事务。(7)政务及发展科。由政务专员负责,处理政府部门日常运作的各项事务。包括人力资源、财务管理、培训等工作事务[1]。

三、香港外商投资法律制度

(一)香港的外商投资政策

香港保持开放的外商投资政策,鼓励外商投资。香港作为全面开放的自由贸易市场,有着多方面的优势,如在金融系统、司法制度、监管机构以及税率等方面都体现出特有的优势。

香港的税收优惠政策对外商投资有很大吸引力。香港实行低税率少税种原则,以直接税为主体,并以利得税、薪俸税、物业税为主,其他税目包括印花税、博彩税、酒店房租税等[2]。香港的税法主要包括《税务条例》《印花税条例》《博彩税条例》《遗产税条例》《储税券条例》等[3]。根据《税务条例》第十四条规定,征税对象包括凡在香港本地经营所得或源于香港获得

---

1 《关于我们》,来源:香港特区律政司网站,载 https://www.doj.gov.hk/sc/about/orgchart_add.html,最后访问时间:2023年8月24日。

2 招商局集团有限公司:《"一带一路"和境外投资法律法规手册(香港分册)》,法律出版社2017年版,第101-102页。

3 《负责执行的条例》,来源:香港税务局网站,载 https://www.ird.gov.hk/chi/abo/ord.htm,最后访问时间:2023年8月24日。

的利润的人士（包括法团、合伙或团体组织），也就是说，缴税人不限本港居民[1]。

（二）香港的外商投资立法特点

香港的外商投资法律制度，没有关于外国投资的基本法，也没有外资领域的专门法，主要由《公司条例》《合伙条例》《破产条例》等其他有关法律法规调整。

为加强双向投资流动、带动本地经济的发展，香港与其他经济体签订了促进和保护投资协定。投资协定有利于加强海外投资者在香港投资的信心，也确保了香港投资者在海外的投资享有相应保护。目前，香港已与国外经济体签订了 22 个投资协议。[2]

四、香港对外贸易法律制度

（一）香港的自由贸易政策

香港的自由贸易政策保证了货物、无形财产和资本的自由流动。香港政府为促进贸易便利化和投资自由化，健全完善了对外贸易法律制度。香港成文法典中，投资贸易立法几乎占了一半，构成了自由贸易市场竞争规则体系，为香港的对外贸易公平竞争提供了全面的法治保障。[3]

香港的自由贸易政策基于世界贸易组织奉行多边贸易制度，积极推动贸易和服务全球化，以中国香港的名义积极参与世界贸易组织。[4] 目前，香港参加的多边贸易协定包括《政府采购协定》《资讯科技协定》《贸易便利化协定》等。

香港致力于扩展自由贸易协定网络，使其货物和服务以更佳的条件进入内地以及国际市场。香港至今分别与内地、新西兰、欧洲自由贸易联盟国

1　《税务局所课征的税项指（2023-2024）》，来源：香港税务局网站，载 https://www.ird.gov.hk/chi/pdf/2024/BriefGuide20232024.pdf，最后访问：2023 年 8 月 24 日。

2　《贸易及投资协定》，来源：香港工业贸易署网站，载 https://www.tid.gov.hk/tc_chi/ita/index.html，最后访问时间：2023 年 8 月 24 日。

3　李猛：《香港自由贸易港制度对中国自贸区的启示》，载《"一国两制"研究》2017 年第 3 期。

4　《香港便览 - 工业贸易》，来源：香港特区政府网站，https://www.gov.hk/sc/about/abouthk/factsheets/docs/trade_industry.pdf，最后访问时间：2023 年 8 月 24 日。

家、智利、澳门、东南亚国家联盟、格鲁吉亚、澳洲签订了 8 个自贸协定，并完成与马尔代夫自贸协定谈判。其中，2003 年，内地与香港签订了内地与港澳关于建立更紧密经贸关系的安排（CEPA）[1]，该协议内容包括货物服务贸易、投资以及经济技术合作等内容，加强了两地货物和服务贸易关系，促进内地与香港的融合。[2]

（二）香港主要的对外贸易法例

香港有关对外贸易的法例包括：《进出口条例》《储备商品（进出口及储备存货管制）规例》《保护臭氧层条例》和《应课税品条例》等。此外，香港的《商品说明条例》和《货品售卖条例》也适用于在香港搞贸易的外商。

1.《进出口条例》。该条例旨在对在香港输入和输出物品，对已经输入香港或可能输出香港的物品在香港境内处理和运载，以及任何附带引起或与前述相关事宜，进行规管、控制。

2.《储备商品（进出口及储备存货管制）规例》。该规例对进出口的储备商品和储备存货的管制作了规定，包括对进出口的许可证申请及条件、申请注册贮存商等事宜作具体规定。

3.《应课税品条例》。该条例规定了某些进入香港或香港制造的产品须课税，应课税品包括酒类、烟草、碳氢油类、甲醇四类。酒税是按酒精浓度界定的三种不同类别为基准计算价值的不同百分比进行评估，而烟草、碳氢油类和甲醇的税款是按每单位数量的特定税率征税。并且，从 2008 年 6 月 6 日起，新修订的法例放宽了对指明货品[3]实施的行政管制。酒商无须就进口或出口、制造、贮存或搬运指明货品而申请任何牌照或许可证，也无须就有关的含酒精饮品作税务评值。

4.《商品说明条例》。该法例制定的目的包括：（1）禁止在营商中提供有关货品的虚假商品说明；规定了在货品或宣传品上标明有关资料或说明事

---

1 CEPA 是《关于建立更紧密经贸关系的安排》的英文简称。包括中央政府与香港、澳门特区政府签署的《内地与香港关于建立更紧密经贸关系的安排》以及《内地与澳门关于建立更紧密经贸关系的安排》。

2 《内地与香港关于建立更紧密经贸关系的安排》，来源：香港工业贸易署网站，载 https://www.tid.gov.hk/tc_chi/cepa/cepa_overview.html，最后访问时间：2023 年 8 月 24 日。

3 这里的"指明货品"是指葡萄酒和在摄氏 20 度的温度下量度所得酒精浓度不多于 30% 的酒类。

项；（2）重申与伪造商标有关的法律；（3）禁止不良经营手法；（4）禁止商户提供的服务的虚假商品说明，规定任何服务须附有与该服务有关的资料或说明事项，或规定任何服务的宣传品须载有与服务有关的资料。其中，该法例第 2 部分内容包括虚假商品说明或陈述及伪造商标的规范要求和有关的罪行以及不良的营商手法。关于商品说明的规范要求，条例详细规定了商品、服务、宣传品的说明事项；对于不良的营商手法，该条例把六种的不良手法列入禁止范围，包括虚假商品说明、误导性的遗漏、具威吓性的营业行为、饵诱式广告宣传、先诱后转销售行为以及不当地接受付款。上述六种行为，一经定罪，最高刑罚为罚款港币 500000 元及监禁 5 年。

5.《货品售卖条例》。该条例明确了以消费者身份交易的情形，规定了合约的成立、合约的效力、合约的履行、卖方的权利、违约诉讼等方面的内容。其中，合约履行部分规定了买卖双方的责任、付款与交付货品为同时履行条件、交付规则、买方验货权利以及买方忽略提货或拒绝提货须承担的法律责任。同时，第 4 部分规定了未获付款的卖方对货品的权利，如扣货不交付、行使留置权等。第 5 部分规定了买卖双方的违约救济方式，如通过诉讼方式追讨货价、要求违约方承担损害赔偿的责任、强制履行等。

五、香港公司企业法律制度

为使香港的《公司条例》更具现代化，2006 年香港特区政府全面重写香港法例第 32 章《公司条例》，经过五轮公众咨询以及讨论，《公司条例（草案）》于 2011 年 1 月提交立法会审议，草案的审查评议工作于 2012 年 6 月完成。《公司条例（草案）》（以下简称新《公司条例》）于 2012 年 7 月 12 日获香港立法会通过。

新《公司条例》（第 622 章）包含 21 个部分，规定了企业管理治理措施、保证更好的监管措施、促进营商的措施、使法例现代化的措施四个方面内容，具体包括导言、公司注册及公司登记册、公司组成及相关事宜以及公司的重新注册、债权证、押记的登记等 21 个部分。并且，为实施新条例，制定了 12 条附属法例，制定了有关技术和程序方面的规定，包括《公司（公司名称所用字词）令》、《公司（披露公司名称及是否有限公司）规例》、《公司（会计准则（订明团体））规例》等 12 个附属条例。新条例以及 12 条附属法例于 2014 年 3 月 3 日生效。为使新条例进一步符合现行的会计准则和减低遵规成本，香港制定了《2018年公司（修订）（第2号）条例》，扩大了简明财务报表的涵盖的范围、更新了与会计准则相关的条文，并于2019年2月1日开始实施。[1]

（一）公司的类别

新《公司条例》规定，组成及注册的公司或原有的公司，以股东责任为标准，分为有限公司和无限公司；以公司股份能否自由转让为标准，分为私人公司和公众公司；以公司之间的控制和依附关系为标准，分为控权公司和附属公司；以公司设立地为标准，分为本地公司和非香港公司[2]。

1. 有限公司和无限公司。

新《公司条例》第七条规定，有限公司包括股份有限公司和担保有限公司。

新《公司条例》第八条规定，若公司章程将其成员的法律责任限于该成员所持有股份的未缴款额，该公司属于股份有限公司。

按照新《公司条例》第九条规定，担保有限公司具有如下特点：公司没有股本；公司的章程细则将其成员的法律责任限于该成员承诺在该公司清盘时支付作为公司资产的款额。也就是说，对于无股本的担保有限公司，其成员只须在公司清盘时承担缴资责任。

无限公司是指公司成员的法律责任并无上限，即股东对公司在清盘时的债务承担无限责任的公司。[3]

2. 私人公司和公众公司。

新《公司条例》第十一条规定了私人公司章程细则内容包括：（1）限制成员权利；（2）成员最高人数规定；（3）邀请认购股份或债权证的权利限制。其中，下列这些成员不包括在（2）项所规定的成员：本身是公司雇员的成员；曾同时是成员和公司的雇员，但不再是该公司雇员后仍继续是成员的人。同时规定，若2名或多名以上人士联名持有公司股份，视为一名成

---

1 《2018年公司（修订）（第2号）条》，来源：香港公司注册处网站，载 https://www.cr.gov.hk/sc/companies_ordinance2018/overview.htm，最后访问时间：2023年8月24日。

2 曾华群：《香港经贸法》，中国政法大学出版社1996年版，第31-36页。

3 曾华群：《香港经贸法》，中国政法大学出版社1996年版，第32页。

员。公众公司是指不属于私人公司，也不属于担保有限公司的公司。

3. 控权公司和附属公司。

新《公司条例》第十三条规定，如某法人团体（前者）控制另一法人团体（后者）的董事局的组成；控制另一法人团体（后者）超过半数的表决权；持有另一法人团体（后者）超过半数的已发行股，则前者是后者的控权公司，后者即属前者的附属公司。

4. 本地公司和非香港公司。

本地公司是指在香港本地根据《公司条例》注册成立，并取得独立法人资格的公司。[1] 非香港公司是指在香港以外的地区设立，并在香港设立营业地点的公司。

新《公司条例》对非香港公司的注册制度没有作出实质修改，但对非香港公司法团名称、某些程序细节移往附属法例、罚则条文等规定进行了修订。

5. 开放式基金型公司。

《2016年证券及期货（修订（条例））》（下称《修订条例》）将"开放式基金型公司"的新公司形式引入香港。该《修订条例》已于2018年7月30日实施。开放式基金型公司的新结构让投资基金能够以公司形式成立，投资者买卖基金更加灵活。同时，该新公司形式有助于香港设立更多元化的基金平台，进一步推动了香港资产管理业的发展。

开放式基金型公司是根据香港有关条例注册成立的，由证监会担任主要监督管理机构，负责公司的注册及监督管理事务。

（二）公司的设立

1. 本地公司的设立。

根据新《公司条例》第六十六条规定，公司类别包括私人股份有限公司、公众股份有限公司、无股本担保有限公司、有股本的私人无限公司、有

1　曾华群：《香港经贸法》，中国政法大学出版社1996年版，第35-36页。

股本的公众无限公司。

新《公司条例》第六十七条规定了组成公司的条件：（1）任何一人或多于一人在拟组成的公司的章程细则上签署以及将法团成立的表格和有关章程细则的文本交付公司注册处处长登记；（2）公司组成的目的合法。

新《公司条例》规定公司设立的步骤如下：

（1）选择最适合的公司类别，拟定公司名称。关于公司名称要符合注册要求，可用英文或中文注册，可同时注册一个英文名称和一个中文名称，不接纳以英文字母和中文字组合的名称。若不符合要求的，申请将会被拒绝。同时，公司不得以某些名称注册：①与已有公司名称相同、违反公益等4种情形；②未经事先批准使用的名称，如让人产生认为与政府或政府部门机关有联系的名称等情形。公司注册成立后，可通过特别决议更改公司名称。[1]

（2）提交申请文件，支付相关费用。提交申请文件方式包括电子或以印本形式交付。申请文件包括：①法团成立表格。表格内容包括：（a）公司的详情陈述。包括建议采用的公司名称、该公司在香港注册办事处的建议地址；述明该公司的类别；若为担保有限公司应写明建议注册的成员人数；（b）创办成员详情，即有关创办成员的姓名或名称、地址；（c）董事的详情，即董事的名字、信址等信息；（d）关于董事的陈述，法团成立表格的签署人或非签署人述明其已同意担任公司的董事以及年满18岁；（e）公司秘书的详情，即公司秘书的相关信息；（f）关于章程细则陈述，述明有关公司的章程细则已获得每名建议在该公司组成时成为该公司成员的人签署以及述明所交付公司的章程细则文本内容与该章程细则内容相同；（g）股本和最初的股份持有情况的陈述。②公司组织章程细则的文本。③致商业登记署通知书。任何人申请注册成立公司即会被视为同时申请商业登记，因此订明的商业登记费及征费必须连同致商业登记署通知书及成立公司的文件一并交付。[2]

（3）领取证书。如申请获批准，可下载或领取《公司注册证明书》《商业登记证》，证书有电子和印本形式，电子证书和印本证书具有相同法律效力，以电子形式交付申请，一般会在1小时内获发电子证书；以印本形式交付申请的，一般于4个工作内发出证书。

---

1 《公司名称》，来源：香港公司注册处网站，载 https://www.cr.gov.hk/tc/faq/local-company/company-name.htm，最后访问时间：2023年8月24日。

2 《注册成立本地有限公司》，来源：香港公司注册处网站，载 https://www.cr.gov.hk/tc/faq/local-company/incorporation.htm，最后访问时间：2023年8月24日。

（4）领取其他牌照或许可证。包括在香港经营进出口及其他营商所需的牌照、许可证等。

2. 非香港公司的设立。

非香港公司如果属于法人团体，且在香港本地有营业场所，则应当依照新《公司条例》第十六部第七百七十六条要求注册，要求在设立营业场所后的 1 个月内向处长申请注册。申请注册交付的文件包括填写《注册非香港公司的注册申请书》；对公司的组织作出规定的文书的经核证副本，如组织章程细则；公司获成立所在地的政府发出的《公司注册证明书》或同等性质的文件的经核证副本；公司在成立所在地的法律或其注册为公司所在的司法管辖区的法律或在该司法管辖区的任何证券交易所或类似的监管机构的规章所规定须发表的最近期账目的经核证副本；致商业登记署通知书。并且，新《公司条例》第 805A 条赋权财政司司长关于非香港公司的须披露订明资料订立规则以及订明不作出该披露的刑事后果。财政司司长根据 805A 条规定，制订了《非香港公司（披露公司名称、成立为法团所在地方及成员的有限法律责任）规例》，该规例就非香港公司关于展示公司名称、成立法团所在地、披露公司成员的有限法律责任等方面作了详细的规定。

（三）公司的章程

根据新《公司条例》第七十五条规定，公司须有章程。公司章程内容包括：

1. 公司名称。可兼有中文名称以及英文名称。

2. 公司宗旨。若公司注册处处长向拟组成有限公司的组织批出特许证，或符合条例的规定，向有限公司批出特许证，则在特许证有效期内，该公司应当说明公司的宗旨，其他公司也可以说明公司的宗旨。

3. 成员的法律责任。有限公司以及无限公司的章程细则必须载明公司的成员责任是有限或者无限的。

4. 有限公司的成员法律责任或分担。成员的法律责任应在公司章程细则阐明是以成员持有的股份的未缴款额为限。担保有限公司章程细则必须述明，每名公司成员的人均承诺，若公司清盘或不再是公司成员后一年内清盘的，支付须由其支付的不超过指明款额的款额作为公司的资产。

5. 股本及最初的股份持有情况。由有股本的公司章程细则予以规定，阐明公司可发行的股份数目的上限，法团成立表格的资料必须载入章程细则中。

（四）公司的股份

股份是指公司成员所持的公司股份或在公司中非土地财产的其他权益。股份和其他权益都可以按照公司章程转让。根据新《公司条例》规定，股份没有面值，故公司在更改资本时有更高的灵活性；除另有规定外，公司的每一股份须以适当的号码作识别；公司没有发行股份权证的权力，成员持有的公司股份由公司发行的股份证明书证明。股本可用于冲销某些费用及佣金，如开办费用、支付佣金等。[1]

（五）公司的组织机构

1. 成员大会。

在香港，公司成员不等同于股东，新《公司条例》第一百一十二条对"成员"作了明确的规定，"成员"包括：（1）创办成员，并且已载入成员登记册；（2）其他愿意成为成员的人，并且该人已载入成员登记册。

新《公司条例》第五百八十五条对成员大会的法定人数作了如下规定：①在公司只有一名成员的情况下，该成员亲自出席或委派代表参加成员大会，符合成员大会的法定人数；②上述公司成员是法人团体，该成员透过法团代表出席，也属于成员大会的法定人数；③除另有规定外，2名亲身出席或委派代表出席的成员，构成成员大会法定人数；④如某成员是法人团体，该成员通过法团代表出席，该成员计入成员大会人数。

新《公司条例》第五百八十八条对表决规则作了详细的规定。在成员大会上以举手方式表决时，每名亲身出席成员有一票，拥有该决议表决权的成员委任的代表均有一票；如某成员委任多于一名代表，无权以举手方式进行表决；在成员大会以投票方式进行表决时，如属有股本的公司，每名亲身出席的成员就其所持有的每一股股份均有一票，每名亲身出席的委任代表就该委任所关乎的每一股股份均有一票；如属无股本公司，每名亲身出席的成员

和委任的代表均有一票。

2. 董事与公司秘书。

董事是代表公司从事公司经营管理的人。[1]董事包括担任董事职位的人，不论是以何职称担任该职位。

董事的人数。新《公司条例》规定，公众公司和担保有限公司至少 2 名董事；私人公司至少 1 名董事，并且规定至少有 1 名自然人董事。同时，也规定了法人团体担任董事的限制。

董事资格和职责。董事应年满 18 周岁或以上，董事有责任以合理水平的谨慎、技巧及努力行事，违反上述责任将承担相应的民事后果。另外，董事的职责还包括信托义务，该义务来源于判例法，并未在《公司条例》中有所体现。2

公司秘书。公司设有一名公司秘书。公司秘书一般要求在香港的自然人或注册办事处、营业场所设于香港的法人团体。除私人公司的董事属于公司唯一董事外，董事同时担任公司的秘书。

（六）公司的解散

在香港，公司的解散方式包括撤销注册、除名和清盘3。

1. 撤销注册。

根据新《公司条例》规定，本地的私人公司或担保有限公司可通过撤销注册方式解散公司，但该方式不适用于第七百四十九条所规定指明的公司或公众公司。申请撤销注册，可由公司、公司董事或成员提交申请。申请条件包括：（a）所有成员均同意撤销注册；（b）公司仍未开始营运或经营业务，或在紧接提出申请之前的 3 个月内没有营运或经营业务；（c）公司债务已全部清偿；（c）公司非法律程序的当事人；（d）公司（包含控权公司的附属公司）的资产不包括香港不动产；（e）持有税务局局长发出的不反对撤销公司

1　曾华群：《香港经贸法》，中国政法大学出版社 1996 年版，第 75 页。

2　招商局集团有限公司：《"一带一路"和境外投资法律法规手册（香港分册）》，法律出版社 2017 年版，第 37 页。

3　《撤销注册、剔除注册及清盘》，来源：香港公司注册处网站，载 https://www.cr.gov.hk/tc/faq/local-company/dereg-striking-off-winding-up.htm，最后访问时间：2023 年 8 月 24 日。

的书面通知。

2. 除名。

新《公司条例》第 15 部第 1 分部规定了通过除名方式而解散公司,其中第七百四十四条规定了,如注册处处长有合理理由相信,某公司并非正在营运或经营业务,处长可通过邮递方式,向公司送交一封信件,查询该公司是否正在营运或经营业务;无法确定公司地址的,可在宪报刊登公告来代替送交的信件。

通过除名方式解散公司的情形包括:(a)若处长没有收到对首封信件的回复或回复的信件没有表明正在营运或正在营业的;或宪报刊登后,除非有反对理由提出,否则公告期满后,公司的名称将从公司登记册剔除,公司将会解散。处长将除名公告刊登后,公司即告解散;(b)符合法定情形的,处长也可在公司清盘时以除名方式解散公司;(c)原讼法庭可发出命令,命令剔除不适宜清盘公司的名称。

3. 清盘。

香港法例第 32 章《公司(清盘及杂项条文)条例》(以下简称《清盘条例》)规定了通过清盘方式解散公司的程序。

清盘方式包括自动清盘和强制清盘[1]。自动清盘包括公司成员自动清盘和债权人自动清盘。

公司成员自动清盘的适用情形包括:(a)章程细则所定的公司存在期限届满,或章程细则规定倘若发生务必解散的事件,而公司在大会上已通过决议,规定公司须自动清盘;(b)公司通过特别决议,议决公司须自动清盘;(c)公司董事或过多半数的董事向处长交付一份清盘陈述书。

债权人自动清盘包括两种情况,一种是公司董事会或董事未能发出和交付有偿债能力证明书,通过召开债权人会议,提出自动清盘的决议,称为债权人自动清盘;另一种是在公司成员自动清盘中,公司无偿债能力的情况下,召开债权人会议,转换为债权人自动清盘。

---

1 《公司强制清盘案》,来源:香港破产管理署网站,载 https://www.oro.gov.hk/cht/our_services/publications/compulsory_winding_up_of_companies/simple_guide_on_compulsory_winding_up_of_companies.html,最后访问时间:2023 年 8 月 24 日。

强制清盘也称法院强制清盘，是指公司或债权人向法院提出申请，法院命令公司终止业务活动，并清算债权债务。[1]公司可由法院清盘的情形包括：（a）公司议诀进行法院清盘；（b）公司在成立为法团之日起一年内未营业或停业满一年；（c）公司并无成员；（d）公司无能力偿付其债项；（e）公司的章程细则订定某事件一旦发生则公司须予解散，而该事件经已发生；（f）法院认为将公司清盘是公正公平的。另外，若符合指定情形，注册处处长可提出清盘的申请，如公司经营目的是非法的，处长可申请将公司清盘。

六、香港商事争端解决机制

在香港，通过仲裁方式解决民商事争议，特别是国际商事争议，是商事交易者优先使用的解决争议的方式。除了仲裁外，解决商事争议的还有调解和司法诉讼方式。下面就仲裁方式和调解方式两种解决方法进行阐述。

（一）仲裁方式

仲裁是指以当事人的约定为基础的争议解决方式。仲裁按当事人的仲裁协议进行，仲裁协议通常载于商业合同或投资协议中。即当事人约定将争议提交仲裁庭解决。以仲裁解决争议，在香港特区已盛行一段时间，调整仲裁活动的主要法例是香港法例第 609 章《仲裁条例》。

1.《仲裁条例》。

香港新的《仲裁条例》于 2011 年 6 月生效，该条例以贸法委示范法[2]（以下简称《示范法》）为基础，统一了香港本地和国际仲裁制度，改革了香港的仲裁制度。2017 年，香港又对《仲裁条例》进行了修订，该修订草案于 2017 年 6 月 14 日获立法会通过。通过这次修例，澄清了知识产权权利的争议通过仲裁方式解决以及强制执行有关知识产权仲裁裁决，并不违反香港公共政策；更新了附属法例《仲裁（纽约公约缔约方）令》关于在 1958 年 6 月 10 日于纽约签订的《承认及执行外国仲裁裁决公约》缔约方的名单。该条例已于 2018 年 1 月 1 日起生效（新订的第 103J 条除外）。该条例具有

---

1 曾华群：《香港经贸法》，中国政法大学出版社 1996 年版，第 89 页。
2 贸法委示范法是指联合国国际贸易法委员会《国际商事仲裁示范法》。

以下优点：以《示范法》为基础的仲裁法清晰，明确易于取用；纳入最近的《示范法》措施；保障仲裁程序和所涉法院聆讯的保密性；仲裁为当事人提供公平迅速解决争议的方法，且法院干预程序最低。[1]

2. 香港国际仲裁中心。

在香港，提供仲裁的机构主要有香港国际仲裁中心、中国国际经济贸易仲裁委员会香港仲裁中心、国际商会国际仲裁院等。新修订的《仲裁条例》，允许第三方资助仲裁及调解程序，巩固了香港作为主要国际争议解决中心的地位。[2]

香港国际仲裁中心（Hong Kong International Arbitration Centre）（以下简称 HKIAC）成立于 1985 年，是香港特区和亚太区内解决各种争议的独立公正仲裁中心。HKIAC 设有国际仲裁员名册和本地仲裁员名册，并备有调解员名单。HKIAC 设于中区交易广场，内有十间为仲裁而设的聆讯室和会议室。HKIAC 可以提供一站式的争议解决服务，服务范围包括仲裁、调解、审裁以及域名争议，主要职能是提供有关仲裁解决商事争议方面的管理服务。HKIAC 所适用的《香港国际仲裁中心机构仲裁规则》是目前市场上最现代、最全面的仲裁规则，主要特点包括灵活的仲裁员费用支付方式，可以选择小时费率或争议标的额来支付仲裁员的费用；灵活处理复杂案件，能高效、经济地处理涉及多个当事人或多个合同的仲裁案件；设有紧急仲裁员程序，便于当事人在仲裁程序中申请可执行的紧急临时救济。[3]

3. 香港与内地对相互仲裁裁决执行的认可与合作。

1997 年 7 月 1 日前，两地之间仲裁裁决的认可与合作主要依据 1958 年纽约公约；香港回归后，两地间的司法协助转为一个主权国家内不同法域间的司法安排。在很长的一段时期，两地间相互执行仲裁裁决呈现空白状态。

1999 年，内地与香港特区代表签署了《内地与香港特别行政区相互执

---

1 《法律及争议解决服务》，来源：香港律政司网站，载 https://www.doj.gov.hk/sc/legal_dispute/arbitration.html，最后访问时间：2023 年 8 月 24 日。

2 《法律及争议解决服务》，来源：香港律政司网站，载 https://www.doj.gov.hk/sc/legal_dispute/arbitration.html，最后访问时间：2023 年 8 月 24 日。

3 《为什么选择香港国际仲裁中心》，来源：香港国际仲裁中心网站，载 https://www.hkiac.org/zh-hans/arbitration/why-choose-hkiac，最后访问时间：2023 年 8 月 24 日。

行仲裁裁决的安排》，该安排规定了两地法院受理和执行对方仲裁裁决的具体程序[1]。该安排以最高人民法院于 2000 年 1 月予以公布实施，同时香港立法会修订了《仲裁条例》。现行《仲裁条例》规定于第 10 部第 3 分部，主要内容包括内地裁决的强制执行程序，并作了限制规定；执行裁决需要提供的证据；拒绝强制执行的情形，如强制执行执行裁决会违反公共政策的情况；认可内地仲裁机构名单公布程序等内容。为解决在执行过程中出现的问题，2020 年 11 月 27 日，最高院与香港政府签署了《关于内地与香港特别行政区相互执行仲裁裁决的补充安排》，该安排明确了申请人可向被申请人住所地或可供执行财产地申请执行，明确了有关法院可以依申请采取保全措施以便协助跨境执行。

在现有制度下，只有内地仲裁程序的当事人才可申请保全，而在香港仲裁程序中，当事人如在中国内地需要保全时，就无法实现。2019 年 4 月，两地签署了《关于内地与香港特别行政区法院就仲裁程序相互协助保全的安排》（以下简称《仲裁保全安排》），《仲裁保全安排》为香港仲裁程序的当事人向内地法院申请保全提供了途径[2]。该安排的签署，为粤港澳大湾区司法合作提供了良好基础。

（二）调解方式

调解是一种以保密形式进行的解决争议程序，争议双方聘用中立的第三方，协助他们通过协商以达到共同接受的解决方案。作为调解员的中立的第三方，通常来自不同领域的专家，如建筑、工程、法律等，这些人员经过培训，具备解决争议的技巧和知识。调解适用于大部分争议，包括商业、金融、保险索赔等纠纷。于 2013 年 1 月 1 日生效的香港法例第 620 章《调解条例》规定了调解的原则和调解模式，规范调解的程序。

香港提供调解服务机构包括香港国际仲裁中心、香港仲裁司学会、香港调解学院等。

调解是属于诉讼外的争议解决方法，具有自身的特点：（1）保密性强，调解过程予以保密，有利于保护当事人的利益；（2）灵活性强，调解可在诉

---

[1] 邵文虹、高莎薇：《关于＜内地与香港特别行政区相互执行仲裁裁决的安排＞的理解与适用》，载《人民司法》1999 年第 10 期。

[2]《法律及争议解决服务》，来源：香港律政司网站，载 https://www.doj.gov.hk/sc/legal_dispute/arbitration.html，最后访问时间：2023 年 8 月 24 日。

讼之前或诉讼的任何阶段进行;(3)成本低,当事人可以节省高昂的诉讼费用;(4)执行性强,各方当事人共同达成和解协议,更愿意自觉履行和解协议。

随着国家推动的"一带一路"发展,跨境投资贸易合作日益增加。为迎合企业的需求,2015 年在香港律政司律政中心设立了内地—香港联合调解中心,该中心为两地及国际企业提供了一个争议解决平台,鼓励两地企业使用调解方式解决争议,并且推动跨境贸易的发展。2022 年 3 月,律政司设立国际法律及解决争议服务专家委员会,该委员会由资深国际法律及解决争议服务的专家组成,就香港特别行政区推广和发展国际法律及解决争议服务提供意见和协助。[1]

---

1 《法律及争议解决服务》,来源:香港律政司网站,载 https://www.doj.gov.hk/sc/legal_dispute/deal_making.html,最后访问时间:2023 年 8 月 24 日。

第十六章

我国澳门特区投资与公司企业法律制度

一、澳门特区在"21 世纪海上丝绸之路"中的地位与参与情况

澳门简称"澳",全称中华人民共和国澳门特别行政区(简称"澳门特区")。澳门特区的地理位置在北纬 2211',东经 11333',属于热带地区,其背靠中国发达的"珠江三角洲经济圈",东边与香港隔海相望。1999 年 12 月 20 日澳门回归祖国。澳门的总面积截至 2015 年约为 33 平方公里,中央人民政府在 2015 年 12 月签署法令明确了澳门管辖的海域约为 85 平方公里,为澳门的发展提供了更广的空间。澳门历史上被葡萄牙殖民者侵占,与葡萄牙语系的国家有着广泛的联系,与世界其他 100 多个国家和地区也保持密切的经济来往,很多国家在澳门设有办事处。澳门参加了世贸组织、世界卫生组织等 50 多个国际性组织。澳门是国际自由港、世界旅游休闲中心、世界四大赌城之一,也是世界人口密度最高的地区之一。

澳门特区成立以来,投资环境不断优化,各项建设事业加快推进,区域性商贸服务平台,特别是中国与葡语国家商贸合作服务平台的角色日益凸显。澳门历史上以中西文化交流驰名于世,是中国迈向世界尤其是葡语国家的桥头堡,在世界经济的运转中发挥重大作用。

由于澳门地理位置特殊，又是中国的特区，顺理成章地成为"21世纪海上丝绸之路"一个极其重要的节点。"21世纪海上丝绸之路"倡议以"共商、共建、共享"为原则，积极推进共建国家和地区发展战略的相互对接。国家发展改革委、外交部、商务部三部委在2016年3月联合发布《推动共建丝绸之路经济带和21世纪海上丝绸之路的愿景与行动》，对澳门融入"21世纪海上丝绸之路"做了具体部署：即"深化与港澳台合作，打造粤港澳大湾区"，"发挥海外侨胞以及香港、澳门特别行政区独特优势作用，积极参与和助力'一带一路'建设"等。该文件中对澳门的发展定位与之前国家在"十二五规划"中提及的"支持澳门建设世界旅游休闲中心，加快建设中国与葡语国家商贸合作服务平台"表述，在理念上一脉相承，在实施路径上相辅相成，在合作领域上与"21世纪海上丝绸之路"相应而生。中国社会科学院学者李国强指出澳门具有独特的"四大优势"[1]，令其在"一带一路"特别是"21世纪海上丝绸之路"倡议中，具有不可替代的作用。

二、澳门的法律传统与法治环境

（一）澳门的法律传统

澳门自古以来为中国领土。1840年鸦片战争后，葡萄牙乘清朝政府战败之机，相继侵占了澳门南面的氹仔岛和路环岛。1849年葡萄牙基本侵占了澳门，澳门的法律制度随之转向跟随葡萄牙，追随大陆法系。

澳门的法律传统有个变迁的过程，可分为四个阶段：

1. 租地阶段（1553-1849年）。葡萄牙的冒险商人利用贸易加传教这种辅车相依的"东来模式"，于1553年在澳门取得居住权。1557年葡萄牙人开始租借澳门，每年向广东地方政府缴纳租金。1849年葡萄牙人趁中国与英战败停止向广东地方政府缴纳租金，改租借为占领。1553年至1849年间葡萄牙人在澳门之活动被称为"租地时期"。这个时期澳门区域归广东省香山县管辖，并没有独立的"澳门法"，澳门适用的仍然是清政府的法律；葡萄牙法律仅在处理葡萄牙人以及葡萄牙人与外国人之间纠纷时适用，也就是

---

1 李国强：《战略、风险与澳门的选择——"建设21世纪海上丝绸之路"》，来源：中央政府门户网站，载https://www.gov.cn/xinwen/2015-06/25/content_2883670.htm，最后访问时间：2023年8月24日。

说这时的葡萄牙法律相当于属人法，只能适用于葡萄牙人之间，对澳门本地人民并没有实质的拘束力[1]。

2. 侵占阶段（1849–1976 年）。 1849 年葡萄牙停止向中国交澳门地租。伴随着西方列强对中国的不断入侵，清政府在澳门的影响力不断削弱，至 1883 年，葡萄牙实际上控制了澳门，并于 1887 年迫使清政府先后签订《中葡会议草约》和《中葡和好通商条约》等不平等条约，强行规定"葡国永驻管理澳门以及属澳之地，与葡国治理它处无异"，至此葡萄牙语是澳门的唯一官方语言，葡萄牙法律成为澳门的法律。

3. "双层双轨"阶段（1976–1999 年）。 所谓"双层双轨"，是指 1976 年葡萄牙立法机关依据葡萄牙新宪法专门为澳门制定的《澳门组织章程》，明确规定澳门本地亦享有立法权，该立法权由澳门总督和立法会共同行使；同时还明确规定总督和立法会各自行使立法权的范围。这就形成了澳门独特的"双层双轨"立法体制，即由葡萄牙和澳门"双层"共同行使立法权，总督和立法会"双轨"分享澳门本地立法权[2]。在"双层双轨"立法体制下，澳门的法律由来自葡萄牙本土的法律和澳门地区自身立法机关制定的法律两方面组成。

4. 特区阶段（1999 年至今）。 1999 年 12 月 20 日澳门回归，成立了澳门特别行政区。按照《澳门特别行政区基本法》的规定，中国对澳门实行"一国两制"的政策，除了少部分法律为了适应主权的回归而废止或者修改外，澳门的法律制度基本不变。除了国籍法、领海及毗连区法等极少数法律外，全国性法律不在澳门适用，也就是说澳门的法律制度基本跟回归前一样，没有太大变化，在澳门特别行政区形成了一个相对独立的法律体系，这一法律体系由《澳门特别行政区基本法》、澳门原有法律和澳门特别行政区制定的法律构成。按照基本法的规定，澳门特别行政区实施的绝大多数法律由立法会制定，行政长官不再享有立法权。

（二）澳门的法治环境

澳门回归祖国前的法制国际化程度较低，法治程度不高。在澳门，理论

1　谢耿亮：《法律移植、法律文化与法律发展———澳门法现状的批判》，载《比较法研究》2009 年第 6 期。

2　邓伟平：《论澳门法律的特征》，载《中山大学学报（社会科学版）》1999 年第 6 期。

上葡萄牙的法律制度就是澳门的法律制度,但是在实际生活中澳门始终存在着两种不同的法律制度和两种法律组织机构——即中国的和葡萄牙的,也就是说澳门的立法和司法存在着明显的两张皮现象。例如,在商事活动中,葡国法律在澳门的实际实施或影响很小,在民事婚姻关系方面,葡萄牙的法律并不起调整作用而是由当地习惯法起调整作用。所以,正如有的葡国学者所指出的那样,中国居民一直都是生活在葡国法律以外,葡国法律从来也没有能够深入影响华人社会。故澳门法律的作用与影响似乎也仅限于少数澳门居民,即葡国人或土生葡国人[1]。

澳门回归祖国后,随着 CEPA 的进一步扩大开放和《泛珠三角区域合作框架协议》《珠江三角洲地区改革发展规划纲要》的逐步落实,以及《粤澳合作框架协议》的签署,特别是《中国(广东)自由贸易试验区总体方案》和《2015 年广东自贸试验区珠海横琴片区改革创新发展总体方案》的公布,澳门与内地的经济融合,粤澳全方位的交流与合作进一步深化。而随着港珠澳大桥、粤澳新信道以及澳门轻轨系统等区内多项大型交通基础设施的陆续竣工,澳门的投资环境进一步优化。以港珠澳大桥为例,大桥设有通道直接连接香港国际机场禁区,旅客从外地抵港后,仅需约 30 分钟车程便可抵达澳门,为旅客及客商提供更大便利,强化区域联动效应,促进客源互引,深化区域合作。

三、澳门外商投资法律制度

(一)澳门奉行简单低税率制度

澳门特区作为一个自由、开放的服务经济体,尽管面积不大,人口不多,但却拥有较为完善的基础设施,奉行简单低税率制度,企业和个人所得税税率最高不超过 12%。澳门同时享有自由港、单独关税区地位以及《内地与澳门关于建立更紧密经贸关系的安排》(CEPA)等多项独特的营商优势,资金进出自由,无外汇管制,多年来一直被世界贸易组织(WTO)评为全球最开放的贸易和投资体系之一。

---

1 张波:《港澳法律制度比较:回顾与展望》,载《徐州师范大学学报(哲学社会科学版)1999 年第 2 期。

（二）澳门成立投资促进局

澳门政府制订的经济多元化的发展政策，需采取实际的措施去加强其在国际经济竞争能力，尤其是吸引更多投资者及促进贸易的发展。澳门投资促进局就是扮演了这个角色的机构，旨在加强工业、金融及旅游方面吸引外来投资的条件，对外介绍澳门，以及收受、研究和关注在澳门投资的各项计划，并协调与实现这些投资的程序有关的各政府部门的工作。澳门政府1991年颁布第21/91/M号法令，成立了澳门投资促进局。澳门投资促进局性质是一个公权法人，具备公共机构的性质，并拥有法律人格，行政和财政自主，以及拥有本身的财产。其宗旨是负责在本地区经济及金融政策范围内促进、协调及鼓励工业、金融及旅游方面在澳门的投资。

澳门投资促进局设有主席和咨询委员会。主席由一名副主席协助工作。咨询委员会由澳门投资促进局之主席、副主席及下列人士组成：

（1）经济司司长；（2）财政司司长；（3）土地工务运输司司长；（4）货币暨汇兑监理署行政委员会主席；（5）旅游司司长；（6）劳工暨就业司司长；（7）由政府委出不超过三名的经济利益代表。

咨询委员会由澳门投资促进局主席主持，每月举行平常会议一次，主席得随时召开特别会议。

澳门投资促进局的职责包括：（1）向投资者推介本澳的投资环境及机会，并提供方便、快捷的"一站式"服务：接受咨询—评估项目—专业公证员办理成立公司手续 — 指引投资程序及所需牌照/准照申请—跟进投资手续及其他—落实投资项目。（2）提供经贸信息咨询、市场分析和统计资料，协助开拓及扩展市场。（3）主办、协办本地各种展览与推广活动；积极参与外地各类经贸活动；资助本地企业参加世界各地的展览会，藉此缔造商机。（4）组织代表团出外访问和考察，接待外地代表团到访，为投资者们创造交流及合作的机会。（5）负责离岸业务（非金融）的发牌、技术协助和监督工作，并通过推广活动来促进非金融离岸业务在澳之发展。（6）负责审批投资者、有关管理及专业技术人员提出的居留申请。（7）编辑发行经贸刊物杂志，藉以宣扬澳门工贸环境。

澳门投资促进局在促进澳门对外贸易及引进外资，推动澳门与世界各地之间经贸关系的发展，加强相互了解，发展友好合作方面的作用日益明显。[1]

（三）澳门采取鼓励外商投资措施

为了推动澳门经济适度多元化，澳门特区政府出台了相应的财务鼓励和税收鼓励政策。

1. 财务鼓励。

特区政府于 2009 年出台了《企业融资贷款利息补贴》（第 16/2009 号行政法规），该法规以补贴贷款利息的方式，鼓励本地投资的企业，在其业务范围内增加所需投资，从而达致促进本地经济活动多元化、增强环境保护、协助企业技术革新及转型以提升其竞争力和业务趋向现代化。受惠企业可享受每年 4% 的利息补贴，补贴期限最长为四年，由开始偿还贷款之日起计，补贴根据各期尚欠的本金计算。

《订定行政当局参与工业界方面之一般原则以及与工业界活动之经济从业员的关系》（第 49/85/M 号法令），旨在促进澳门产业多元化，扶持澳门工业的发展，对在澳门设立的工业企业，在土地批给及租赁、税收减免都有鼓励措施，甚至直接以财务支持，该法第 11 条规定，进行作为投资计划所引致负担的参与，尤其对属下列情况之一者，得给予偿还或不须偿还之津贴：

A、制造有足够理由成为创新价值之新产品，而其制造会引致显著经济风险者；

B、在本地区或外地进行并考虑对本地区工业有利之研究或发展计划；

C、装置防止污染设备之计划，其运作对本地区带来明显好处者。以偿还和无偿的形式补贴与下列有关的投资项目：

（甲）制造新产品，并可能因此而冒极大的经济风险和新项目确有其价值。

（乙）新项目的引进和开发计划，而且这些新项目能够运用在发展有利于本澳的工业。

（丙）安装防止污染设备项目，而这些设备的安装对本地区带来好处。

---

1 《澳门贸易促进局简介》，来源：澳门贸易促进局网站，载 https://www.ipim.gov.mo，最后访问时间：2023 年 8 月 24 日。

2.税收鼓励。

澳门目前的税收鼓励措施主要有：

物业税	如购入的不动产作工业厂房之用可全部豁免；当所租用的不动产作工业用途时可部份豁免，若厂房设在澳门，豁免期为 10 年；若厂房设在离岛，豁免期为 20 年（＊）。
营业税	预先批给个案可全部豁免（＊）；离岛的营业场所享有 50% 的免税额（离岸银行除外）。
所得补充税	可享 50% 的免税额（＊）。
消费税	工业用燃油免纳消费税（＊）。
机动车辆税	供澳门政府机关使用的机动车辆、旅游车、集体运输车辆及货运车辆等免纳机动车辆税。

＊记号豁免的给予，须由有关人士申请，申请人在申请书所列出的计划必须符合以下其中一项条件：（1）推动经济多元化；（2）对输往新市场的产品的增加有贡献；（3）在生产过程中能增加附产值；（4）对科技现代化有帮助。

申请书应在厂房兴建计划、扩展计划、重组或转型计划之前呈交政府审批。

3.投资居留鼓励

规范澳门投资居留的主要法律是《核准投资者、管理人员及具特别资格技术人员居留制度》（第 3/2005 号行政法规），该法的前身是《设立鼓励措施，以吸纳投资及使管理人员和具特别资格之技术人员留在本地区》的训令。按照《核准投资者、管理人员及具特别资格技术人员居留制度》第一条的规定，能够申请在澳门特别行政区临时居留的许可主要有三类人：

（1）投资者。凡作出对澳门特别行政区有利的重大投资的权利人或者正接受行政当局有权限部门审查的有利于澳门特别行政区的重大投资计划的权利人可依程序申请在澳门特别行政区临时居留。前述的重大投资计划或投资是指有下列情形之一：（a）设立工业单位，但其活动的性质须对澳门特别行政区经济的发展及多元化有所贡献；（b）设立服务性单位，尤其是提供金融服务、顾问服务、运输服务及为工商业提供辅助服务的单位，但须对澳门特别行政区有利；（c）设立酒店业单位及其他被认为有利于旅游业的类似单位。

（2）管理人员及具备特别资格的技术人员。获本地雇主聘用的、其所具备的学历、专业资格及经验被视为特别有利于澳门特别行政区的管理人员及具备特别资格的技术人员可依程序申请在澳门特别行政区临时居留。

（3）不动产购买人。因在澳门购买不动产而请求给予临时居留许可的利害关系人，应在提出请求时同时符合下列要件：（a）无需贷款而在澳门特别行政区购买不带任何负担的不动产，而价金不低于澳门币一百万元，且在购买时其市场价值亦不低于澳门币一百万元；（b）在获许于澳门特别行政区经营的信用机构拥有金额不低于澳门币五十万元的不带任何负担的定期存款；（c）具有高等专科或等同高等专科学位。

为了刺激澳门当时低迷的楼市，把购买不动产移民的投资门槛降低到一百万澳门元，造成申请人数的激增，于是澳门政府在 2007 年发布第 7/2007 号行政法规，中止第 3/2005 号行政法规第一条（四）项及第三条的效力，即中止了不动产购买人申请临时居留的权利。因此目前能够申请澳门临时居留权的人只有投资者、管理人员及具特别资格技术人员。[1]

四、澳门公司企业法律制度

澳门奉行自由港政策和利伯维尔场经济制度，未制定关于外国投资的基本法或专门法规而是通过一般澳门本身的法律法规调整外国投资关系及其活动，这种"单轨制"的立法模式下，在调整外资关系时适用与内资一致的法律，并不存在对外资进行规制的专门法典或单项法规。外资到澳门大部分是以公司的形式投资。

澳门是实行民商分立的地区，本地化后的公司法采取了纳入商法典的立法模式，即将公司法律制度作为商法典的重要组成部分。不过，在公司法本地化的过程中，澳门政府最初采取的是单行法的立法模式，即起草专门的《澳门公司法典》草案。后因澳门商法典的本地化亦同时进行，澳门政府又

1　该部分内容主要援引自：（1）第 7/2007 号行政法规，订定中止第 3/2005 号行政法规第一条（四）项及第三条的效力。（2）第 3/2005 号行政法规，核准投资者、管理人员及具特别资格技术人员居留制度。

将《澳门公司法》草案的内容作为《澳门商法典》草案的组成部分，即由单行的立法模式改为纳入商法典的立法模式，将公司法作为商法典的一个重要组成部分。澳门公司法的特点主要有：

（一）公司的法定类型

《澳门商法典》第一百七十四条第一款规定："无限公司、两合公司、有限公司和股份有限公司，不论其所营事业为何，均为公司。"这一规定表明，在公司的法定类型上，澳门公司法坚持了大陆法系国家或地区的传统分类法，以股东的责任范围为标准，将公司分为无限公司、两合公司、有限公司和股份有限公司四种类型。

内地的《中华人民共和国公司法》第二条规定，本法所称公司，是指依照本法在中华人民共和国境内设立的有限责任公司和股份有限公司。也即内地公司只有两种类型，与澳门相比较没有无限公司和两合公司。

（二）一人公司

《澳门商法典》在对待一人公司的问题上，采取了肯定的态度。不过，《澳门商法典》仅对一人有限公司的存在给予了肯定，对于无限公司、两合公司和股份有限公司，则不承认其设立时以一人公司的形式存在。根据《澳门商法典》第三百九十条第一款的规定，任何自然人可设立有限公司，其公司资本以独一股构成，且在公司设立时仅以其为唯一的权利人。这一规定表明，在澳门，只有自然人才能设立一人有限公司，法人不能作为股东设立一人有限公司。

在一人公司的态度上，内地的《公司法》修改后对此也持肯定态度。

（三）公司资本额

《澳门商法典》规定了有限公司和股份有限公司的法定最低资本额。

《澳门商法典》规定，有限公司和股份有限公司的资本分别不得低于澳门币 25000 元和 1000000 元的法定最低资本额；公司章程应载明公司的资本、缴付方式及期间，股份有限公司的章程还应载明股份的票面价值及数目；在公司资本额仍未完全认购，以及已缴资本仍未达到公司资本额 25%

之前，股份有限公司不得设立。各公司设立的条件具体见下表[1]：

	股东人数	注册资本	出资方式	商业名称强制性附称
无限公司	二人或以上	不设下限	以认购出资额方式出资	【无限公司】（S.N.C.）
一般两合公司	最少一位无限责任股东与最少一位有限责任股东	不设下限	无限责任股东与有限责任股东都以认购出资	【两合公司】（S.C.）
股份两合公司	最少一位无限责任股东与最少三位有限责任股东	下限为一百万元，不设上限	无限责任股东以认购出资额方式出资，有限责任股东则以认购股份方式出资	【股份两合公司】（S.C.A.）
有限公司	最少两人或最多三十人组成	下限为二万伍仟元，不设上限	以认购股份方式出资，每股票面值为壹仟元或以上；且可被100整除	【有限公司】（L.D.A.）
一人有限公司	一人	下限为二万伍仟元，不设上限	公司资本以独一股构成，其他情况同上	【一人有限公司】（Sociedade Unipessoal Lda.）
股份有限公司	由最少三人组成	下限为一百万元，不设上限	公司全部资本分为股份，以股票代表每股价值相等且不少于100元	【股份有限公司】（S.A.）

内地的《公司法》除对公司注册资本最低限额有另行规定的以外，取消了有限责任公司、一人有限责任公司、股份有限公司最低注册资本分别应达3万元、10万元、500万元的限制；不再限制公司设立时股东（发起人）的首次出资比例以及货币出资比例。

（四）公司企业相关税项

澳门现行的税制基本上引用自葡萄牙，经过不断修改而成。澳门税制税种简单，税率低平，多年来为亚洲国家、地区中税率最低的地区。作为投资者特别是外商来澳投资办公司企业，首要考虑因素是各种与投资成本密切

---

[1] 来源：澳门贸易促进局网站，载 http://www.ipim.gov.mo/zh-hans/business-investment/investing-in-macao/types-of-commercial-entities/，最后访问时间，2023 年 8 月 24 日。

相关的的税项，包括职业税、营业税、所得补充税、房屋税、印花税、消费税、机动车辆税及社会保障基金。

1. 房屋税（业钞）。视楼宇是否有出租而分别征收 16%（有租赁关系的物业）或 10%（年租金低于估值或无租赁关系的物业）的房屋税。

2. 营业税。凡个人或集体经营任何工商业性质的活动均须缴纳营业税。税率按经营业务而定，金额一般为澳门币 300 元（37.5 美元）。

3. 所得补充税（纯利税）。对经营工商行业所得收益征收所得补充税。所得补充税属累进税，收益在澳门币 30 万元（37500 美元）以上者，该课税的平均税率为 12%；收益在澳门币 30 万元以下者，税率由 3% 至 12%。

4. 职业税。对工作收益征收职业税。日薪散工、雇员或自由职业者，倘每年收入超过澳门币 12 万元（15000 美元），该纳职业税，税率由 7% 至 12%。如属自雇并且选择具有编制会计的专业人士，征收的税款根据上年度的净利润计算。

5. 印花税。财产之移转，将会以印花税征收，凡以有偿方式移转澳门特别行政区的不动产之价值至澳门币 200 万元者，税率为 1%；澳门币 200 万元以上至澳门币 400 万元者为 2%；澳门币 400 万元以上者则为 3%，而以无偿方式移转澳门特别行政区的不动产，其他价值超过澳门币 50000 元的，须作登记的财产或权利等，印花税之税率统一为 5%。

6. 消费税。对燃料及润滑油、烟草以及酒精饮品等商品征收消费税。某些酒精饮品按其澳门到岸价缴纳从价税，其它他产品则缴纳特定税额的消费税。

7. 机动车辆税。对新机动车辆（包括重型摩托车及轻型摩托车）的实际出售价、进口商或买卖车辆之经济从业员自用之新机动车辆的进口征收机动车辆税。该课税率由 30% 至 55%（重型摩托车及轻型摩托车该课税率由 10% 至 30%）。

8. 社会保障基金。雇主每月须为本地工人供款澳门币 30 元（3.7 美元），为外地工人供款澳门币 45 元（5.63 美元）。

五、澳门商事争端解决机制

澳门是 WTO 的创始成员，同时也签署了《解决国家与他国国民间投资争端公约》（ICSID），外国在澳门如果因商事或者投资发生纠纷，主要纠纷

解决机制有[1]:

（一）政治方法

1. 协商与调解。

协商（Negotiation）是指各方当事人直接交换意见，在评判自身利益的得失中，通过谈判达到互谅互让的协议。按照联合国贸易法委员会颁布的《国际商事调节示范法》的规定，调解是指当事人将争端提交由当事人所认可的调解委员会，委员会经过调查，本着公平合理的原则，提出解决的方案，但该方案没有法律约束力。协商与调解两者的不同点在于：协商不需要第三方的介入，而调解则是在第三方的主持下进行。

2. 外交保护。

外交保护是指当本国的国民在国外遇到侵害时，依照该外国的国内法程序得不到救济时，本国可以通过外交手段向该外国要求适当救济。外交保护是一种特殊的争端解决方法，它是解决外国投资者与东道国政府投资争议的传统方法之一。国家行使外交保护是基于国家的属人管辖权，是国家主权行为，因此澳门要行使外交保护，必须经由中国来提出。

按照国际惯例行使外交保护的条件有两个：（1）国籍继续原则。国籍继续原则是以属人管辖权为前提，要求受到侵害的投资者从受到侵害时开始直至争议得到解决的整个过程始终不间断地具有保护国的国籍。（2）用尽当地救济原则。用尽当地救济原则是一项古老的习惯国际法规则，是传统的国家责任法律制度的一部分，其理论是依据国际法有关的一个国家在国际层面上引起国际责任前，应有机会在其国际法体系的框架内改正其错误的规则。如果没有违反国籍持续与用尽当地救济原则，则可以向东道国提起外交保护的请求，争端方政府可以通过外交谈判或者国际法院诉讼等方式解决纠纷。

1　范剑虹：《澳门国际投资争端的处理》，载《法域纵横（澳门）》2003年第134期。

（二）法律方法

1. 国际仲裁。

仲裁（arbitration）是指争议当事人通过协议方式将争议提交第三方（仲裁机构），由其对争议进行评断并作出裁决。仲裁具有自愿性，在这一点上与协商方式和调解方式比较类似，仲裁以当事人的共同自愿为前提，如果一方不同意将争议提交仲裁机构，仲裁机构则无权受理该项争议。仲裁与调解有两个不同点：（1）仲裁更具专业性和公正性。仲裁除了体现争议双方契约性外，还具有类似法院的司法性质，更具专业性和公正性。（2）仲裁裁决具有终局性和可强制执行性。这也是其与仲裁的最大区别，仲裁对双方具有法律拘束力，可强制执行，而调解没有法律效力，也没有强制效力。

2.DSU 争端解决机制。

澳门是 WTO 的创始成员方，同时也签署了《解决国家与他国国民间投资争端公约》（ICSID），外国在澳门如果因商事或者投资发生纠纷，大多采用 WTO 中的 DSU 争端解决程序。

《关于争端解决规则与程序的谅解》（Understanding on Rules and Procedures Governing the Settlement of Disputes，DSU）简称《争端解决谅解》，是世界贸易组织管辖的一项多边贸易协议。它由 27 条正文和 4 个附录组成，全面阐述了 WTO 争端解决的范围、原则和程序。内容主要有：（1）DSU 明确规定其适用于成员之间在 WTO 框架协议下的争端解决，争议解决的主体必须是 WTO 成员方；（2）规定了争端解决机制应遵循的原则，即保护权利义务原则、一体化争议解决原则、协商原则和公平合法性原则；（3）规定了解决争端的方式和严格的争端解决时限；（4）规定实行"反向协商一致"的决策原则；（5）规定了申诉方可以在争端解决机构的授权下对被诉方进行单边报复，报复既可以是同门报复，也可以是交叉报复。

DSU 建立了争端解决机构，对于解决争议保障国际贸易的顺利进行发挥了极为重要的作用，已经成为 WTO 成员方解决争端的主要机制。

后记

我国提出共建"一带一路"倡议以来，我们研究团队致力于"一带一路"法律问题的研究。党的二十大的胜利召开，提出要"推动共建'一带一路'高质量发展"。更加坚定了我们对共建"一带一路"的信心，提高了我们编写本书的热情。2015 年 12 月 30 日，中国法学会发出《2015 年度部级法学研究重点委托课题立项通知书》，批准中国法学会比较法学研究会副会长兼"一带一路"研究专家委员会主任许传玺教授主持的《"一带一路"法律问题研究》课题，作为中国法学会 2015 年度部级法学研究重点委托课题立项，课题编号 CLS（2015）ZDWT52。《"21 世纪海上丝绸之路"沿线国家或地区法律制度研究》是这一课题的三个子课题之一，主要研究如下国家或地区的法律制度问题以及与我国的差异：韩国、日本、越南、老挝、柬埔寨、泰国、缅甸、新加坡、马来西亚、菲律宾、印尼、印度、巴基斯坦、意大利和中国香港、澳门特区。我们的第一步工作是：针对"21 世纪海上丝绸之路"沿线国家或地区法律制度某一方面情况进行调查研究，根据所获知的法律制度和事实进行分析，找出存在的问题，提出我们的建议，形成一个《关于"21 世纪海上丝绸之路"沿线国家或地区法律制度研究报告》；第二步工作是：深入进行比较研究，编写出《"21 世纪海上丝绸之路"沿线国家或地区法律制度研究》一书交付出版。

该子课题的研究团队由中国法学会比较法学研究会副会长、广东涉外投资法律学会常务副会长兼秘书长韦华腾教授牵头，参加者有：江德平（广州市经济法学会会长、广东行政职业学院副教授，法学硕士）、邓为为（广东省人民检察院三级检察官，法律硕士）、方剑（中山大学马克思主义学院在读博士生）、赵金英（北京劳动保障职业学院副教授，法学硕士）、贺文祎（广州市第二巴士有限公司政工师，法学硕士）、刘珺（广东行政职业学院讲师，法学硕士）、邓雪萍（广东行政职业学院讲师，法学硕士）、魏波（广东行政职业学院高等职业教育发展研究所所长，副教授，法学硕士）、李津（湖南莽源律师事务所专职律师，法学硕士）、张元（广东行政职业学院讲师，法学硕士）、黄毓毅（广东行政职业学院继续教育学院副院长，讲师，法学硕士）和周泳（广东行政职业学院助理研究员，法学硕士）等 13 位研究人员。

我们的研究团队自 2016 年 3 月起开始着手调研，至 2016 年 9 月写出"研究报告"初稿，2016 年 12 月底完稿，2017 年 3 月定稿。2017 年 10 月 16 日，中国法学会给我们颁发了"中国法学会 2015 年度重点委托课题结项证书"。随后，我们又继续进行了 5 年跟踪研究，写成《"21 世纪海上丝绸之路"沿线国家或地区投资与建设法律制度问题研究》一书，交付中国法制出版社出版。

借本书出版的机会，我们在这里衷心感谢中国法学会以及中国法学会比较法学研究会的领导对本项目的研究高度重视与支持！在编写本书的过程中，中国法学会比较法学研究会前会长刘兆兴教授以及前副会长、中山大学博导程信和教授的赐教与指点，许传玺教授对本项目的进行和完成，全过程给予指导与鼓励，中国法制出版社袁笋冰编辑为本书的出版不断给我们鼓劲，我们都感念于心！本书的编写参考了许多之前出版或发表的著作和论文，同时吸收了不少专家学者的新观点，在此一并致谢！

本书由韦华腾任主编，负责统稿；江德平、邓为为和方剑任副主编，协助统稿。各位作者写作分工如下：绪论（韦华腾、邓为为、方剑）；第一章韩国投资与贸易法律制度（韦华腾）；第二章日本投资与公司企业法律制度（方剑）；第三章越南投资、贸易与建设法律制度（赵金英）；第四章老挝投资、贸易与建设法律制度（赵金英）；第五章柬埔寨投资与公司企业法律制度（贺文祎）；第六章泰国投资、贸易与建设法律制度（刘珺）；第七章缅甸投资、贸易与建设法律制度（刘珺）；第八章新加坡投资、贸易与公司企业法律制度（方剑）；第九章马来西亚投资与贸易法律制度（邓雪萍）；第十章菲律宾投资与公司企业法律制度（魏波）；第十一章印度尼西亚投资与贸易法律制度（李津）；第十二章印度投资、贸易与公司企业法律制度（张元）；

第十三章巴基斯坦投资、贸易与公司企业法律制度（张元）；第十四章意大利投资与公司企业法律制度（黄毓毅）；第十五章中国香港特区投资、贸易与公司企业法律制度（周泳）；第十六章中国澳门特区投资与公司企业法律制度（江德平）；后记（编者）。

由于各位作者对"21世纪海上丝绸之路"沿线各国或地区的法律问题研究的侧重点不同以及所搜集到的资料限制，无法对所有法律问题展开全面研究，加上研究水平有限，本书所涉及的问题是有局限性的，研究的深度是不够的，难免有疏漏或错误，呈现给读者的本书只是一个研究的开端和粗浅的读物，敬请广大读者批评指正，以便今后进行修正与补充。

编者

2023年5月5日于广州

图书在版编目（CIP）数据

"21世纪海上丝绸之路"沿线国家或地区投资与建设
法律制度问题研究 / 韦华腾主编. -- 北京 ：中国法制
出版社，2023.12
（"一带一路"法律保障研究丛书 / 许传玺主编）
ISBN 978-7-5216-3883-7

Ⅰ．①2… Ⅱ．①韦… Ⅲ．①"一带一路"－国际合
作－贸易法－研究 Ⅳ．①F125②D996.1

中国国家版本馆CIP数据核字(2024)第029766号

责任编辑　赵　宏　赵　燕　　　　　　　　　封面设计　杨泽江

"21 世纪海上丝绸之路"沿线国家或地区投资与建设法律制度问题研究
"21 SHIJI HAISHANG SICHOUZHILU" YANXIAN GUOJIA HUO DIQU TOUZI YU
JIANSHE FALU ZHIDU WENTI YANJIU

著者 / 韦华腾
经销 / 新华书店
印刷 / 北京虎彩文化传播有限公司
开本 / 710 毫米 × 1000 毫米　16 开　　　　　印张 / 17.375　字数 / 296 千
版次 / 2023 年 12 月第 1 版　　　　　　　　　2023 年 12 月第 1 次印刷

中国法制出版社出版
书号 ISBN 978-7-5216-3883-7　　　　　　　　　　定价：51.00 元

北京市西城区西便门西里甲 16 号西便门办公区
邮政编码：100053　　　　　　　　　　　　传真：010-63141600
网址 **http://www.zgfzs.com**　　　　　　　编辑部电话：**010-63141669**
市场营销部电话：**010-63141612**　　　　　印务部电话：**010-63141606**

（如有印装质量问题，请与本社印务部联系。）